JN059935

令和5年度版
全商商業経済検定模擬試験問題集
1・2級　マーケティング

解答・解説編

時事テーマ問題 2023 マーケティング

① 出題テーマ 食糧危機，昆虫食

▶問1．正解は**ア**

■解説▶ アの「ペネトレーション価格」とは，市場浸透価格のことで，新製品発売時に，市場シェアの拡大や商品の認知度を一気に高めるために採用される低価格のことである。イの「スキミング価格」とは，上澄吸収価格のことで，早期に開発費用や利益を回収するために採用される高価格のことである。ウの「キャプティブ価格」とは，同時に使用する製品のうち，本体などを安くして普及させたあと，付属品や消耗品で利益を獲得していくために採用される価格のことである。高価格の製品が多いなか，手に取りやすい低価格設定を行っているということは，アが正解となる。

> **Point** ペネトレーション価格の場合，当初は十分な利益を獲得することは難しいが，市場シェアを一気に広げることで，市場の成長とともに優位性を発揮できるようになる。

▶問2．正解は**パブリシティ**

■解説▶ 「パブリシティ」とは，企業がプレスリリースや商品発表会などの情報をメディアに提供し，報道してもらう活動のことである。CMのように費用がかかるものではないが，どのような点を訴求するか，どのような伝え方をするかなどは，メディア企業が決めるため，取り上げ方をコントロールすることは難しい。しかし，その効果は大きく，一気に商品の認知度が高まる可能性がある。

▶問3．正解は**ア**

■解説▶ 「アップサイクル」とは，単なる再利用ではなく，廃棄が見込まれる価値のなくなった商品を利用して，より価値のあるものへと変えていくことである。イは3Rのことであり，ウはブラッシュ・アップの説明である。よって，アが正解となる。

② 出題テーマ 売らない店（ショールーミングストア）

▶問1．正解は**ウ**

■解説▶ ショールーミングとは，消費者が実店舗へ出向いて，欲しい商品の機能やデザインを確認し，インターネット上の価格比較サイトなどを参考に，少しでも安い店舗を探して，購入に至るという購買行動のことである。実店舗側からすると，店舗が商品を展示するショールームと化してしまっており，売上につながらない点が問題となっている。よって，正解はウとなる。イはウェブルーミングのことであり，アは，本問とは関連性のない説明である。

> **Point** ウェブルーミングとは，ショールーミングの逆であり，インターネットで情報検索を行い，ある程度の知識を得てから，実店舗において最終確認を行い，購買に至るものである。実店舗で実施されるポイントサービスなどのお得感を期待している消費者や実際に実物を確かめてから購入したいという消費者にみられる購買行動である。

▶問2．正解は**ウ**

■解説▶ 定性調査とは，意見や感想など，数値化が難しいものを文章として記録していく調査方法である。一方，定量調査とは，数の大小など数値化して比較が容易となるようなデータを収集する調査方法である。本問の場合，下線部(b)は分析された数値データ，下線部(c)は意見や感想なので，(b)定量調査・(c)定性調査の組み合わせであるウが正解となる。

▶問3．正解は**イ**

■解説▶ アの「スポンサーシップ」は，いわゆるスポンサーとして，芸術やスポーツなどに関連した団体や人に対して，金銭的支援や物的支援などを行うことで，自社の知名度やイメージアップを狙うものである。ウの「フロア・マネジメント」は，店舗内において，ある商品カテゴリーをどこに配置するかを考えることである。企業が商品開発や改良のための意見集約を行うという内容から，イの「テスト・マーケティング」が正解だと考えられる。

> **Point** 本問のような売らない店は，その場で商品は売っていないが，出展企業・消費者の両者に対して「知識」や「情報」を売っているとも考えられる。近年は，老舗百貨店なども続々と参入し，新たな小売業の形態となっている。

第 1 回模擬試験問題　解答 （各 2 点）

1

問1	問2	問3
ア	イ	ウ

2

問1	問2					問3
イ	認	知	的	不	協 和	イ

3

問1	問2	問3	問4		
イ	ア	ウ	S	T	P

4

問1	問2	問3	問4			問5	問6
ア	ア	ア	母	集	団	ウ	イ

5

問1	問2	問3	問4	問5			
イ	イ	ウ	ア	ウ	ォ	ン	ツ

6

問1	問2	問3	問4					問5
イ	ア	ア	プ	ロ	ト	タ	イ プ	ウ

7

問1			問2	問3
サブスクリプション			イ	ア

8

問1	問2	問3
ウ	ウ	イ

9

問1	問2	問3
ア	ウ	ア

10

問1			問2	問3	問4
S	P	A	ウ	ウ	ア

11

問1	問2	問3
ア	ウ	ア

12

問1	問2							問3	問4
イ	ス	ポ	ン	サー	シ	ッ プ		ウ	ア

13

問1	問2	問3	問4						
ウ	イ	ウ	ク	ロ	ス	メ	デ	ィ	ア

1 出題テーマ　マーケティングの歴史と発展

▶問1．正解はア

■解説▶ 生産志向，製品志向，販売志向といった企業の技術や生産設備などを起点に製品開発を行い，つくったものをいかに販売するかという考え方が「プロダクト・アウト」である。一方，消費者・顧客を起点に製品開発や販売活動を行う考え方が「マーケット・イン」である。企業が起点となる考え方から消費者・顧客が起点となる考え方へ変化してきたということであるため，アが適切となる。

> **Point** マーケティングの考え方を「マーケティング・コンセプト」と言い，これまでに，生産志向→製品志向→販売志向→消費者志向→社会志向と，時代の流れとともに考え方が変化してきている。それぞれ独立した用語ではなく，流れとして覚えておこう。

▶問2．正解はイ

■解説▶ 「コーズ」には，「大義」や「信念」という意味がある。たとえば製品を購入すると，その売上の一部が途上国支援などに使われるといった利益確保と社会貢献を両立する取り組みを「コーズ・リレーテッド・マーケティング」という。よって，イが正解となる。アの「ワン・トゥ・ワン・マーケティング」とは，顧客一人ひとりに寄り添ったマーケティングを展開していくもので，ウの「ステルス・マーケティング」とは，通称「ステマ」と呼ばれ，企業が宣伝目的であることを隠し，クチコミやSNSなどを用いて自社の製品やサービスをプロモーションしていく手法のことである。

▶問3．正解はウ

■解説▶ アは，矯正目的であったメガネを，視力のよい人にも「目を守る」ために使用してもらうことで，矯正目的以外のメガネという新たな市場を開拓することができた事例である。イは，洗剤投入時の弱みを見事に克服し，ジェルボール型洗剤という新たな市場を開拓した事例である。一方，ウは，製品の改良は行われているが，これによって新たなカップ焼きそばの市場を開拓したといえる事例ではないため，ウは適切ではない。

> **Point** イノベーションは，新たな技術やアイディアを活かすだけでなく，新たな価値を創り出すことで，新たな市場を開拓していくことが重要である。

2 出題テーマ　購買意思決定過程，購買後行動

▶問1．正解はイ

■解説▶ 消費者は，購買した商品を使用し，その結果，使用前の「期待」水準を使用後の「成果」水準が上回った場合，その分だけ満足することになるが，逆の場合は，その分だけ不満を抱くようになる。よって，イが正解となる。なお，イの文章は「期待不一致モデル」を説明している。

▶問2．正解は認知的不協和

■解説▶ 人が自身のなかで矛盾する情報を同時に抱えた際に抱く不快感のことを「認知的不協和」という。高額な商品を買った場合，手に入れることができた嬉しさの一方で，「本当に買ってよかったのか」という不安を抱くものである。そのため，自動車や住宅，専門品など高額な製品を販売する際は，顧客が不安を払拭し，認知的不協和を解消できるようなフォロー体制をつくることが大切である。

▶問3．正解はイ

■解説▶ 「クレームは宝」という言葉があるように，消費者の不満には，今後のマーケティングに生かせる多くのヒントが隠れているため，企業はこれらにきちんと耳を傾ける必要がある。意見表明や情報発信を一方的に制限するようなお願いをしたり，相手の過失を責め立てたりするような対応は，根本的な解決にはつながらず，かえって消費者の不満を高める結果になりかねないため不適切な心がけである。以上のことから，イが正解となる。

3 出題テーマ　ＳＴＰ

▶問1．正解はイ

■解説▶ 市場をある基準によって細分化していくことがアの「セグメンテーション」であり，その細分化された市場のなかから，標的を決めることを「ターゲティング」というため，イが正解となる。ターゲティングの後に，自社の商品のイメージ像をつくり，その市場における自社製品のイメージや立ち位置を決めていくことをウの「ポジショニング」という。

▶問2．正解はア

■解説▶ 企業がインターネットによる商品の販売を行う大きな理由の一つが，「固定費の削減」である。本文にあるとおり，保険料を安くするためには，コストの削減が必要である。従来の保険会社は，営業担当者を多く雇用する必要があったため，A社はここに目をつけ，人件費の大幅な削減による格安な保険料を実現した。よって，アが正解となる。なお，契約を行う際に，曖昧な説明を行うことは，大きなトラブルを生む原因となるため丁寧な説明が必要である。

▶問3．正解はウ

■解説▶ ポジショニングとは，自社の製品やサービスに対するイメージと市場における自社の立ち位置を決めること

であり，ウが正解となる。営業担当者が丁寧な説明を行うことを強みとする保険会社もあれば，24時間365日いつでも手続きができる利便性を強みにする保険会社もあり，自社がどのようなポジショニングをとるかによって，その後の４Ｐ政策の方向性がみえてくる。

▶**問４．正解はＳＴＰ**

解説 自社が誰に対して，どのような価値を提供するのかを明確にしていくことをＳＴＰという。

「Segmentation」「Targeting」「Positioning」の頭文字をとっている。

4 **出題テーマ 市場調査**

▶**問１．正解はア**

解説 市場調査は，現状把握→仮説導出→仮説検証という三つの段階を経ることが一般的である。市場調査の第二段階の下線部(b)にある「調査仮説を導き出す作業」を仮説導出という。

▶**問２．正解はア**

解説 もし，簡単に原因が分かるものであれば市場調査は必要ない。市場調査を行う目的は，想像できない原因を把握することである。そのためには，多くの仮説を導き出し，それぞれについて検証していくことが重要である。よって，正解はアとなる。仮説のなかに，一見，突拍子もないと思われるものがあっても無視をしてはいけない。イやウのように，調査を開始する前に調査者の思い込みで調査仮説を絞りこむことは望ましくない。

▶**問３．正解はア**

解説 市場調査の第三段階である仮説検証は，予備調査→本調査という段階を踏むことが一般的である。予備調査は，仮説導出で導かれた多数の調査仮説の絞り込みを目的として，少数の対象者に行うものである。

Point 予備調査の段階で，調査仮説の検証が実現できた場合は，本調査を省略することができる。

▶**問４．正解は母集団**

解説 下線部(e)のような，調査対象全体を「母集団」といい，それに対し，母集団から抽出された調査対象を標本（サンプル）という。

Point 母集団とは統計学の用語であり，相対的なもので，標本を選ぶ元の集団のことである。全国の高校生の意識を調査するために，選ばれたある高校から100人抽出する場合，「全国の高校生」を母集団という場合と，「選ばれた高校の全校生徒」を母集団という場合がある。

▶**問５．正解はウ**

解説 標本抽出法は有意抽出法と無作為抽出法に分類される。無作為抽出法のうち母集団の構成をそのまま引き継ぐことができるように，男女や年齢層の構成を母集団と同じになるように標本を抽出する方法をウの「層化抽出法」という。よって，ウが正解となる。

▶**問６．正解はイ**

解説 人数や割合など，数値で結果を記録することを目的とする調査方法を「定量調査」という。よって，イが正解となる。定量調査の調査結果は数値の大小で明白に表されるため，可視化しやすい。

5 **出題テーマ ニーズ，ウォンツ，マーケティング・マイオピア**

▶**問１．正解はイ**

解説 「ドリルではなく，穴が欲しい」ということは，ドリルそのものより，ドリルで開ける「穴」に価値があるということである。この穴こそ，顧客が求めている便益であり，ドリルはその穴という便益を得るための手段にすぎない。よって，イが正解となる。

▶**問２．正解はイ**

解説 イの「マーケティング・マイオピア」のマイオピアとは「近視眼」のことであり，本文のとおり，製品に着目しすぎることは避けるべきというものである。よって，イが正解となる。アの「マーケティング・ミックス」とは，４Ｐ政策を適切に展開していくことである。ウの「期待不一致モデル」は，顧客の購買行動後の評価に関するもので，いずれも本問においては不適切である。

Point マーケティング・マイオピアを理解するためには，アメリカの鉄道産業の衰退が参考となる。かつてアメリカの鉄道会社が，自社の事業を「鉄道事業」と位置づけていたため，鉄道にばかり目が行き，いつの間にか航空会社に多くの顧客を奪われ，衰退していった。当時の鉄道会社が，「輸送業」という便益に基づいて自社の事業の位置づけを行っていれば，もっと早い時点で航空会社が自社の競合であることに気づくことができただろう。

▶**問３．正解はウ**

解説 マーケティングにおいて，製品が提供してくれる機能や価値が便益であり，ウが正解となる。たとえば，化粧品の便益を「美の提供」だとすると，他社の化粧品だけでなく，サプリメントやフィットネスクラブなども競合となり得るため，競合を考える際は注意が必要である。

▶**問４．正解はア**

解説 ３Ｃ分析は，Ｃustomer：市場・顧客，Ｃompetitor：競合，Ｃompany：自社，という三つから

事業の成功に向けて分析していくものであり，競合の分析が一つの重要な要素となっているため，アが正解となる。イの「PEST分析」とウの「VRIO分析」は，それぞれ外部環境と内部環境を分析するフレームワークである。

▶**問5．正解はウォンツ**

■解説▶ ウォンツとは，ニーズを満たすための具体的なもの・ことを表す。「穴を開けること」を目的（ニーズ）とすれば，ウォンツはその手段となるドリルである。つまり，製品とは，消費者のニーズを満たすためのものであり，ウォンツと考えることができる。

6 **出題テーマ** 製品政策，新製品開発

▶**問1．正解はイ**

■解説▶ 製品開発の方針は，製品ミックスとブランドの関係から以下のような四つに区分することができる。

開発方針	内容
ブランド拡張	すでにあるブランドのなかに，同じ名前を使って新製品を開発していく方針
ライン拡張	すでにあるブランドの名称を使って，異なる製品ラインの新製品を開発していく方針
マルチブランド	同じ製品カテゴリー内に複数のブランドの新製品を開発する方針
新ブランド	新しいカテゴリーで新しいブランドを立ち上げて，新製品を開発する方針

本問の場合，ターゲットや方向性を変えた新製品を開発して，同じ冷凍炒飯部門を充実させていくという記述内容から，「マルチブランド」だと考えられる。よって，イが正解となる。

▶**問2．正解はア**

■解説▶ 製品ミックスに関する用語を整理すると次のとおりとなる。

名称	内容
製品ミックス	企業がつくる製品のバリエーション（種類）のこと
製品ライン	デザインや価格が違っても，関連性が高い製品のグループのこと
製品アイテム	製品ラインを構成する一つひとつの製品のこと

製品ミックスを深めるとは，製品アイテムを増やしていくことで，製品ミックスの幅を広げるとは，製品ラインの数を増やすことである。したがって，新しい冷凍炒飯を開発するということは，既存の冷凍炒飯の製品アイテムを増やすことになるため，アが適切となる。

▶**問3．正解はア**

■解説▶ 製品の方向性や特徴のことを「製品コンセプト」といい，アが正解となる。イの「ベネフィット」は，顧客が製品やサービスから得られる効果や利益のことであり，ウの「ウォンツ」はニーズを満たすための具体的な製品やサービスのことである。

▶**問4．正解はプロトタイプ**

■解説▶ 試作品のことをプロトタイプという。プロトタイプは製品そのものの試作だけでなく，パッケージの試作や生産体制の確認なども含まれる。

▶**問5．正解はウ**

■解説▶ アは価格調査のことであり，イは市場調査のことである。どちらも重要な調査であるが，「テスト・マーケティング」に関する説明としては，ウが最も適切である。

7 **出題テーマ** 価格政策，価格設定

▶**問1．正解はサブスクリプション**

■解説▶ 「サブスクリプション」は，音楽配信サービスや動画配信サービスを中心に増えているもので，消費者は1曲や1動画に対して料金を支払うのではなく，月額，年額などの単位で定額料金を支払うことで，一定期間利用できる権利が得られるものである。

> **Point** サブスクリプションにより，企業と消費者の接点は長く続くことになった。消費者とのつながりが維持できるということは，ビジネスにおいてはとても重要なことである。また，「モノを所有しない」という現代の消費者の志向とも重なり，サービスが拡大している。このように，用語を覚えるだけではなく，普及している理由についてもきちんと押さえておこう。

▶**問2．正解はイ**

■解説▶ 基本的な機能は「フリー」（無料）で，特別な機能は「プレミアム」（有料）として収益を確保するものが「フリーミアム」であり，イが正解となる。アの「ライニング価格」は，機能や内容によって価格を松竹梅など段階別に設定するもので，ウの「慣習価格」は社会的に定着した価格のことである。

> **Point** ゲームアプリは，デジタルデータであるため，ダウンロードコンテンツとすれば，開発費以外の原価を抑えることができる。消費者の課金に対する抵抗感は強いが，一度課金をしてしまうとその抵抗感が薄れ，その後は何度も課金をするようになる人もいる。価格戦略は，消費者心理と密接なものであるため，それぞれの戦略にどのような意図があるかを考えてみよう。

▶**問3．正解はア**

■解説▶ ハードを安くし，ソフトを売り上げることで利益が出るように設定された価格を「キャプティブ価格」といい，よって，アが正解となる。イはライニング価格の例であり，ウは新製品発売時に，高めの価格設定を行う上澄吸収価格の例である。

出題テーマ 価格政策，価格の意味

▶問1．正解は**ウ**

解説 市場で実際に取引されている商品の価格のことを「実勢価格」といい，ウが正解となる。アの「慣習価格」は，自動販売機のジュースのように社会的に広く認識された価格のことであり，イの「希望小売価格」は，メーカーが小売業者などにこのくらいで売って欲しいと示す価格のことである。家電量販店やディスカウントストアにおいて，「他店より高ければご相談ください」というPOPを目にすることも多く，近隣店舗を意識した価格設定が行われている例はとても多い。

▶問2．正解は**ウ**

解説 消費者にとっての価格には三つの意味がある。「支出の痛み」とは，お金の支払いに対する抵抗感のことであり，高額になるほど痛みは大きくなる。「プレステージ性」とは，あえて価格の高い商品を購入することで，自分の社会的地位や経済的地位を実感したり，他者に示そうとしたりするものである。「品質のバロメーター」はその名のとおり，価格が商品の品質を示しているというものであり，正解はウとなる。

Point 消費者目線であれば，支出の痛みを抑えたいため，価格は安いほうがよい。しかし，プレステージ性のように，"ここぞ"というときや自身の地位や評価に関わるような場面においては，ある程度高額であるほうがよい場合もある。これは，価格には品質を表す側面があるため，たとえば贈答品などの場合，「こんなにいいものを頂いた」と，相手は大きな満足感を得るのである。

▶問3．正解は**イ**

解説 「端数価格」についての説明はイのとおりである。アの大きな数字によってプレステージ性が高まるという説明は適切ではない。小銭の流通量の調整も小売業が担うべきものではないため，ウも適切ではない。

なお，端数価格にすることで，あえて計算をしにくくするねらいもあるという。計算により予算との照合がこまめに行われていくと，衝動買いなどの非計画購買が進まなくなり，客単価向上につながりにくくなる面もある。

出題テーマ チャネル政策，チャネルの選択

▶問1．正解は**ア**

解説 アの「排他的チャネル」とは，自社製品だけを取り扱う小売業を選定し，その小売業のみで製品の販売を行うチャネル政策である。価格やブランド・イメージを管理できるという利点があるほか，商品の販売やアフターサービスに専門的な知識や技術が必要な専門品の取扱いにも向いている。ただし，商品を広く消費者の元に届けることには向いていない。よって，正解はアである。ウの「開放的チャネル」は，小売業や卸売業を限定しないチャネル政策で，イの「選択的チャネル」は排他的チャネルと開放的チャネルの中間に位置するチャネル政策である。

Point 開放的チャネル→選択的チャネル→排他的チャネルの順に，流通業を限定し，取扱い小売店を減らすチャネル政策である。専門品，買回品，最寄品といった商品分類とともに整理しておこう。

▶問2．正解は**ウ**

解説 チャネルの長さは，商品が生産者から消費者に届くまでに経由する流通業者の数の多さで語られるものである。卸売業者を何段階も介するチャネルを「長いチャネル」，それに対して，卸売業者や小売業者が省略されたチャネルを「短いチャネル」という。よって，ウが正解となる。アのような物理的な距離やイのような時間の長短を表すものではない。

Point チャネルの長短によるメリット，デメリットについて，商品の種類（消費財・生産財，最寄品・買回品・専門品）を意識して整理しよう。

▶問3．正解は**ア**

解説 下線部(c)のようにそれぞれの商圏が重複しないように小売店舗を配置することをテリトリー制という。自動車販売では，消費者は同じ自動車が購入できる店舗が地域に複数ある場合，それぞれの店舗から見積もりを取り，より安い価格の店舗で購入することが常識であった。それにより，値引き競争が起き，結果として自動車の販売価格が低下し，利益を減らす現象がみられた。近年，それを避けるため，各自動車メーカーはチャネルの整理統合を行っている。テリトリー制は価格の維持には向いているが，極端な希少性を訴求するものではないのでイは誤りであり，ウはまるで逆のことを述べている。正解はアである。

出題テーマ チャネル政策，製販連携

▶問1．正解は**SPA**

解説 商品企画から製造，物流，小売と商品供給まですべて一社で行う企業をSPA（製造小売業）という。本来，SPAはアパレル企業を指す用語であったが，今日では，このような形態をとる企業全般を指す用語として，アパレル企業以外で用いられることも多い。SPAでは，生産や流通において効率化が実現できるため，低価格で商品の販売ができることや，小売から得られる情報を企画や生産に活かしやすいことなどのメリットがある。

▶問2．正解は**ウ**

解説　商品の原材料や部品などの生産から，小売に至るまでのすべての流れを「サプライ・チェーン」という。よって，ウが正解となる。かつては，それぞれの段階を個別に捉えていたが，近年ではそれぞれをつながった鎖（チェーン）として捉えるようになった。サプライ・チェーンは供給側（企業側）からみた流れであるが，需要側（消費者側）からみたディマンド・チェーンという考え方もある。

▶問3．正解は**ウ**

解説　買い物かごや商品をレジに置いただけで，商品が認識され，会計金額などが表示された経験はないだろうか。これは商品タグに埋め込まれたＩＣチップを無線で読み込んでいるのである。このようなシステムを「ＲＦＩＤ」という。商品管理については選択肢のアにあるバーコードの登場で一気に進化し，ＲＦＩＤの登場で一層進化した。現在，イのようにカメラで商品を確実に認識しようという技術を確立する取り組みが進んでいるが，これが実現すれば，商品バーコードやＩＣチップをつける必要もなくなる。

▶問4．正解は**ア**

解説　小売業や卸売業が企画し，生産をメーカーに委ねる商品を「プライベート・ブランド商品（ＰＢ商品）」という。よって，アが正解となる。それに対して，一般的な生産者が企画，生産し，流通業者に販売する商品をイの「ナショナル・ブランド商品（ＮＢ商品）」という。ＮＢ商品のうち，特定の都道府県や地域で販売される商品をエリア・ブランド商品という場合もある。そして，ウの「ノーブランド商品」とはブランド名を記載しない商品である。ＰＢ商品はもともと低コストで販売できるというメリットから，低価格商品という位置づけで取り扱われてきたが，今日では，品質の高さなどをセールスポイントとした，他社との差別化につながる商品としての位置づけに変化してきた。

11 出題テーマ プロモーション政策，ＡＩＤＭＡ

▶問1．正解は**ア**

解説　Ａ社は消費者の購買までの心理の過程に応じたプロモーションを実施しようとしている。心理過程の第一段階は注目（Attention）であり，動画投稿サイトでインパクトのあるＣＭに触れさせることで，消費者に注目させ，ＣＭの内容で注目を興味（Interest）に変化させようとしている。よって，正解はアとなる。イの欲求，ウの行動は

この後の段階である。

▶問2．正解は**ウ**

解説　オピニオン・リーダーとインフルエンサーはとても似た存在である。オピニオン・リーダーとはその分野で活躍し専門的な立場にある人物を指し，インフルエンサーは専門的な立場にはないが，多くの人々がその人物に親近感や憧れを抱き，行動や言動が注目されている人物のことである。よって，適切な組み合わせはウである。

▶問3．正解は**ア**

解説　消費者が購買に至るまでの心理や行動の過程を表すモデルのなかで，最も古典的，基本的なものがＡＩＤＭＡ（アイドマ）である。注目（Attention）→興味（Interest）→欲求（Desire）→記憶（Memory）→行動（Action）のように構成されている。このＡＩＤＭＡからいくつかのモデルが派生しており，その一つにＡＩＳＡＳ（アイサス）がある。ＡＩＳＡＳは注目（Attention）→興味（Interest）→検索（Search）→行動（Action）・共有（Share）から成り立っている。インターネットの普及に合わせ，「検索」，「共有」という段階が組み込まれているのが特徴である。下線部(d)は投稿により購入したイヤホンの画像を共有した段階である。よって，アが適切である。本文中の「Webサイトでこのイヤホンを調べてみた」とあるところが「検索」の段階であり，「予約した」ときが「行動」の段階であり，イとウは誤りである。

12 出題テーマ プロモーション政策，プロモーションの種類

▶問1．正解は**イ**

解説　プロモーションは広告，広報，セールス・プロモーション（ＳＰ），販売員活動によって構成されている。

	特徴
広告	メディアを有料で利用することで行うプロモーション。
広報	メディアに金銭を支払わずに行う情報発信。
セールス・プロモーション	メディアや販売員を仲介せず行う，商品を販売するための「最後の一押し」。
販売員活動	販売員が顧客に向けて直接働きかけるプロモーション。

下線部(a)のＡ社の活動は，メディアではなく，大会に金銭的な支出を行っていることから広報であることが分かる。

▶問2．正解は**スポンサーシップ**

解説　下線部(a)はスポンサーシップといわれるものである。スポンサーシップは広報に含まれるプロモーションであり，イベントに対する支援のほか，スタジアムやホールなどの命名権（ネーミング・ライツ）の購入などがある。

▶問3．正解は**ウ**

解説　アは新聞広告の特徴，イはラジオCMの特徴，ウはテレビCMの特徴である。よって，ウが適切である。テレビCMはその訴求力の強さから最強の広告と考えられてきたが，ライフスタイルの変化により，徐々に地位がインターネット広告に奪われてきている。

▶問4．正解は**ア**

解説　近年，「レシートを集めて送る」や「レシートの画像を送る」といった方法の懸賞が増えている。企業にとって，自社の商品がどのようなシチュエーションで購入されているかは，とても重要な情報である。

13　出題テーマ　プロモーション政策，販売員活動

▶問1．正解は**ウ**

解説　選択肢ウのような広告の手法をリターゲティング広告という。YouTubeなどの動画サイトを見ていると，かつてインターネットで閲覧した内容が反映された広告が流れると感じたことはないだろうか。このような広告手法を取れることがインターネット広告の特徴である。正解はウである。選択肢のアは新聞広告の特徴，イはテレビ広告の特徴を意識している。

▶問2．正解は**イ**

解説　イの「ライブコマース」は日本においてはまだ一般的ではないが，中国ではすでに大きな成果をあげている。ライブコマースによって，1時間で数億円の売上を記録するインフルエンサーもいる。ライブコマースとは，SNSの動画をライブで流す機能を利用し，テレビ・ショッピングのような動画を配信するものである。テレビ・ショッピングとは違い，テレビ局からの制約を受けないので，より自由に親近感を持たせた動画が配信され，視聴者からの要望にリアルタイムで応えるような手法が行われることが一般的である。よって，イが正しい。アの「インフォマーシャル」は，テレビの番組中に番組の一部のように流される，テレビCMの手法のことである。ウの「プロダクト・プレイスメント」はテレビドラマや映画，その他のテレビ番組の中に自然と商品を登場させることで，間接的に視聴者に自社の商品を売り込む広告の手法である。

▶問3．正解は**ウ**

解説　テレビ・ショッピングなどで，「期間限定で○○が付きます。さらに，今日注文されたお客様にはおまけに○○が付きます」といった手法をよく見るであろう。このような手法を「ザッツ・ノット・オール・テクニック」という。よって，ウが正しい。アの「フット・イン・ザ・ドア・テクニック」は小さな要求から始め，徐々に要求の水準を上げていくテクニックであり，イの「ドア・イン・ザ・フェイス・テクニック」は大きな要求を最初に出して，徐々に要求の水準を下げていくテクニックである。これらは販売員が身に付けておく必要があるテクニックである。

▶問4．正解は**クロスメディア**

解説　テレビCMやWeb動画広告，店舗や販売員など，企業と消費者の接点（コンタクト・ポイント）は多数存在する。これらのコンタクト・ポイントを一括して管理して，統一されたメッセージを消費者に伝えようとする統合型マーケティング・コミュニケーション（IMC）という取り組みがある。そして，それぞれのコンタクト・ポイントを順序良くつなげ，消費者の商品に対する関心を高め，購買へと促そうとする取り組みを「クロスメディア」という。

第2回模擬試験問題　解答　（各2点）　　　　　　　p.38~51

1

	問1	問2	問3
	イ	イ	ア

2

	問1							問2	問3
	イ	ノ	ベ	ー	シ	ョ	ン	ウ	ウ

3

	問1	問2	問3	問4
	ア	ウ	ウ	イ

4

	問1	問2	問3	問4			問5	問6	問7
	イ	イ	ウ	仮	説	検	証	ア	ア	ウ

5

	問1	問2	問3	問4	問5
	ア	成長期	ア	ウ	ア

6

	問1	問2	問3	問4	問5
	イ	ブランド	ウ	ア	ア

7

	問1	問2	問3
	ア	ア	イ

8

	問1	問2	問3
	ウ	ア	ウ

9

	問1	問2	問3	問4
	ウ	イ	ア	ア

10

	問1	問2	問3
	サプライ・チェーン・マネジメント（SCM）	イ	ア

11

	問1	問2	問3				
	ウ	イ	A	I	D	M	A

12

	問1					問2	問3	問4
	景	品	表	示	法	ア	イ	イ

13

	問1	問2
	イ	コンタクト・ポイント（タッチ・ポイント）

	問3
	統合型マーケティング・コミュニケーション（IMC）

12

1 出題テーマ　現代市場とマーケティング

▶**問1．正解はイ**

解説　インターネット上における取引の「場」のことをプラットフォームといい，その事業者をイの「プラットフォーマー」という。よって，イが正解となる。アの「デジタル・トランスフォーメーション」は，「ITの浸透が，人々の生活をあらゆる面でより良い方向に変化させる」ということであり，各企業で取り組みが進められている。ウの「シェア・ビジネス」は，シェア・ハウスのように，遊休施設などを複数の人々で共有して有効活用させることで，収益を得るビジネス形態のことである。

▶**問2．正解はイ**

解説　取引形態は次のように分類できる。

名称	内容
BtoB	企業(Business)と企業(Business)の取引のこと
BtoC	企業(Business)と消費者(Consumer)の取引のこと
CtoC	消費者(Consumer)と消費者(Consumer)の取引のこと

よって，消費者同士の取引はイとなる。

現代はフリーマーケットアプリなど誰でも気軽に取引が行える「場」が増えたことにより，CtoCの取引が増加している。

▶**問3．正解はア**

解説　IoTとは，Internet of Thingsの略称であり，モノとインターネットが接続されることで，さまざまなことが可能となり，未来が広がっていくことである。

イは，EOSの説明であり，ウはRFIDの説明である。

2 出題テーマ　イノベーション，普及理論

▶**問1．正解はイノベーション**

解説　「イノベーション」とは，モノや仕組み，サービス，組織，ビジネス・モデルなどに新たな考え方や技術を取り入れて新たな価値を生み出し，社会にインパクトのある革新や刷新，変革をもたらすことである。既読確認や電話番号を交換しなくても無料通話ができるなど，それまでの携帯電話とは一線を画した機能によって，私たちの行動や慣習は大きく変わることになった。

▶**問2．正解はウ**

解説　下線部(b)は，普及理論の2番目「アーリー・アダプター」と呼ばれる人たちを指し，そのなかでも，影響力のある人を「オピニオン・リーダー」といい，ウが正解となる。

アの「ブリッジ・ピープル」とは，3番目の「アーリー・マジョリティ」が，製品が市場へ浸透するための橋渡しを行うことからその別名として呼ばれているものである。イの「ニッチャー」は，競争戦略上の地位の一つで，市場は小さくてもそのなかで自社の独自性を活かし，地位を築いている企業のことである。

> **Point**　オピニオン・リーダーの類似語に「インフルエンサー」がある。同意語として使用されることも多いが，厳密には定義が異なる。たとえば，ファッションモデルのような専門的な知識がある人のことをオピニオン・リーダーといい，SNSなどで消費者の目線から発信力がある人のことをインフルエンサーという一つの分け方がある。

▶**問3．正解はウ**

解説　消費者の評価や行動に重要な影響を与える他者の集まりを「準拠集団」といい，ウが正解となる。たとえば，毎朝ヨーグルトを食べる家族のなかで育ったAさんが，朝食のための買い物でヨーグルトは欠かせないと判断した場合，この家族が準拠集団になる。また，自分の「推し」であるグループのメンバーが使用しているものを自分も使いたくなるような場合，このグループも準拠集団となる。アの「母集団」は，市場調査において調査対象全体を指すもので，イの「サードプレイス」は，自宅や会社・学校以外に自分の居場所となる第三の場所のことである。

3 出題テーマ　STP

▶**問1．正解はア**

解説　「セグメント」とは，「断片」という意味があり，一定の基準によって，市場を細分化した際の一つひとつの市場を指すため，アが正解となる。この市場細分化のことをセグメンテーションという。イの「標的」は，そのセグメントのうち，どこを対象とするかを決めることであり，ターゲティングとも言われる。ウの「サンプル」とは，見本・例・試供品などのことであり，本問との関連性はない。

▶**問2．正解はウ**

解説　セグメンテーションを行う際の変数として代表的なものは以下のとおりである。

名称	内容
人口統計的変数	性別・年代・家族構成・職業・収入など
心理的変数	ライフスタイル・パーソナリティなど
社会文化的変数	宗教・文化・国籍・社会階層など
地理的変数	出身地・人口規模・気候など

よって，性別や年代で分類していくという本問の場合はウが正解となる。なお，人口統計的変数は，切り口が明確であるため，市場細分化を行う最初の段階では，とても有

効である。

▶問3．正解は**ウ**

解説 前問の問2の表を参照すると正解がウであることがわかる。アは，人口統計的変数，イは地理的変数となる。なお，実務の世界においては，人口統計的変数は，「デモグラフィック変数」，心理的変数は「サイコグラフィック変数」と呼ばれることが多い。

▶問4．正解は**イ**

解説 アは「利益可能性」，イは「到達可能性」，ウは「測定可能性」の説明であり，イが正解となる。セグメンテーションが有効なものとなっているかを確認するための四つの条件「Rank（優先順位・実行可能性）」「Realistic（有効規模）」「Response（測定可能性）」「Reach（到達可能性）」の頭文字を取り，4Rと呼ばれることもある。

---

4 **出題テーマ** 市場調査

▶問1．正解は**イ**

解説 企業が行う調査の総称がマーケティング・リサーチであり，そのうち市場に着目して行うものがマーケット・リサーチ（市場調査）である。マーケット・リサーチはマーケティング・リサーチの一部分である。よって，イが適切である。選択肢のアは逆のことを述べている。マーケット・リサーチの主な対象は外部環境であるため，選択肢のウは誤りである。

> **Point** マーケティング・リサーチにマーケット・リサーチが含まれるということを覚えておこう。

▶問2．正解は**イ**

解説 現状分析では既存資料を利用することが基本である。また，内部資料は企業の顧客データや財務諸表，過去の市場調査の資料などである。外部資料は政府などが発行する白書や金融機関や調査会社が公表する統計資料などである。近年は，インターネットにより外部資料の収集が格段にしやすくなった。なお，新規資料とは市場調査によって新たに得られたデータなどのことをいう。

▶問3．正解は**ウ**

解説 調査仮説は，「Xが原因で，Yという結果が起きている」という「因果関係」で記されることが望まれる。よって，ウが正解。アの「相関関係」とは「Xが増加すると，Yも増加もしくは減少する」という関係である。イの「利害関係」とは「Xの利益が，Yの利益もしくは損害につながる」という関係である。

▶問4．正解は**仮説検証**

解説 調査仮説が正しいか否かを確認する作業を「仮説検証」という。

> **Point** 現状把握→仮説導出→仮説検証という三つの段階を確実に覚えておこう。

▶問5．正解は**ア**

解説 定量調査は数値で得られるデータを集める調査であり，アンケートが代表的な方法である。ただし，アンケートでも意見を書かせるものは定性調査と考えられる。

定性調査は数値化できない具体的な意見や感想を引き出す調査であり，インタビューや観察法がある。

選択肢イの文中にある定点調査は，ある決められた地点で継続して調査することである。

▶問6．正解は**ア**

解説 伝統的なアンケートの方法としては，郵送法，電話法，面接法，留め置き法などがある。近年，インターネット調査法の占める割合が大幅に増加している。インターネット調査法の利点には，伝統的な手法に比べ，人件費や通信費などの費用を低く抑えられる点，回答者が回答しやすく，多数の回答が得られる点に加え，回答が電子データで得られるため，データ入力の手間が省け，容易に集計・加工できる点がある。よって，アが適切である。選択肢イは面接法の利点，ウはRDD方式を利用した電話法の利点である。

▶問7．正解は**ウ**

解説 インタビューの形式のうち，あらかじめ決められた質問のみを行う方法をアの「フォーマル・インタビュー（構造化インタビュー）」といい，質問を決めずに自由に行う方法をイの「インフォーマル・インタビュー（非構造化インタビュー）」という。そして，その中間に位置する，あらかじめ決められたインタビューに対する回答者の受け答えに対し，それを膨らませるような質問を続ける方法を「半構造化インタビュー」という。よって，ウが正解となる。

---

5 **出題テーマ** 製品ライフサイクル

▶問1．正解は**ア**

解説 人の誕生から死までの過程を表現したものがライフサイクルであり，それが転じて，製品やサービスなどが生まれてから消えていくまでの全過程を示したものを「製品ライフサイクル」という。よって，アが正解となる。イの「損益分岐点」は，利益も損失も発生していない損益の境目のことで，ウの「製品政策」は4P政策の一つである。

▶問2．正解は**成長期**

解説 製品ライフサイクルは，①導入期②成長期③成熟期④衰退期の四つのステージに分けられるが，本文の説明の内容から2番目の成長期であることがわかる。初学の頃は，「成長期」と「成熟期」を混同しやすいので気を付けよう。

▶**問3．正解はア**

■解説■ 現在，アの「完全自動運転機能付き自動車」は，まさに市場へ導入されはじめたところである。バスなどの試験的なものや各種運転サポートを搭載した自動車は登場しているが，完全な自動運転機能付きの自動車が普及するには，法律面などの整備も必要である。イの「スマートフォン」は，すでに成熟期であり，ウの「タピオカドリンク」もすでに流行が落ち着き，一時のような勢いはなくなりつつあるため，正解はアとなる。

▶**問4．正解はウ**

■解説■ アとイの説明は正しく，リピーターの獲得の必要性を示したものである。ウのように多くの人に製品を認知してもらうためには，製品を認知しているリピーターではなく，新規顧客を獲得するようなプロモーション活動が有効であるため，ウの説明は適切ではない。

▶**問5．正解はア**

■解説■ 「イノベーター」とは，最も早く製品を購入する層のことで，いわゆるその製品に関するマニアやオタクと呼ばれるような人たちのことである。製品が市場へ投入された時点，つまり「導入期」に，一番早く製品を購入する顧客がイノベーターであるため，アが正解となる。

Point マーケティングを展開していくうえで，「普及理論」と「製品ライフサイクル」を重ねてみていくことは重要である。いずれも古典的な概念であるが，マーケティングには欠かせないものである。少し発展的な内容になるが，興味を持った人は「キャズム理論」について調べてみると一層理解を深めることができるだろう。

6 **出題テーマ** 製品政策，ブランド

▶**問1．正解はイ**

■解説■ 製品は購買慣習によって分類することができる。

製品の種類	購買慣習
最寄品	最寄りの店舗において，頻繁に購入されるもので，価格は比較的安価である。
買回品	複数の店舗を見て回り，デザインや機能などを検討してから購入されるもの。
専門品	こだわりの強い製品で，名声や技術，特定のブランドを信頼して購入されるもの。

よって，本問のシャンプーについては，代替品を購入していることからもイの「最寄品」と考えられる。この製品の分類はあくまで一つの目安であり，消費者の考え方やこだわりによって同じ製品であっても上記の分類が変わることもある。

▶**問2．正解はブランド**

■解説■ ブランドとは，製品やサービスに付けられる名前やシンボル，マークなどのことであり，法律的には「商標」と呼ばれる。

▶**問3．正解はウ**

■解説■ ブランドの役割は，他社製品との区別を明確にし，製品に対する責任を明確にすることで，消費者に安心感や信頼を与えることであるため，ウが正解となる。一般的には，「ブランド品」というと，高級ブランド品を指すことが多いが，価格は関係なく，私たちの身の回りにあるさまざまなものにブランドは付されている。

そのため，アのような役割もあるが，それは高級ブランド品に関する説明であり，ブランド全体の役割説明としてはふさわしくない。イは製造指図書番号のことであり，本問とは関係ない。

なお，ブランドの機能は次のようにまとめることができる。

機能	内容
保証機能	責任が明確になり，品質が保証される
識別機能	他社製品との区別を明確にする
想起機能	イメージや知識，感情を思い起こさせる

▶**問4．正解はア**

■解説■ 企業がつくる製品のバリエーションのことを「製品ミックス」または，「製品アソートメント」といい，アが正解となる。イの「製品アイテム」とは，製品ラインを構成する一つひとつの製品のことである。ウの「ライン拡張」とは，製品ラインの拡張のことであり，すでにあるブランドの名称を使用して，異なる製品ラインの製品をつくることである。

▶**問5．正解はア**

■解説■ ロイヤルティとは「忠誠心」のことであり，アの「ブランド・ロイヤルティ」はブランドに対する忠誠心のことであるため，これが正解となる。イの「コーポレートブランド」とは，企業ブランドのことであり，企業名自体がブランドとなるようなもののことである。ウの「ブランディング」とは，製品やサービスをブランド化することで，付加価値をつけ，信頼されるようにすることである。

7 **出題テーマ** 価格政策，価格設定

▶**問1．正解はア**

■解説■ 「コスト・プラス法」とは，製品の製造原価に利益を上乗せする基本的な価格決定の方法であり，アが正解となる。イの「需要志向型価格」とは，新製品・新サービスの場合に，競合他社が存在せず，他社の価格を参考とすることができないため，需要を調査しながら価格を設定していくという方法である。ウの「競争志向型価格」は，競合企業の価格を参考に同等程度の価格を設定していく方法のことである。

▶問2．正解は**ア**

解説 「管理価格」とは，寡占市場において，大きな市場シェアを持つ有力企業が自社に有利な価格を付けることで，他社もその価格に追随し，業界の価格が決まっていくものである。そのため需給バランスを考えた最適価格というイの説明は不適切であり，ウは価格についてあらかじめ協議を行う価格カルテルとして，禁止されているものである。よって，アが正解となる。

▶問3．正解は**イ**

解説 鉄道の運賃や高速道路の料金のように行政の認可が必要なものを「統制価格」といい，イが正解となる。アの「公定価格」とは，医療や介護サービスなどの分野において行政が決定した価格のことであり，ウの「競争価格」は，需要と供給のバランスによって決まる価格のことである。

> **Point** 清涼飲料やお菓子など，各業界において，プライスリーダーが値上げや値下げを行うと他社も続々と追随するのが管理価格の例である。特に値下げに追随しない場合，自社の市場シェアを奪われる可能性があるため，自社が厳しい状況であっても値下げに追随をするしかないのである。

8 出題テーマ 価格政策，価格設定

▶問1．正解は**ウ**

解説 問題文の「売れば売るほど赤字になる」という記述から，原価割れの低価格であることが分かる。新製品の発売であることから「市場浸透価格」であることが分かり，ウが正解となる。アの「威光価格」は，あえて高めの金額を設定することで，プレステージ性を高めるものであり，イの「上澄吸収価格」は新製品販売時に利益回収のために高価格を付けるものである。

▶問2．正解は**ア**

解説 新製品の発売時には，下記のような二つの価格設定が考えられる。

名称	内容
市場浸透価格	導入時に販売量を伸ばし，市場シェア拡大を目指すため，価格を安めに設定する。
上澄吸収価格	導入してから早い段階で利益を回収できるよう，価格を高めに設定する。

市場浸透価格を設定する目的は，安価な設定により，一気に市場シェアを獲得したり，製品の認知度を上げることであるため，アが正解となる。イは上澄吸収価格のことであり，ウは顧客のプレステージ性を高めるためには価格が高いほうがよく，説明が適切ではない。

> **Point** 市場浸透価格は，ほかの企業から模倣されやすい製品の場合や価格に敏感な顧客を対象としている場合に適用される。A社もこのような目的を持っていただろうが，生産管理の視点からもう一つの理由があった。それは，早い段階でまとまった生産体制を組むことにより，製造コストを引き下げるというものである。また，上澄吸収価格は，価格に敏感ではない顧客を対象としている場合や模倣されにくい製品の場合に有効となるものである。新製品導入における二つの価格設定の特性を整理しておこう。

▶問3．正解は**ウ**

解説 下線部(c)は「転売問題」についての記述であり，その背景としては，ウのように消費者が気軽に売買を行えるような「場」として，オークションサイトやフリーマーケットアプリが登場してきたことと，その場において利用者が，価格設定を自由に行える点が挙げられる。よってウが正解となる。なお，アはペイ・ワット・ユー・ウォント方式の説明であるが，下線部(c)との関連性はなく，また，この方式がさまざまな場面で導入されてきているが，広く普及しているとも言えず不適切である。イはキャッシュレス決済の説明であるが，下線部(c)との関連は薄い。

9 出題テーマ チャネル政策，チャネルの選択

▶問1．正解は**ウ**

解説 開放的チャネルとは，流通業を特定せず，取り扱いを求める小売業や卸売業すべてに取り扱いを認めるチャネル政策である。商品を広く行き届かせることに適しており，最寄品の販売に適している。ただし，流通業の管理は難しく，商品が安売りされたり，他社商品よりも不利な陳列をされたりすることを避けることが難しくなる。下線部(a)に「〜どこでも購入できる」とあることから，正答がウであることを導ける。

▶問2．正解は**イ**

解説 本文中に「このパネルはB社から販売促進用に提供されており」とあるので，正解がイであることが分かる。メーカーが自社製品の売上を伸ばす目的のほか，小売店とメーカーの関係を深めようとする目的でこのようなPOP広告の提供やノベルティの提供，金銭的な優遇などを行うことを販売店援助（リテール・サポート）という。メーカーが小売業や卸売業と良好な関係を築くために行う活動をチャネル管理という。

> **Point** チャネル管理とは，メーカーが流通業に対して，自社製品を取り扱う意欲を増やしてもらおうとする活動である。

▶**問3．正解はア**

解説 焼き肉用の肉と焼き肉のタレといったように、同時に消費されることが多い商品を一緒に購買することをアの「関連購買」という。小売店は関連購買されそうな商品を近くに陳列するような工夫を行っている。イの「比較購買」とは、焼き肉のタレ同士を比較して、最も気に入ったものを購買するようなことをいう。ウの「指名買い」とは、すでにこの商品を買おうと決めて店舗を訪れた顧客が、欲しいと思う商品を名指しで購買することである。似た用語に「ついで買い」があるが、ついで買いは、予定になかった商品を購入することで、小売店のレジ周りにはついで買いを誘うために、キャンディやガム、電池などが陳列されている。下線部(d)のようにチョコレートとそれを入れる袋を同時に購入することは関連購買と考えられる。よって、アが正解となる。

▶**問4．正解はア**

解説 POP広告やノベルティの提供などにより、小売業や卸売業に自社製品の取り扱いを増やしてもらおうとするチャネル管理は直接的な働きかけといえる。一方、広告などを通じて消費者の自社製品に対する購買意欲を高め、自社製品を指名買いする消費者を増やすことで、小売業や卸売業の自社製品の取り扱い意欲を高めようとするチャネル管理を間接的な働きかけという。本文から、B社がCMという間接的な働きかけとクリアファイルというノベルティの提供を行っていることがうかがい知れることから、正解がアであることが分かる。

---

⑩ **出題テーマ** チャネル政策，ＩＣＴの進展

▶**問1．正解はサプライ・チェーン・マネジメント（ＳＣＭ）**

解説 自動車を生産する工場では、鉄鋼のほか、タイヤやガラス、半導体など、多数の部品を購入し生産をしている。どの部品であっても不足があれば生産が止まってしまい、部品に過剰な在庫があると費用がかかってしまう。また、生産量が不足すると販売機会を失う可能性があり、過剰になると在庫や値引き販売につながってしまう。部品の原材料の生産から小売までを一つの鎖（サプライ・チェーン）として捉え、一括して適切に管理しようという考えを「サプライ・チェーン・マネジメント」といい、上で述べたような問題を回避することが目的となっている。

▶**問2．正解はイ**

解説 「POSデータ」とは、POSシステムによって得られる顧客情報や販売情報のことであり、小売業が持つ情報である。POSシステムの普及によって製品は単品のレベルで販売量や在庫量のほか、いつ、どこで、どの商品と同時に購入されたかなどを把握できるようになった。加

えて、キャッシュレス決済が進んだことにより、購入した顧客の属性（性別，年齢）も同時に分かるようになった。「ＥＤＩ」とは、企業間でデータを交換するためのシステムである。よって、イが正解となる。EOSはオンラインで受発注をするシステムのことで、ＥＤＩの一部である。

> **Point** POS，EDI，EOS，RFID，などのアルファベットの略語については、混乱しないようにきちんと整理しておこう。

▶**問3．正解はア**

解説 当時、新型コロナウイルス感染症の影響のほか、さまざまな要因が重なり、極端な半導体不足が発生した。これにより、自動車や給湯器など、予期せぬ製品が品不足となった。サプライ・チェーン・マネジメントが整備されればされるほど、どこか一部分であってもその鎖が断絶することで、製品の供給がストップしてしまうという例である。よって、アが正解となる。選択肢イは需要増による品不足、ウはオーバーツーリズムを意識した誤りである。

> **Point** 商業経済検定では、時事的な問題も出題される。普段からニュースに関心を持つとともに、下線部の前後の文をよく読み、矛盾のない選択肢を選べるようにしよう。

---

⑪ **出題テーマ** プロモーション政策，プロモーションの種類

▶**問1．正解はウ**

解説 入口の広告は「屋外広告」、バス車内の広告は「交通広告」に分類される。それらを合わせ「OOH」という。よって、ウが適切である。OOHはOut Of Homeの頭文字であり、「家の外」という意味である。

▶**問2．正解はイ**

解説 クーポンを配布することを「クーポニング」といい、商品を購入した人にもれなくおまけをプレゼントすることを「プレミアム」という。よって、正答はイである。「増量パック」はスナック菓子などにみられる、「今だけ20％増量」のように、価格を変えず容量を増やす手法であり、「バンドル」は「1個400円の商品を3個まとめて買うと1,000円」というような手法である。

▶**問3．正解はＡＩDMA**

解説 下線部(c)にあるとおり、A店はポスターでAttention（注意）を引き、そのなかのコピーでInterest（興味）を抱かせ、ポスターのQRコードで誘導したWebサイトでDesire（欲求）を引き起こし、クーポンでMemory（記憶）を築き、昼食時などにAction（行動）を起こさせようと考えている。

12 **出題テーマ** プロモーションに関する規制と倫理

▶問1. 正解は景品表示法

解説 一般的に景品表示法，もしくは，景表法と略されるため，法律の内容が分かりづらくなっているが，正式名称は，不当景品類及び不当表示防止法という。高価な景品などが許されると，大規模な企業が著しく有利になるため，そのような販売方法を防ぐことと，商品を実際よりもよく見せかけるような表示を防ぐことを目的とした法律である。

Point 景品表示法と独占禁止法は，再度，確認しておこう。また，景品表示法は消費者庁，独占禁止法は公正取引委員会が所管していることに注意しよう。

▶問2. 正解はア

解説 たとえば，普通の牛肉を使っているにもかかわらず，「松阪牛100％」などと表示し，商品を著しく優良に見せかけることを「優良誤認」という。不当表示には，優良誤認，有利誤認，その他誤認されるおそれのある表示の三種類がある。優良誤認とは実際よりも良いと見せかけて表示する不当表示，有利誤認とは価格などの取引条件が有利であるように見せかけて表示する不当表示のことである。その他誤認されるおそれのある表示は優良誤認，有利誤認には当てはまらないが，消費者を惑わす不当表示を総称したものである。おとり広告などのほか，実際には北海道とは全く関係のない商品について，成分表には産地を正しく表示しても，商品名に「北海道○○」などとつけることを規制している。以上のことから，正解はアとなる。

▶問3. 正解はイ

解説 「JARO」とは日本広告審査機構の略称である。広告に問題が無いかを審査する組織である。よって正解はイとなる。JAROとよく混同されるものにアの「ACジャパン」がある。こちらは公共広告を作成することで，社会に有益な情報を普及させようとする組織である。ウの「BPO」は放送倫理・番組向上機構のことで，テレビ番組などを監視する組織である。

▶問4. 正解はイ

解説 ステルス（stealth）とは，「隠れて」を意味する英語である。レーダーに観測されない飛行機を「ステルス機」などという。「ステルス・マーケティング」とは選択肢イのような例が代表的なものである。企業関係者や金銭のやり取りがある人物が「隠れて」行うマーケティング活動である。海外では厳しく規制されているが，日本では法律などによる規制が遅れている。アのような手法で，商品の印象などを高めることはサブリミナル効果と呼ばれる。実際にはこのような効果はないという意見もあるが，サブリミナル効果を用いる広告は禁止されている。ウはペイド・パブリシティを意識しているが，ペイド・パブリシティは「記事広告」，「これは広告です」などと表示し，実際のニュースや新聞記事と混同しないようにされている。

13 **出題テーマ** プロモーション政策，統合型マーケティング・コミュニケーション

▶問1. 正解はイ

解説 スポーツイベントに協賛し，資金や商品を提供することで社会に貢献するとともに，そのイベントのさまざまなシーンで企業名やロゴマークが表示される。これにより，企業に対するイメージや認知度が向上する。特にオリンピックのような世界的に注目されるイベントでは，その効果が非常に高くなる。このようなスポンサーシップは，メディアには支出していないので，広報に該当する。よって，正解はイである。ただし，そのイベントのテレビ中継内にテレビCMを流す場合，それは広告にあたる。

▶問2. 正解はコンタクト・ポイント（タッチ・ポイント）

解説 コンタクト・ポイントとは，文字通り，接点のことである。消費者が企業の情報に触れるさまざまな場所や場面をコンタクト・ポイントという。本文の下線部(b)の直前にある広告などのほか，Webサイトやコールセンター，店頭にある商品など，すべてがコンタクト・ポイントととらえられる。

▶問3. 正解は統合型マーケティング・コミュニケーション（IMC）

解説 Webサイトでは高級なイメージを訴求しているにもかかわらず，テレビCMでは庶民的で親しみやすい雰囲気を伝え，商品はディスカウントストアで販売されているなど，それぞれのコンタクト・ポイントがばらばらな情報を発信すると，消費者のその商品や企業に対するイメージに混乱が生じてしまう。それを防ぐために，すべてのコンタクト・ポイントを一元的に管理し，一貫したイメージを形成し，それらのコンタクト・ポイントに消費者が触れる流れを整理するクロスメディアという手法などを行うことを統合型マーケティング・コミュニケーション（IMC）という。

Point プロモーションにおいて，統合型マーケティング・コミュニケーション（IMC）は，最も重要な基本概念である。しっかり押さえておこう。

	問1	問2	問3
1	ア	イ	ア

	問1	問2	問3
2	ア	ウ	ウ

	問1	問2	問3							問4
3	イ	イ	リ	ポ	ジ	シ	ョ	ニ	ン	グ	ア

	問1	問2	問3	問4	問5		問6	問7
4	ア	ウ	ウ	ウ	標	本	イ	ウ

	問1	問2	問3
5	ウ	ア	ア

	問4	問5
5	サービス ・ ドミナント ・ ロジック	ウ

	問1	問2	問3	問4	問5
6	ウ	ウ	ア	ア	ストア・コンセプト

	問1	問2	問3		
7	イ	ア	参	照	価	格

	問1				問2	問3
8	独	占	禁	止	法	イ	イ

	問1	問2	問3
9	イ	イ	ア

	問1	問2		問3
10	イ	E	D	I	ア

	問1	問2	問3	問4
11	ウ	ア	イ	ウ

	問1	問2	問3	問4
12	セールス・プロモーション	ア	ウ	イ

	問1	問2	問3	
13	ア	ウ	リ ス ティ ン グ	広告

名称	内容
内部情報探索	自らの経験や記憶から探す
外部情報探索	インターネットなど外部情報源から探す

1 **出題テーマ** 環境分析，マーケティング・マネジメント

▶**問１．** 正解は**ア**

解説 外部環境の分析として，代表的なものにＰＥＳＴ分析とファイブ・フォーシズ分析がある。ＰＥＳＴ分析とは，自社を取り巻く外部環境が，現在もしくは将来的にどのような影響を与えるかを把握・予測するためのフレームワークのことで，「政治（Politics）」「経済（Economy）」「社会（Social）」「技術（Technology）」という四つの外部環境を取り出し，分析対象とするものである。一方，ファイブ・フォーシズ分析は，外部環境の脅威を分析して，自社が成長するための戦略を考えるものであり，競合企業の対抗度，買い手の交渉力，売り手の交渉力，新規参入の脅威，代替品の脅威という五つの要因をもとに分析していく。よって，アが正解となる。

> **Point** ３Ｃ分析とは，「Customer（市場・顧客），Competitor（競合），Company（自社）」の三つの頭文字を取ったもので，マーケティング環境を漏れなく把握できるフレームワークである。また，クロスＳＷＯＴ分析は，ＳＷＯＴ分析で利用した四つの項目である，「強み（Strength）」，「弱み（Weakness）」，「機会（Opportunity）」，「脅威（Threat）」をそれぞれ掛け合わせることで，選択すべき戦略を明確にしていくものである。

▶**問２．** 正解は**イ**

解説 「コア・コンピタンス」とは，競合企業にはない，自社独自の技術力などのことであり，イが正解となる。自社に「コア・コンピタンス」があれば市場で優位性を発揮することができる。アの「コア・ユーザー」は，その名のとおり，自社における中心的な顧客のことであり，ウの「コア・プロダクト」とは，製品の中核となるもののことである。

▶**問３．** 正解は**ア**

解説 マーケティング・マネジメントとは，マーケティングの計画・実行・評価・改善という流れを上手に運用していくことである。基本的なプロセスは，環境分析→市場調査→ＳＴＰ→４Ｐ政策→評価・改善となっており，アが正解となる。イとウは，市場を細分化し，対象を決めていくＳＴＰが後半にあり，これでは適切なマーケティングを展開していくことはできない。

2 **出題テーマ** 消費者行動，購買意思決定過程

▶**問１．** 正解は**ア**

解説 情報探索は大きく二つに分けられる。

よって，本問の場合は，アの「外部情報探索」となる。なお，ウの「モニター調査」は，消費者などに一定期間商品などを使用してもらい，あとで意見を収集するような調査のことである。

▶**問２．** 正解は**ウ**

解説 消費者が商品に示す関心の程度のことを関与という。アの「製品関与」とは，特定の製品カテゴリーに対して消費者が抱くものであり，ウの「購買状況関与」とは，購買の場面によるもの，イの「広告関与」は，広告に対して消費者が抱くものである。

本問では，喜んで欲しいと思い，さまざまな視点から製品選択について考えており，購買状況関与が高いといえる例であるため，ウが正解となる。

▶**問３．** 正解は**ウ**

解説 消費者が商品を比較する際のルールや基準に，補償型ルールと非補償型ルールというものがある。補償型ルールとは，商品にマイナスの面があっても，プラスとなる面が多い場合，選択肢の一つとなるが，非補償型ルールでは，商品にマイナスの面があれば，プラスとなる面が多くても，選択肢にはならないというものである。

下線部(c)の場合，味や予算は良いのだが，どこでも買えるというマイナス面があり，購入を断念しているため，非補償型ルールが適用されたと考えられる。ウが正解となる。

3 **出題テーマ** ＳＴＰ

▶**問１．** 正解は**イ**

解説 競合のいない「空き地」に位置取りをしていくことを「創造的なポジショニング」といい，イが正解となる。新たに創り出していくという意味から，アの「排他的」やウの「開放的」は，適切とは言えない。

▶**問２．** 正解は**イ**

解説 本文からも分かるとおり，スポーツ飲料市場は当初，競合のいない市場であったが，Ａ社が将来性がないという結論に至ったことからも，成長が見込めない市場に変化したことが読み取れる。そのように考えると，アとウの説明は適切ではなく，イが正解となる。

▶**問３．** 正解は**リポジショニング**

解説 ポジショニングは，自社製品のイメージや位置付けのことであり，それを変えることを「リポジショニング」という。Ａ社製品は，スポーツ飲料というこれまで確立してきたイメージから，「イオン飲料」「水分補給」をキーワ

ードとした健康的な清涼飲料というイメージへ大きな転換を図ることで、ロングセラー商品となった。

▶問4．正解はア

解説 市場は刻々と変化しているため、その変化に合わせたマーケティングが必要である。つまり、市場の動向によっては、リポジショニングによって、商品のイメージを変えることも重要となるため、アが正解となる。

4 **出題テーマ** 市場調査

▶問1．正解はア

解説 インターネット通販では、購入者にレビューを書いてもらうように促し、それをWebサイトで表示し、新たな購入者の参考にしてもらうことが多い。そして、それは、販売者にとっても有益なマーケティング情報になる。このようなレビューや苦情、クチコミなどは顧客データとして蓄積され、重要な内部資料となる。よって、正解はアとなる。

▶問2．正解はウ

解説 「売上が下がった」という現在の状況の原因について、「容量が多いため」、「甘みが足りないため」などが原因ではないかという予想、つまり仮説を立てている。この段階を仮説導出という。よって、正解はウとなる。アは仮説検証、イは現状把握を表している。

▶問3．正解はウ

解説 仮説導出の段階では、自由な発想に基づき、多くの調査仮説を導き出すことが好ましい。それらの仮説すべてを検証することが望ましいが、それには費用と時間がかかるため、小さな規模の調査で仮説を絞りこむことが多い。その前段階の作業を予備調査といい、絞り込んだ後の調査を本調査という。よって、正解はウとなる。予備調査は事前調査、略式調査ともいわれる。アとイについては特に意味のない文章である。

▶問4．正解はウ

解説 「モニター募集」といった表示をみたことがないだろうか。選択肢ウにあるとおり、自社の商品やサービスを利用して、それらに対する意見を述べる役割を担ってもらう消費者を「消費者モニター」といい、そのような調査をモニター調査という。よって、正解はウとなる。アはロイヤルティの高い顧客、イはインフルエンサーを意識している。

▶問5．正解は**標本**

解説 下線部(e)にある調査対象となる集団全体を母集団といい、母集団から選ばれた調査対象を標本、または、サンプルという。漢字2文字と指定されているので正解は標本である。

> **Point** マーケティングにおいて、サンプルという用語を用いる場合は、この問題の「標本」という意味のほか、「見本」や「見本品」などという意味で使うことがあるので気をつけよう。

▶問6．正解はイ

解説 下線部(g)によると、たとえば、最初に出たサイコロの目が5であったとすると、番号が5, 11, 17, 23, …, 713, 719の120名が選ばれることになる。このような抽出方法を「系統的抽出法」、または、等間隔抽出法という。よって、正解はイとなる。

> **Point** 抽出法を問う問題は頻出である。それぞれの抽出法の名称と意味をきちんと整理し、覚えておこう。

▶問7．正解はウ

解説 アンケートを作成する場合は、回答者が楽に答えられるように、「お住まいの都道府県を記入してください」と質問し、「東京都」と記入してもらう方法よりも、「お住まいの都道府県を次から選んでください。1．北海道…、12．東京都、…47．沖縄県」と質問し、「12」と記入してもらう方法を用いたほうが良い。このように質問と回答を対応させるための数字を尺度という。

下線部(h)のように、順番や順序に意味はあるが、それぞれの間隔には意味がなく相対的な順序を表す尺度をウの「順序尺度」という。アの「間隔尺度」は気温などのようにそれぞれの間隔に絶対的な意味があるものである。言い換えれば、目盛りが等間隔であるものである。イの「比例尺度」は、ゼロが原点となっている、年齢や身長、体重などのことである。他に「名義尺度」というものがあり、「1．男　2．女　3．回答しない」や「1．高校生　2．大学生　3．社会人」などのように分類するために単純に番号をつけたものをいう。上記の都道府県の例も名義尺度である。

5 **出題テーマ** 製品政策、サービス・ドミナント・ロジック

▶問1．正解はウ

解説 人々がブロックと言われて思い浮かべる複数のものをイの「想起集合」といい、なかでも最初に挙げられるものをウの「第一想起」という。よって、一番先に思い浮かべられるA社のブロックは、まさに第一想起であり、ウが正解となる。この第一想起として、消費者に企業名や製品名を挙げてもらうことができれば、それだけ認知度や信頼があるということで、購入につながりやすい。そのためにもCMでくり返し強調したり、口ずさみやすいテンポで製品名を覚えさせるといった工夫がなされている。アの

「ブランディング」とは，自社製品のブランド化を図ることである。

▶問2．正解は**ア**

解説 アパレル店において，服のコーディネートを提案することはかねてより行われているが，企業主導ではなく，顧客が考え，それをアプリなどで共有することで，より自然でバリエーション豊かなものとなっていく。このような価値共創の取り組みは増えており，アが正解となる。イとウのような行為を企業が主体となって実施していくことは，社会的な信用を失う結果となり不適切である。

▶問3．正解は**ア**

解説 「ブランド・ロイヤルティ」は，特定のブランドへの好意的な態度や愛着のことであり，アが正解となる。イの「ブランド・エクイティ」とは，ブランドが持つ資産価値のことで，ブランドという形のないものを資産として評価し，その価値を高めるために育成や投資をする際に必要となる考え方のことである。ウの「ブランド・コミュニティ」とは，ブランドのファン同士がつながって，つくりあげる社会的なコミュニティのことである。

▶問4．正解は**サービス・ドミナント・ロジック**

解説 「サービス・ドミナント・ロジック」においては，すべての経済活動はサービスであり，モノはサービスの一つであると考える。たとえば，掃除機は，「清潔な生活を提供するサービスの一つ」と考えるのである。これに対して，モノに価値があり，製品とサービスは別物であるという従来の考え方を「グッズ・ドミナント・ロジック」という。

▶問5．正解は**ウ**

解説 下線部(d)においても，企業が顧客とともに価値を創造することが指摘されているように，企業が顧客と価値を創りあげることが求められている。よって，ウが正しい。

---

6 **出題テーマ** 在庫管理

▶問1．正解は**ウ**

解説 「店舗案内用アプリ」なので，従業員が店舗を案内するためのものであると想像できる。すると，ウのように顧客を待たせることなく，スムーズに案内することが目的だと分かる。アは，案内表示が不要となることはないため，不適切である。イは，従業員用ということで，顧客の話とは関連しないため不適切である。実際は，顧客用の売場案内アプリも導入されており，従業員への問い合わせも減っている。そのため，従業員用アプリは，品出しなどを効率的に行うために利用されることが多くなっている。

▶問2．正解は**ウ**

解説 ウの経済的発注量とは，定量発注方式において，発注費用と在庫費用の総額を最小化する1回あたりの発注

量のことである。アの商品回転率が高いということは，販売効率が良いことを示しており，イの棚卸法は，商品が少ないほうが効率的であるため，説明内容自体が不適切であり，ウが正解となる。

▶問3．正解は**ア**

解説 リードタイムは，商品の発注から補充までに要する時間のことであり，アが正解となる。在庫管理においては，リードタイムを見越して，手持ちの在庫量が最小在庫量に達する前に発注をかけることが重要である。

▶問4．正解は**ア**

解説 本来であれば売上実績となるはずだったものを欠品などの理由によって逃がすことを「機会ロス」または機会損失といい，アが正解となる。「商品ロス」と「棚卸減耗」は同意語であり，あるはずの商品が何らかの理由によってなくなり，在庫数が一致しないことを指す。

> **Point** 欠品を起こさないために，大量の仕入れを行った場合，豊富な品揃えや機会ロスを防ぐことは可能になるが，売れ残りが生じた場合，今度は，廃棄ロスや値下げロスといった損失を招くことがあるため，適切な在庫量を管理することが大切である。

▶問5．正解は**ストア・コンセプト**

解説 ストア・コンセプトは，店舗の基本理念のことであり，業態や規模，ターゲットなどをまとめてつくりあげていくものである。商品構成や接客方法などもすべてこのストア・コンセプトをもとに考えていく。

---

7 **出題テーマ** 価格政策，価格設定

▶問1．正解は**イ**

解説 「ハイ・ロー・プライシング」とは，特売日を設け，「ロス・リーダー」と呼ばれるお得な商品を目玉とすることで集客を行う価格設定であり，イが正解となる。アの「公定価格」とは，医療や介護などに関して，政府などが決定する価格のことである。ウの「目玉商品価格」とは，特売価格のことで，目玉商品となるような商品につけた価格のことである。

> **Point** ハイ・ロー・プライシングは，特売日によって需要を喚起するもので，日本においてなじみのある方法である。一方，EDLPは，海外のスーパーマーケットなどでよくみられる手法であったが，近年は日本の小売業界にも導入されるようになった。どちらがよいというものではなく，それぞれのストア・コンセプトによって，採用すべき戦略が変わってくるのである。

▶問2．正解は**ア**

■解説▶ 需要の価格弾力性は，顧客の価格に対する敏感さを測る指標の一つである。価格弾力性が大きい場合は，顧客が価格の変化に敏感な商品と言えるため，値下げを行えば，需要が増え，値上げを行えば，需要が減ることが予想される。価格弾力性が小さい場合は，価格が需要に与える影響は小さいため，価格変化によって，売上が大きく変化することは少ないと考えられる。よって，アの説明が適切である。

> **Point** 一般的に洗剤，文房具などは競合が多いため，値上げをすることで競合企業の商品に消費者が流れてしまうため，価格弾力性が高くなる。また，自動車や不動産，宝石なども，商品の価格が上がると，消費者にとってはすぐに必要なものではないため，購入を我慢して買い控えが増える傾向にあり，逆に商品の価格を下げると，買い控えをしていた消費者の需要がなだれ込むことが多いため，価格弾力性は高いと言えるだろう。一方，生活必需品は，値上がりしても消費者の需要が減るわけではない。値上がりをしても，消費者は値上がりをした価格で購入し続けることになる。しかし，生活必需品であっても，競合企業が多い場合は値上げによって他社商品へのシフトが起きやすいこともあるので，状況によって変わることに注意したい。

▶**問3．正解は参照価格**
■解説▶ 消費者は過去の経験などに基づいて，さまざまな商品について，それぞれ妥当だと思われる価格帯のイメージを持っており，購買時にこの価格を参考とする。これを参照価格という。

> **Point** 実売価格＜参照価格の場合，消費者は「安い」，実売価格＞参照価格の場合，消費者は「高い」と感じる。

8 出題テーマ 価格設定に関する諸制度
▶**問1．正解は独占禁止法**
■解説▶ 独占禁止法は，正式には，「私的独占の禁止及び公正取引の確保に関する法律」という。この法律は，公正かつ自由な競争を促進し，事業者が自主的な判断で自由に活動できるようにすることを目的としており，メーカーが流通業の販売価格を決める行為を禁止している。
▶**問2．正解はイ**
■解説▶ メーカーが希望する価格を「希望小売価格」と言い，これを小売業者などに示すこと自体は違法ではないが，この希望価格を強制するような行為は禁止されている。問題文のような希望小売価格を強制する行為の多くは，価格が下がることで，売上高が減少したり，製品のブランド・

イメージが下がることを防ぎたいという場合が多い。アは，一見もっともものようにも見えるが，安く販売することで，販売機会を増やすこともできるため，メーカーがこれを阻止しようとすることは，単なる小売価格の維持ではなく，小売業者の経営に対する介入になる。イは，スポーツシューズの価格が下がることで，以後，「安いブランド」として認識されてしまったり，一定のステータスを保てなくなる懸念が出てくるため，それを恐れることはあり得る。ウは，そのような声も考えられなくもないが，一般的にスポーツシューズの価格が「下がる」ことを望む消費者は多いため，適切とはいえない。よって，イが正解となる。
▶**問3．正解はイ**
■解説▶ 「再販売価格維持行為」は禁止されているが，例外として，書籍や雑誌などがある。よく見れば，新聞，雑誌，書籍などには，すでに定価が印刷されていることに気づくだろう。食料品のパッケージや牛乳に，値札のシールが貼られることはあっても，事前にパッケージにメーカーが印刷することはない。これが，再販売価格が認められているか否かの差である。「理由」にあるとおり，書籍は著作物であり，一定の文化水準を維持するためには，自由な価格設定によって，買い叩かれるような事態は回避すべきであるという理由から，再販売価格維持行為の例外として認められているのである。

9 出題テーマ チャネル政策，チャネルの選択
▶**問1．正解はイ**
■解説▶ 消費者プロモーションのうち，購買者にもれなくつけるおまけをプレミアムという。X社のWebサイトに掲載されているという文脈から考えると，このポスターは販売店援助の一環として，プレミアム用に取扱小売店に配られたものであると考えられる。よって，正解はイとなる。
▶**問2．正解はイ**
■解説▶ X社は自社製品の取扱いをCスポーツ店に限定している，Cスポーツ店はあらゆるメーカーの製品を取り扱っているという文脈から，X社のチャネル政策は選択的チャネルであることが分かる。選択的チャネルとは，流通業に自社の専門店になることは求めないが，自社製品にふさわしい流通業を厳選して，製品の取り扱いを認めるチャネル政策である。

	小売業の選択	他社製品の取り扱い
開放的チャネル	しない	認める
選択的チャネル	する	認める
排他的チャネル	する	基本的に認めない

▶**問3．正解はア**
■解説▶ Y社は選択的チャネル，もしくは，排他的チャネルを活用していることが本文から予想できる。これらのチ

ネルを選択し，取扱店舗を限定することにより，チャネル管理がしやすくなる。Y社は取扱店舗を総合スポーツ店にせず，野球の専門店にすることで，より高いブランド・イメージを構築していると同時に安売りの回避を意図していると考えられる。知名度や利便性を高めるためには開放的チャネルを選択すべきであるので，イとウは誤りである。

Point 商業経済検定では，下線部だけではなく，本文全体の文脈から，解答を予想し，最も適切なものを選ぶ問題が出題される。単に用語を覚えるだけでなく，実際の社会や現場でどのように行われているかを考え，応用力を身に付けておこう。

10 出題テーマ チャネル政策，ＩＣＴの進展
▶問１．正解はイ
解説 小売業がサプライヤー（メーカーや卸売業）との協働で行う売り場づくりを「カテゴリー・マネジメント」という。カテゴリー・マネジメントにおいては，サプライヤーは自社が取り扱う製品のみの陳列を提案するのではなく，他社の製品も組み合わせた最適な売り場を提案し，売上の最大化を図る。よって，イが正解。アの「トレード・プロモーション」はメーカーが流通業に行うセールス・プロモーションのことであり，ウの「オムニチャネル」は，複数の販売経路を有機的に活用する取り組みである。
▶問２．正解はＥＤＩ
解説 ＥＤＩとは，異なる企業がデータや通信に関する規約を調整し合い，多様なデータを交換し合えるようにするシステムである。似た用語にＥＯＳがあるが，ＥＯＳは異なる企業間の受発注システムのことであり，ＥＯＳはＥＤＩに含まれる。
▶問３．正解はア
解説 ＰＯＳシステムの導入により，どの商品が，いつ，どこで，だれに，いくつ売れたかなどの情報（ＰＯＳデータ）を蓄積することが可能になった。本文中に「各店舗で芳香剤を購入する顧客層を分析し」とあることからも正答がアであることが分かる。イとウはＰＯＳシステムで得られる情報ではない。近年，イのような情報はＡＩカメラなどを用いることで得られるようになった。

11 出題テーマ プロモーション政策，広告
▶問１．正解はウ
解説 テレビやラジオで番組と番組の間に流されるＣＭをウの「スポットＣＭ」という。それに対し，番組中に流されるＣＭをアの「番組提供ＣＭ」（タイムＣＭ）という。スポットＣＭは，テレビ局やラジオ局が流すタイミングを決めるため，ターゲットに的確には届かない可能性がある

が，番組提供ＣＭに比べて価格が安いというメリットがある。また，細かな指定はできないが，朝や夜などは指定できるため，季節のキャンペーンなどを広く伝えるためには有効である。イの「公共広告」とは，公共性のある情報を広告の形で流すものである。ＡＣジャパンやＪＡＲＯの広告が当てはまる。
▶問２．正解はア
解説 聴取者の減少と高齢化が進んでいたラジオが，テレワークの常態化などの要因から，わずかながら持ち直している。ラジオＣＭは音声のみであるため，聴取者の想像力にゆだねる部分が多く，想像力を引き出す表現が求められる。そして，耳なじみの良い，覚えやすいフレーズをくり返し流すことにより，聴取者がその企業や商品の名称，住所や電話番号などを自然と記憶することが多いというメリットがある。よって，正解はアである。イのような機能や性能を詳しく説明することは，音声のみのラジオには不向きなことであり，ウにあるようなスキップはラジオではされにくいのでともに誤りである。
▶問３．正解はイ
解説 広告の効果は，アの「行動効果」とイの「心理効果」に分けられる。行動効果はその広告を見て，実際に商品を買おう，その店舗を訪れよう，Ｗｅｂサイトを見てみようなどの行動につながる効果である。それに対し，心理効果はそのＣＭを見て，商品や企業に対する好意や親近感が上昇するという効果である。よって，イが正解。ウの「所得効果」は経済学の用語である。
▶問４．正解はウ
解説 テレビショッピングなどでは，商品を紹介した後に，「今日だけ，30％引き」，「さらに，本日注文していただいた場合，付属品を無料でサービス」，「さらに，本日注文していただいた場合，送料無料」などというように次々と特典を提示していく方法がよく使われる。このような方法をウの「ザッツ・ノット・オール・テクニック」という。アは「フット・イン・ザ・ドア・テクニック」，イは「ドア・イン・ザ・フェイス・テクニック」の説明である。

12 出題テーマ プロモーション政策，セールス・プロモーション
▶問１．正解はセールス・プロモーション
解説 プロモーションは広告，広報，セールス・プロモーション，販売員活動の四つに大別される。セールス・プロモーションは有料のプロモーション政策のうち，広告と販売員活動に属さないもの，言い換えれば，メディアと人によらない活動の総称である。

▶問2．正解は**ア**

■解説■ セールス・プロモーションのうち,メーカーが小
売業に向けて行うものを「トレード・プロモーション」と
いう。よって,アが正解となる。メーカーが消費者に向け
て行うものをイの「消費者プロモーション」といい,下線
部(b)の直後にあるような方法で行われる。ウの「リテール・
プロモーション」は一般的には使われない用語である。

▶問3．正解は**ウ**

■解説■ 消費者プロモーションの代表的なものは以下のと
おりである。

種類	内容
クーポニング	紙やアプリにより割引券を配布する。
サンプリング	試供品を無料で配布する。
懸賞	商品に応募券などをつけて,景品をプレゼントする。
プレミアム	もれなくもらえるおまけを付ける。
増量パック	期間限定で容量を増やす。
バンドル	複数購入した場合,単価を下げる。

下線部(c)は「プレミアム」,(d)は「クーポニング」であり,
ウが正解となる。

▶問4．正解は**イ**

■解説■ ロス・リーダーとは,ロス(損失)を被っても,
客をリード(引き寄せる)するために必要な商品というこ
とである。目玉商品と訳されることが多い。小売店の広告
で極端に安い価格で表示されているもののなかには,原価
を下回った価格で販売されているものがある。その商品を
ロス・リーダーという。正解はイである。ウのような商品
は「見せ筋商品」という。

13 出題テーマ インターネット広告

▶問1．正解は**ア**

■解説■ インターネットを利用すると,画面上の広告の部
分や動画サイトの広告に,以前,閲覧したWebサイトに
関する広告が表示されることがよくある。このように閲覧
履歴から広告を表示する仕組みをリターゲティング広告と
いう。よって,アが正解である。リターゲティング広告は
閲覧履歴を参考にするが,閲覧者のプロフィールを参考に

するものではないので,ウは適切ではない。

▶問2．正解は**ウ**

■解説■ バナー(banner)はもともと「旗」の意味であり,
現在では「横断幕」や「たれ幕」という意味で使われる英
語である。Webサイトのなかで「旗」のような長方形で
示され,そこをクリックするとそのWebサイトへつなが
る広告をバナー広告という。よって,ウが正解である。ア
はYouTubeの広告を意識しており,イはブログ広告を意
識している。

▶問3．正解は**リスティング**広告

■解説■ 検索サイトで検索をすると,上位に「広告」と表
示されたWebサイトが表示される。この仕組みをリスティ
ング広告,または,検索連動型広告という。以前は「広
告」と表示されず,消費者が広告だと気づかずに閲覧する
という問題があったが,現在は「広告」と表示される。

第4回模擬試験問題　解答　(各2点)

p.69~83

1

問1	問2	問3			問4
ウ	イ	I	S	O	ア

2

問1	問2	問3
ア	ウ	イ

3

問1	問2				問3
イ	創	造	的	なポジショニング	ウ

4

問1	問2	問3※			問4	問5	問6	問7	問8
ア	イ	予	備	調査	ウ	ア	ウ	ア	イ

※別解として「略式」調査,「事前」調査

5

問1	問2	問3	問4	問5	
ウ	ア	ウ	ア	A	I

6

問1	問2	問3			問4	問5
ア	ウ	最	寄	品	イ	イ

7

問1	問2	問3
ウ	イ	コスト・プラス法

8

問1	問2				問3
ア	オ	ー	プ	ン	価	格	イ

9

問1	問2	問3
ウ	イ	イ

10

問1	問2	問3							問4
ウ	ウ	シ	ョ	ー	ル	ー	ミ	ン	グ	イ

11

問1						問2	問3
パ	ブ	リ	シ	テ	ィ	ウ	ア

12

問1	問2	問3
ウ	イ	ア

13

問1	問2	問3
イ	ウ	ア

1 出題テーマ マーケティングの歴史と発展，マーケティング・マネジメント

▶問１．正解は**ウ**

解説 マーケティングの考え方を「マーケティング・コンセプト」という。マーケティングが日本に本格的に導入された当初は，「つくれば売れる」という生産志向であったが，その後の時代の変化により，製品志向→販売志向→消費者志向→社会志向と変化してきた。よって，ウが正解となる。

▶問２．正解は**イ**

解説 非営利組織で展開されるマーケティングを「ソーシャル・マーケティング」といい，イが正解となる。たとえば，病院の待ち時間への対応や教育機関のブランディング，街の図書館の利用促進などの取り組みが挙げられる。アの「コーズ・リレーテッド・マーケティング」は，消費者が商品を購入することで，社会貢献に参加できる取り組みを展開するような，利益獲得と社会貢献を両立させたマーケティングのことである。ウの「インダストリアル・マーケティング」とは，消費財ではなく，産業財に関するマーケティングのことである。

> **Point** ソーシャル・マーケティングには，企業の社会的責任として，社会全体の利益向上も目指すという社会志向そのものを指す場合もあるので，注意して覚えよう。

▶問３．正解は**ISO**

解説 グローバル化が進むと製品の規格を統一することで，規模の経済の効果が発揮されやすくなる。そこで，国際的に製品の規格を統一するための基準としてつくられたものがISOである。ISOには，ネジ，非常口の案内図，カードのサイズなど，製品そのものの規格のほかに，会社のマネジメントシステムを対象とした国際規格もある。このマネジメントシステムを国際規格に合わせることで，国際的な信用力を向上させ，グローバルな展開が可能になるため，企業規模の大小にかかわらず，多くの企業で取得に向けた取り組みがなされている。

▶問４．正解は**ア**

解説 マーケティング・マネジメントにおいて，STPを定めた後，マーケティングの具体的な手段を組み合わせて実施するマーケティング・ミックスを行う。その際に四つの要素から考えていくことが一般的である。
①Product（製品政策），②Price（価格政策）③Place（チャネル政策）④Promotion（プロモーション政策）の頭文字を取り，４P政策とも呼ばれ，マーケティングを行ううえでは欠かせない要素である。

要素	内容
Product	どのような価値を，どのような製品・サービスで市場へ提供していくか
Price	ターゲットに対して，製品・サービスをいくらで届けていくのか
Place	どのような方法やルートで製品・サービスを届けていくのか
Promotion	どのような方法で製品・サービスの存在や魅力を伝えていくのか

> **Point** フィリップ・コトラーは，従来の４Pだけでは，現代のサービスを中心としたビジネスにおいては十分な戦略を展開することが難しいことから，ここに「People」人，「Process」販売や業務の過程，「Physical Evidence」不安を払拭するための物的証拠を加えた７Pというものを提唱している。現代のマーケティングを考えるうえでは大切なテーマであるため，具体的な事例について興味があれば調べてみよう。

2 出題テーマ 消費者行動，購買意思決定過程

▶問１．正解は**ア**

解説 マズローの欲求階層説は，低次の欲求から順に満たされていき，最終的に自己実現欲求へとつながっていくというもので，下記のような特徴がある。

名称	内容
①生理的欲求	生きていくために必要な基本的な欲求
②安全欲求	苦痛や危険を避けて，安定を求める欲求
③社会的欲求	所属や愛情を求める欲求
④承認欲求	評判や名声を求める欲求
⑤自己実現欲求	自分の可能性を求める欲求

上の表より，空腹を満たしたいという欲求は最も基本的な「生理的欲求」であるため，アが正解となる。

▶問２．正解は**ウ**

解説 消費者の目標状態は，さまざまな具体的な目標によって構成されたもので，具体的な目標を満たしていくことで，より具体的な目標がまた現れ，目標状態に近づいていくことを「目標階層構造」といい，ウが正解となる。つまり，本問では，「ラーメンにしよう」という目標状態には，それまでに「和食以外」「高くないもの」といったような具体的な目標があり，それらの次にまた「短時間で済ませたい」という目標が現れ，これらを満たすことで，目標状態にたどり着くのである。

▶問３．正解は**イ**

解説 消費者が購買意図を抱いても，「これを選んだら他者にどう思われるか」などを気にすることで，購買がためられることはよくある。アは期待不一致モデルの説明

であり，ウの多属性態度モデルは，補償型ルールを前提にしたものであるため不適切な説明である。よって，イが正解となる。

③ **出題テーマ** ＳＴＰ

▶**問１．正解イ**

解説 プロジェクトなどを行うにあたり，消費者を対象とした調査を行うことを市場調査（マーケティング・リサーチ）といい，イが正解となる。アの「信用調査」は，金融機関などが融資を行うにあたり，企業の状態を調査することで，ウの「財務調査」は，さまざまな目的で，企業について調査を行う際，財務諸表などを中心に，財務状況を調査することである。

▶**問２．正解は創造的なポジショニング**

解説 ポジショニングマップなどで，自社の立ち位置などを決めることをポジショニングというが，その際，競合のいない空き地をみつけることが，価格競争に巻き込まれない立ち位置を確保することになる。そのような位置取りを行うことを創造的なポジショニングという。

▶**問３．正解はウ**

解説 市場をデモグラフィック変数やサイコグラフィック変数などで細分化していくことを，「セグメンテーション」というため，ウが正解となる。その後，複数のセグメントのなかから，自社が対象とする標的を定めることをイの「ターゲティング」という。

④ **出題テーマ** 市場調査

▶**問１．正解はア**

解説 本文の「調査の第一段階」を読むことでアの「現状把握」であることが分かるであろう。市場調査は現状把握に始まり，把握した現状から調査仮説を導くイの「仮説導出」に続き，その仮説を検証するウの「仮説検証」へと続いていく。

▶**問２．正解はイ**

解説 第二段階は仮説導出の段階であり，下線部(b)のように「現在起きている結果」について「それを引き起こしている原因」は何かを予想する作業である。予想された仮説をイの「調査仮説」という。

▶**問３．正解は予備調査（略式調査，事前調査）**

解説 下線部(c)にあるとおり，本調査の精度を高めるために，本調査に先立って，少数の対象に行う調査を予備調査という。仮説検証は予備調査と本調査によって構成される。

▶**問４．正解はウ**

解説 たとえば，生徒数1,000人で男女比が３：７の高校があったとする。抽選や乱数表を用いて単純無作為抽出

法で10名を抽出した場合，男子が３人，女子が７人選ばれるとは限らない。むしろ，そうならない場合が多いと考えられる。もし，男女で意味がある調査であるならば，男子６人，女子４人のような標本では母集団を正確に代表しているとは言えない。このように少数の標本を選ぶ場合，母集団の構成比率に合わせて，その比率と同じ比率で標本を選び出す方法をウの「層化抽出法」という。よって，ウが正解となる。イの「系統的抽出法」は母集団全員に番号をつけ，最初の番号を無作為に選んだ後，その数字に同じ数字を足していった番号の人を標本として抽出する方法である。アの「多段抽出法」は，まず系統的抽出法を行った後，層化抽出法を行うように，抽出を何回かくり返す方法である。

▶**問５．正解はア**

解説 アは単純無作為抽出法，イは系統的抽出法，ウは特に意味のない抽出法である。よって，アが正解となる。ウは，あえて言うのであれば，調査者側の事情で面倒な作業を省いた有意抽出法であるといえる。

▶**問６．正解はウ**

解説 有意抽出法とは，調査者の都合で標本を選ぶ方法である。本文の高校を例に考えてみると，特別な標本抽出の作業を行わず，それぞれの学年の１組からアンケートを取るような方法である。標本抽出を行う手間が省けるため時間が節約できるが，慎重に選ばないと母集団を代表した結果が得られないことがある。アは全数調査を表している。全数調査は標本調査とは反対に，母集団すべてを調べる方法である。母集団を正確に代表する結果が得られるが，母集団が大規模である場合，実施は困難である。全数調査が困難な場合，標本調査を行うことになる。

> **Point** 母集団の状況を正確に表すためには全数調査が理想であるが，それが不可能な場合に標本調査を行う。標本抽出を適切に行わなければ信頼できる調査結果は得られない。どの抽出法が最も信頼できるか整理しておこう。

▶**問７．正解はア**

解説 下線部(g)に「具体的な内容を言葉で」とあることで定性調査であることが分かる。定性調査とは言葉で結果を得る調査であり，定量調査とは数値で結果を得る調査である。それに対して，観察法とは文字通り，対象を観察して調査する方法である。近年はＡＩの進化により，人間が関与せず対象を観察する方法が登場している。定性調査と定量調査の長所と短所は以下のとおりである。

定性調査	長所	予期せぬ回答など，深いデータが得られる。
	短所	多くの対象を調べることは難しい。
定量調査	長所	多くのデータが得られ，全体が把握できる。
	短所	斬新な回答などを得ることができない。

▶**問8．正解はイ**

■**解説**▶ まず，得られたデータを「1．好き　60人，2．嫌い　40人」などのように単純に集計することを単純集計という。それに対して，好きと答えた60人を男女別，年齢別などで，以下のように集計する方法をクロス集計という。よって，イが正解となる。「男子により好まれる」や「10代の女性が特に利用している」などの，より詳しい結果を得るためにはクロス集計が不可欠である。

	好き	嫌い	合計
男子	34人	16人	50人
女子	26人	24人	50人
合計	60人	40人	100人

5 （出題テーマ）販売計画，生産計画

▶**問1．正解はウ**

■**解説**▶ 下線部(a)のとおり，見込みによって大量に生産するというもので，ウが正解となる。清涼飲料のような大量生産・大量消費を前提とした製品の場合，これまでの実績や今後の予測をもとに，生産計画を立て，十分な在庫量を確保できるよう，あらかじめ生産を進めておく。

▶**問2．正解はア**

■**解説**▶ 下線部の説明のとおり，製品の生産のための計画をアの「生産計画」といい，アが正解となる。イの「販売計画」は，販売のための計画であり，ウの「販売割当」とは，販売計画の一部で，販売目標を決めたあと，営業所や販売員に販売数や販売金額を割り当てることをいう。

▶**問3．正解はウ**

■**解説**▶ 販売計画の立案は，①販売目標の設定②販売予算の編成③販売目標の割当という流れで進められる。アは，損益分岐点についてであるが，利益を計上するには，損益分岐点を上回る必要があり，説明が不適切である。イは，販売費及び一般管理費についてであるが，効率的な販売のためには，比率を抑える必要があり，こちらも説明が不適切である。ウは，販売計画の一つである販売目標割当の説明であり，ウが正解となる。

▶**問4．正解はア**

■**解説**▶ 売上高の予測において，過去の実績をもとに予測する方法を時系列分析といい，移動平均法や指数平滑法といったものがある。移動平均法は，期間を1単位ずつずらしながら平均値を計算していくもので，イのことである。指数平滑法は，前日や前月などの直近の売上に重み付けを行うことで，売上を予測するもので，アが正解となる。

▶**問5．正解はＡＩ**

■**解説**▶ 問題文のとおり，ディープラーニングの技術によって発展しているＡＩを企業の販売予測に活用するケースが増えている。ＡＩによって大量のデータを処理することが可能となり，これまでの予測方法および経験や勘以上に，根拠を示した予測ができるようになっている。

> **Point**　ＡＩによる販売予測データはさまざまな業務に活用されている。スーパーマーケットの発注業務，タクシーの配車計画，ファッショントレンドによる需要予測，漢方薬の生産計画など多岐にわたっており，今後もあらゆる場面での活用が進むだろう。しかし，どちらの選択肢を選んでも間違いではないような選択を行う場合，ＡＩは，こういう選択をしたらこういう結果になるというアドバイスはできるが，どちらにするかは最終意思決定者である人間が行うことになる。そのため，適切な判断を行うためには人間も多くの経験や学びを積み重ねていく必要がある。

6 （出題テーマ）出店，仕入計画

▶**問1．正解はア**

■**解説**▶ 店舗の基本理念を「ストア・コンセプト」というため，アが正解となる。イの「販売計画」は，生産量の決定や販売員の配置などの計画のことで，ウの「経営理念」は，企業全体が目指すべき理念やありたい姿のことである。

▶**問2．正解はウ**

■**解説**▶ ニーズとは，「ゆっくりと体を休めたい」というような不足していることや満たされない気持ちのことである。ウォンツとは，「快眠グッズ」のような，ニーズを満たすための具体的なものを指す。よって，ウが正解となる。また，マーケティング戦略を考える際，ニーズとウォンツを区別することで，マーケティング・マイオピアを避けることも可能となる。

▶**問3．正解は最寄品**

■**解説**▶ 食料品のように，最寄りの店舗において，高頻度で購入する商品のことを最寄品という。最寄品は，特定の商品が売り切れていても代替が可能な場合が多いため，小売業者としては，ほかの製品を代わりに購入してもらうことで，機会ロスを回避することも可能である。一方，メーカーは，それをきっかけに代替した製品のメーカーに顧客を奪われる可能性もある。そのため，最寄品のメーカーは，自社製品の棚割り（陳列スペース）を確保したり，継続的な発注を得るために，多くのキャンペーンを実施し，小売業者へ自社製品の仕入を促す活動を行っている。

▶**問4．正解はイ**

■**解説**▶ 製品の基本的な分類方法として，耐久財と非耐久

財がある。耐久財は，その名のとおり，長く使用できるため，買い替えの頻度は少なく，一度買ってもらうと，しばらくは購入されない場合が多いため，比較的利幅も大きめである。一方，非耐久財は，買い替え頻度が高い製品であるため，価格への意識も強く，大きな利幅は取りにくく，「薄利多売」が前提となっているものが多い。本問の家電品，家具，自転車は使用してすぐになくなるようなものではないため，耐久財であることが分かる。また，購買慣習による分類では，買回品に分類されることが一般的だが，ウの説明は最寄品の説明であり，適切ではない。よって，イが正解となる。

▶問5．正解はイ

■解説▶ 小売業者などがオリジナル商品を開発し，その商品へ付するブランドのことを「プライベート・ブランド」といい，これらの商品を「ＰＢ（プライベート・ブランド）商品」というため，イが正解となる。「ＮＢ（ナショナル・ブランド）商品」とは，メーカーが展開する一般的な商品のことで，仕入れにより，どの小売業者でも扱うことができるものである。ウの「ロス・リーダー」は目玉商品のことであり，集客のために使われる特売用の商品のことである。

---

7 (出題テーマ) 価格政策，価格設定

▶問1．正解はウ

■解説▶ 自動販売機の価格のように，社会的に浸透した価格のことを「慣習価格」といい，ウが正解となる。慣習価格は，消費者がものを購入する際の参照価格にもなり得るものであり，購買行動に大きな影響を与える。アの「バンドリング価格」は，いくつかの商品を一つにまとめた際の価格で，例として，正月のおせちセットのようなものがある。イの「名声価格」とは，威光価格のことで，商品のイメージやブランド力を上げるなどの理由からあえて高めの価格設定を行うものである。

▶問2．正解はイ

■解説▶ 価格が高いと感じた場合，本当に必要な商品でなければ，消費者は購入を控えるか，代替品の検討に入る。しかし，山頂という特殊な場所において，清涼飲料を販売する店舗などは限られており，多少高くても競合が少ないため，買ってもらうことができる。よって，正解はイとなる。

▶問3．正解はコスト・プラス法

■解説▶ 販売価格の最も基本的な方法は，原価に利益を上乗せするコスト・プラス法である。仕入価格は，それほど高くないが，山頂までの輸送費や販売機を稼働させるための発電コストなどはそれなりに必要であるため，それらを上乗せしていくと販売価格は通常の市街地に比べて割高に

なる傾向がある。

---

8 (出題テーマ) 価格政策，価格設定に関する諸制度

▶問1．正解はア

■解説▶ メーカーが希望する小売価格のことであるため，「メーカー希望小売価格」とするアが正解である。あくまで希望であるため，この価格で販売するかどうかは，小売業者に決定権がある。これを強制させることは独占禁止法によって禁止されている。

▶問2．正解はオープン価格

■解説▶ メーカー希望小売価格は，消費者，小売業者双方にとって，価格の目安となるものであったが，価格競争の激化により，有名無実化している。また，実売価格との差が余計な不信感などを招く恐れもあり，メーカーが希望小売価格を提示しない「オープン価格」が広まっている。

そのため，家電製品などのカタログの価格欄には，「オープン価格」となっており，価格はそれぞれの店舗に任せている。

▶問3．正解はイ

■解説▶ 値引，割戻，割引は以下のとおりである。

名称	内容
仕入値引	100円のところを80円とするように，商品自体の仕入額を減額すること。
仕入割戻	一定の金額や数量などの条件を満たした場合に仕入代金の一部を返還してもらうことで，リベートともいう。
仕入割引	掛代金を期日前に支払うことで，利息相当額を代金から引いてもらうこと。

よって，イが正解となる。ただし，行き過ぎたリベート行為は，場合によってはコンプライアンス上の懸念を持たれる恐れもある。たとえば，担当者個人の独断で会社に隠して金銭を受け取ったり，リベート料金を会計上隠ぺいしたりするなどの行為は，横領や賄賂とみなされ違法となる場合があるため，適正な処理が必要である。

> **Point** 簿記や財務会計の仕訳にも関わるところであるため，断片的な知識とせず，それぞれの取引の意味と仕訳の違いを一体的に理解しよう。

---

9 (出題テーマ) チャネル政策

▶問1．正解はウ

■解説▶ 仮に，生産者が5人，小売業者が10人存在するとする。それぞれの生産者と小売業者がすべて直接取引を行うと仮定すると取引回数は，それぞれの生産者が10回，それぞれの小売業者が5回となり，全体で50回の取引が発生する。この業界に卸売業者が1人介在することになると，生産者も小売業者もこの卸売業者のみと取引を行えばよく

なり，それぞれの取引回数は1回，全体で15回の取引で済むようになる。よって，ウが正解となる。卸売業者が介入すると，市場全体の取引数は少なくなるが，時間短縮にはつながらないためアは誤りである。また，卸売業者が介入すると中間マージンが発生するため，生産者の受取金額は低くなる傾向があり，イは誤りである。

> **Point** 卸売業者を排除し，合理的な流通を行おうとする考えが主流になっているが，卸売業者が存在することで，中小の生産者や小売業者が生き残り，多様な商業の環境が維持され，それが潤いのある生活につながることを考えよう。

▶**問2．正解はイ**

■**解説**■ 長いチャネルとは，流通経路に複数の卸売業者が存在するチャネルである。鮮魚や野菜などの消費財は，全国各地に存在する多数の小規模な生産者と全国各地に存在する小売業者を結びつけるため，商品の収集を担当する卸売業者と商品の分散を担当する卸売業者が必要であり，卸売業者間を中継する役割の卸売業者などが必要になり，長いチャネルとなる。よって，イが正解となる。生産者と小売業者が大規模な業界では，1回の取引量が多いため卸売業者の必要があまりなく，短いチャネルとなるのでアとウは誤りである。特にウに「低価格を実現するために長いチャネル」とあるが，低価格を実現するためには短いチャネルを志向するべきである。

▶**問3．正解はイ**

■**解説**■ 生産者と消費者が直接結びつく流通を「直接流通」という。よって，正解はイである。インターネットの普及と進化により，直接流通が増加している。ウの「間接流通」は，卸売業者を介する流通のことで，アの「情報流」は，商流と物流に対する用語であり，情報の流れを表す用語である。

⑩ **出題テーマ チャネル政策，インターネット通販の進展**

▶**問1．正解はウ**

■**解説**■ BはBusiness（企業），CはConsumer（消費者）を表している。よって，アの「BtoB」は企業同士の取引，イの「BtoC」は企業と消費者との取引，ウの「CtoC」が消費者同士の取引のことである。よって，ウが正解となる。BtoBやBtoCに加え，インターネットの進展により，個人間でのやり取りであるCtoCという概念が出てきた。全商検定「マーケティング」ではCtoCについての出題の可能性が高いため，きちんと押さえておきたい。また，BtoBやBtoCをB2B，B2Cと表記することもある。特にアメリカではこのような表記が多いので注意しよう。

▶**問2．正解はウ**

■**解説**■ インターネット通販が低価格販売を実現できる背景として，正解であるウのような理由があることは理解している人が多いだろう。加えて，実店舗では品揃えや在庫という概念が重要であるが，インターネット通販では特定の商品のみの取り扱いや，在庫がわずかになった商品などの取り扱いも可能であるため，無駄なく商品を販売でき，低価格が可能になる。アはアウトレットや訳あり商品を意識しており，イは量販店を意識している。

▶**問3．正解はショールーミング**

■**解説**■ ショールームとは，メーカーなどが，販売を目的とせず設置する展示室や陳列室などのことをいう。消費者に自社の商品を見てもらうことや商品の使い心地を体感してもらうために設置するスペースである。転じて，近年，増加している，「小売店で商品のサイズや質感を確認し，より安い価格で販売されているインターネット通販で商品を購入する購買行動」をショールーミングという。このような流れから，本文にあるとおり，小売店側もあえて「売らない店舗」を設置し，店舗で商品を体感させ，自社のインターネット通販サイトで購入してもらうという取り組みもみられるようになった。

▶**問4．正解はイ**

■**解説**■ O2Oと称し，オンラインとオフラインを融合させようという動きがより一層進化し，企業は実店舗とインターネット上の店舗を合わせた複数のチャネルをさまざまな形でつなぎ合わせ，消費者のライフスタイルに合わせた利便性を提供しようとしている。このような複数のチャネルを「オムニチャネル」という。よって，イが正解となる。初期的なオムニチャネルの例としては，「インターネットで注文し，実店舗で受け取る」という形と，「実店舗で商品を確認し，インターネットで注文する」という形が一般的であるが，SNSやライブコマースなどを活用した，より今日的なオムニチャネルが登場するであろう。アの「カテゴリー・マネジメント」はメーカーと小売業が連携して行う，小売店舗における売り場づくりのことである。ウの「排他的チャネル」はメーカーが小売店舗を限定し，その小売店に他社製品の取り扱いを認めない形式のチャネルをいう。

> **Point** ICTの進化は，チャネル政策やプロモーション政策に革新的な方法をもたらしている。商業経済検定では，最新の手法が題材になることも多いので，常に，経済ニュースやビジネス番組に触れ，最新のビジネスの流れを確認しよう。

⑪ **出題テーマ プロモーション政策，広報**

▶**問1．正解はパブリシティ**

■解説▶ 下線部(a)のような情報発信方法をパブリシティという。パブリシティは広報の中心的な活動である。プレスリリースとは，報道機関に向けて発信する企業の情報のことで，それがニュースとして報道されるかは報道機関によるが，報道された場合，第三者である報道機関を介しているため，より信頼できる情報として消費者に受け入れられることが多い。

▶問2．正解は**ウ**

■解説▶ 下線部(b)と選択肢を読めば，正答のウに容易にたどり着けるであろう。クチコミは信頼できる身近な人などからもたらされるため，場合によっては広告などよりも強い力を発揮する。また，消費者が商品を購入する際は，インターネット販売の場合だけでなく，実際の店舗におもむく場合もインターネット上のレビューなどを参考にする。インターネットでは，出品者の対応などを「評価」して，☆の数で表し，商品の使用した感想をレビューという言葉のもと，投稿者の文章で表すことが多い。

▶問3．正解は**ア**

■解説▶ 社内報の発行などで，社内の一体感を高めることを「インターナル・コミュニケーション」といい，アが正解となる。かつて，日本では家族的経営という名のもと，社内旅行や社内運動会などを行うことや，仕事の後の食事などで，組織の一体感を高めてきた。今日では，そのような風習は見直され，新しい形でのインターナル・コミュニケーションがますます重要視されるようになってきた。イの「パブリック・アフェアーズ」は行政との関係性を高めるための広報活動のことで，ウの「インベスター・リレーションズ」は投資家や株主との良好な関係を維持するための広報活動のことである。

> **Point** インターナル・コミュニケーションは社内での活動ではあるが，広報活動の一環であることを理解しよう。また，この問題の選択肢である，パブリック・アフェアーズとインベスター・リレーションズと混乱しないように気をつけよう。

12 出題テーマ プロモーション政策，広告

▶問1．正解は**ウ**

■解説▶ 広告で訴えかける言葉をコピーといい，コピーをつくる専門家をコピーライターという。ポスターや新聞，雑誌などで最初に目に付く，短い文章で大きく表示されている文章をウの「メインコピー」（キャッチコピー）という。覚えやすい言葉で書かれており，時には流行語になることもある。メインコピーより，やや小さい文字で表示されているものがイの「ボディコピー」である。商品などについて，より詳しく説明されている。そして，広告全体の絵や

写真などをアの「ビジュアル」という。ＡＩＤＭＡに照らし合わせると，ビジュアルとキャッチコピーで注目，ボディコピーで興味や欲求，記憶へとつながることを期待している。

▶問2．正解は**イ**

■解説▶ 下線部(b)のなかにある「＃洗濯愛してる会」というのはオリジナルのハッシュタグである。企業などはオリジナルのハッシュタグをつけることにより，今までになかった新しいコミュニティがＳＮＳで発生することを期待する。「＃洗濯」，「＃洗剤」といったものが一般的な用語を用いたハッシュタグであり，これらは検索されやすくするために付ける。そして，このような一般的な用語を用いたハッシュタグを複数つけることにより，より一層検索されやすくなる。

▶問3．正解は**ア**

■解説▶ 広告が果たす機能をまとめると以下のとおりである。

需要創造機能	商品の販売を促進する機能
説得機能	商品の性能などを納得させる機能
イメージ形成機能	商品などのイメージを高める機能
文化的機能	ライフスタイルを提案する機能

本文に照らしあわせると，「商品に対する需要をつくりだすこと」の部分が需要創造機能，「商品の性能の高さを消費者に納得してもらうこと」の部分が説得機能，「好感度の高い若い男性タレントを起用することで，Ａ社や商品のイメージを向上させること」の部分がイメージ形成機能，そして，「洗濯を女性が行う家事という家庭内の労働という側面からではなく，男性も参加し，こだわって選択をする『趣味としての洗濯の楽しさ』という新しいライフスタイルを伝えること」の部分が文化的機能といえる。このことから正答はアと導き出せる。

13 出題テーマ プロモーション政策，販売員活動

▶問1．正解は**イ**

■解説▶ 営業とは，主に企業を対象に，外に出向き行うものや電話で行うものをいい，「午後は営業」というと，「午後は社外で営業周りをする」といったニュアンスで受け止められる。接客とは，来店した客に店舗などで行うものをいう。よって，イが正解となる。ただし，営業には広範囲な意味があるため，気をつけなければならない。

> **Point** 営業は単に商品を販売する役割だけではなく，自社と顧客をつなぐ重要な役割を担っていることを理解しよう。

▶問2．正解は**ウ**

■解説▶ 最初に高い商品をすすめ，その後，徐々に安い商

品をすすめていく手法をドア・イン・ザ・フェイス・テクニックという。最初に提示された金額が基準になるため，その後に提示された価格が実際以上に安く感じるというアンカリングやアンカー効果などといわれるものを利用している。また，最初に高い金額を提示することで，顧客の自尊心を満足させる効果もあるといわれる。よって，正解はウとなる。それに対しイの低い価格から提示する方法をフット・イン・ザ・ドア・テクニックという。あるメーカーのスマートフォンを購入した後，イヤホンやスマートウォッチ，パソコンやタブレットなど，すべて同じメーカーのものを一貫して揃えたくなる心理がある。その心理を利用して安い商品から販売していこうとするものである。同じような効果は新商品を発売する際に取られる初期低価格（市場浸透価格）でもみられる。そして，次から次へとおまけなどの有利な条件を提示するアのテクニックをザッツ・ノット・オール・テクニックという。

▶**問3.** 正解は**ア**

■**解説**▶ 営業は企業の最前線で顧客と接する仕事である。顧客から得られる情報は，企業にとって最も重要な資料であると考えられる。その情報を社内にフィードバックすること，また，商品の注文が一度に重なった場合，生産現場と顧客の間に入り，納期や優先順位の調整などを行うことが，営業に求められる社内的な活動である。よって，正解はアとなる。イはインターナル・コミュニケーションのことであり，営業ではなく広報にかかわることである。ウは社内販売を意識しているが，社内販売は通常，営業がかかわることではない。

1

問1	問2				問3
ア	グ	リ	ー	ン　購入	イ

2

問1	問2	問3	問4
イ	マーケティング（・）ミックス （4P政策）	ウ	ウ

3

問1	問2	問3				問4	問5	問6	問7
ア	ウ	消費者	モ	ニ	ター	イ	ア	ウ	イ

4

問1	問2	問3
イ	ア	ア

5

問1			問2	問3	問4
成	長	期	ウ	ア	ウ

6

問1				問2	問3	問4
意	見	収	集　法	ウ	イ	イ

7

問1	問2	問3	問4
イ	ウ	ウ	ア

8

問1	問2	問3	問4
市場浸透価格 （浸透価格，初期低価格）　政策	ウ	ア	イ

9

問1	問2	問3
開放的販売経路 （開放型チャネル）　政策	イ	ア

10

問1	問2	問3
ウ	ア	ウ

11

問1	問2	問3	問4
ウ	メディア（・）ミックス	イ	ア

12

問1	問2	問3
ア	イ	ア

13

問1	問2	問3	問4
オフ ザ ジョブ トレーニング （Off JT, Off-JT）	ウ	ア	イ

（　）内は別解。

① 出題テーマ　現代市場とマーケティング

▶問1．正解はア

解説 第四次産業とは，第一〜三次産業に分類されない新しいタイプのもので，情報通信・医療・教育サービスといった知識集約産業などが該当する。下線部(a)にあるように，近年の技術革新とは第四次産業革命のことであり，インダストリー4.0とも呼ばれている。IoTやAI（人工知能）を用いることで起こる製造業の革新といわれており，これらの技術を取り入れることにより，人工知能を搭載したコンピューターが自分で判断し，動くシステムが確立できるようになった。選択肢イの「旧式部品を忠実に再現」やウの「日本古来の伝統工芸」は，技術革新と相反するものである。よって，正解はその内容からアであることがわかる。

▶問2．正解はグリーン購入

解説 大量生産・大量消費・大量廃棄型の経済社会システムとそこから産み出される製品やサービスは，私たちに物質的に豊かで便利な生活をもたらした反面，深刻な環境問題をもたらした。私たちは，使い捨て型の社会や製品のあり方を根本から見直し，持続可能（サステナブル）な循環型社会を構築する必要に迫られている。下線部(b)のように，製品やサービスを購入する際に，環境を考慮して，その必要性をよく考え，環境への負荷ができるだけ少ないものを選んで購入することを「グリーン購入」という。近年よく耳にする「SDGs」とは，2015年9月に国連が提唱した持続可能な開発目標であり，2030年までに達成することを目指している。

▶問3．正解はイ

解説 新型コロナウイルス感染症の世界的なまん延の影響で，わが国でも二極化が加速している。一つは所得，もう一つは節約するモノとお金をかけるモノとをはっきりと使い分ける消費の二極化である。選択的な消費では，高級化志向や個性化志向の傾向がみられる反面，基礎的消費については，節約志向の傾向がみられる。よって，正解はイであることがわかる。

② 出題テーマ　STP，4P政策

▶問1．正解はイ

解説 STPとは，セグメンテーション（顧客や市場の細分化），ターゲティング（狙う市場の決定），ポジショニング（自社の位置付けや違いの明確化）の三つの英単語の頭文字をとって名付けられた手法である。下線部(a)に「自社が対象とする顧客層を選び出した」とあるので，イの「ターゲティング」を導き出すことができる。なお，下線部(a)

の前に「細分化した市場のなかから」という表記があるので，すでにセグメンテーションは終了していることがわかる。また，下線部(a)の後ろにも「差別化」や「独自の位置づけ」という「ポジショニング」の表記があるので，アとウを除外することができる。

▶問2．正解はマーケティングミックス（マーケティング・ミックス，4P政策）

解説 下線部(b)の「マーケティング活動の最適な組み合わせ」という箇所に着目すれば，「マーケティング・ミックス」を想起することができるだろう。なお，「製品政策(Product)」，「価格政策(Price)」，「チャネル政策(Place)」，「プロモーション政策（Promotion）」の四つの英単語の頭文字をとって，4P政策とも呼ばれている。

▶問3．正解はウ

解説 市場シェアとは市場占有率（マーケットシェア）のことであり，企業が販売する製品やサービスの販売量が，市場全体の販売量に対して，どの程度の割合を占めているかを示すものである。よって，正解はウであることがわかる。ちなみに，選択肢アは顧客シェアを説明したものであり，イに該当する用語は見当たらない。

▶問4．正解はウ

解説 選択肢アの「プル戦略」は，主に広告を利用して商品の知名度を上げ，それによって消費者の指名買いを促し，大量販売を実現しようとする戦略である。イの「プッシュ戦略」は，販売員活動を中心に，リベート政策や割引政策，販売店援助（ディーラーヘルプス）などを活用し，販売経路上を生産者から消費者または需要者に向けて，商品を押し出していくようにする戦略のことである。ウの「企業戦略」の目的は，複数の事業分野をバランスよく組み合わせて成長を実現することである。下線部(d)の「各事業分野の先行きの見通し」や「バランスよく成長を実現させるための効果的な経営資源の配分」に着目すれば，ウが正解だとわかるだろう。

③ 出題テーマ　市場調査

▶問1．正解はア

解説 市場調査の第1段階である状況分析を行うためには，まず企業内外の既存資料を収集する必要がある。選択肢ア〜ウをみると，アは内部資料，イウは外部資料に分類される。したがって，下線部(a)の内部資料に該当するのは，アであることがわかる。

▶問2．正解はウ

解説 予備調査とは，本調査に先だって，ひとまず少量の標本（サンプル）を対象に調査を行うもので，その目的

は，可能性の点から調査仮説を絞り込むとともに，調査計画の全体像を描くことにある。選択肢アは，「本来の調査目標とは別に第二の調査目標を…」とあり，本調査の方向性と異なってしまうので誤りである。イは，予備調査で本調査を上回る詳細で膨大な情報を得ることはできないので，これも誤りである。よって，正解はウであることがわかる。

▶**問3．正解は消費者モニター**

解説 特定企業のお目付役として契約を結び，その企業の活動や製品について意見を述べる消費者のことを「消費者モニター」という。消費者モニターを対象とした調査をモニター調査といい，企業にとっては対象者から率直な感想を得ることができるため，これらの情報は商品の改善や開発に役立てることができるというメリットがある。

▶**問4．正解はイ**

解説 標本調査とは，ある集団の中から一部の調査対象を選び出して調べ，その情報を基に母集団全体の様子を推定するものである。実態調査において，母集団の中からその全体を代表するように選ばれた調査対象を標本（「サンプル」）という。したがって正解はイである。ちなみに，アの「メセナ」は，企業が利益還元の一環として，学問や芸術などの文化活動を積極的に支援しようとする活動のことであり，ウの「ロイヤルティ」は，顧客が持つ商品などに対する愛着のことである。ロイヤルティは日本語で「忠誠心」と訳される。

▶**問5．正解はア**

解説 標本抽出（サンプリング）の方法には，便宜的に手近なものを標本とする有意抽出法と，統計学的にみて調査結果に偏りが現れにくい無作為抽出法がある。無作為抽出法の中で，くじ引きや乱数表，カード，サイコロなどを用いて抽出する方法を「単純任意抽出法（単純無作為抽出法）」という。「通し番号」に着目するとウの「等間隔抽出法」を選んでしまいがちであるが，標本を等間隔で抽出するという部分が，下線部(e)と合致しないため誤りである。よって，正解はアであることがわかる。

▶**問6．正解はウ**

解説 下線部(f)の説明は，面接法のことである。面接法の利点は，目的に合った質の高い回答を得やすく，相手の態度の変化などから間接的な回答も得られるだけでなく，面接場所や面接形式など，質問するときの環境を選定することができる点である。したがって，正解はウであることがわかる。選択肢アは郵送法，イは電子リサーチの説明である。

▶**問7．正解はイ**

解説 テスト・マーケティングとは，実際に商品の販売やサービスを始める前に，限定した地域で少数に対して試験的に販売し，課題を洗い出してから本格販売を行う手法である。「テスト」の文字に着目して，選択肢イの「試験的に販売」と容易に結びつけることができれば，正解のイを導き出すことができる。アとウに当てはまる用語は見当たらない。

---

4 **出題テーマ** 消費者行動

▶**問1．正解はイ**

解説 消費者の購買行動は，さまざまな要因で影響を受ける。イの「下位文化」はサブカルチャーとも呼ばれ，社会全体をいくつかに区分したときにみられるもので，関東と関西の味覚の違いなどが該当する。ウの「社会階層」は，所得や学歴など複数の要素によって把握される社会的地位区分のことである。下線部(a)では，味覚の違いについて言及しているので「下位文化」と一致する。よって，正解はイであることがわかる。

▶**問2．正解はア**

解説 「AIDAS理論」とは，消費者の購買心理の変化を説明するモデルの一つである。消費者が製品をはじめて知ってから購入にいたるまでのプロセスを五つに分類し，その頭文字をとったものである。

Attention（注意）⇒Interest（興味）⇒Desire（欲求）⇒Action（行動）⇒Satisfaction（満足）

各選択肢には「注意」が含まれていることに気がつけば，消費者の購買心理は，まず商品の存在を認識（注意）するところから始まるので，イとウのように後半に来ることはない。したがって，正解はアである。

▶**問3．正解はア**

解説 選択肢アは，少数の顧客でもよいから，継続的に商品を購入してくれる優良顧客，いわゆる顔の見える顧客を対象にして，その顧客を特別に優遇することで，末永く商品を購入してくれるリピーターを獲得しようとするものである。イは，ソーシャルマーケティングの中の「社会志向のマーケティング」の具体的手法の一つで，環境に悪影響を及ぼす過剰な需要や不道徳な需要などを，事態が改善するレベルまで減退させようとするものである。いわば負のマーケティングである。ウは，学校や病院，自治体などの組織を中心に，マーケティングの力や知識を駆使して，それらが抱える問題を解決していこうという取り組みである。下線部(b)では，顧客と良好な関係を築いて互いの距離を縮め，長期的なリピーターになってもらうことを狙っているから，正解はアであることがわかる。

5 出題テーマ 製品ライフサイクル

▶問1．正解は**成長期**

■解説▶ 製品ライフサイクル（ＰＬＣ）は，①導入期②成長期③成熟期④衰退期の４段階に分類される。導入期に続く第２段階は「成長期」で，市場での知名度や理解が高まり，売上高は飛躍的に伸び，利益も大幅に増加する。この段階になると，競争製品の市場への参入が相次ぎ，激しい競争が展開される。下線部(a)の「売上高も利益も右肩上がり」を手がかりに，正解の「成長期」を導き出すことができる。

▶問2．正解は**ウ**

■解説▶ 選択肢アの「ロスリーダー」は，特別価格政策（特価政策）に用いられる目玉商品のことであるから誤り。イの「プライスリーダー」に類似した用語に価格指導制（プライスリーダーシップ）があるが，これは業界の有力企業が値上げをし，他の企業がこれに追随して値上げをすることであるから，これも誤りである。したがって，消去法により正解がウであることがわかる。また，下線部(b)の文中にある「意見」＝オピニオンに着目すれば，「オピニオンリーダー」を導き出せる。

▶問3．正解は**ア**

■解説▶ 下線部(c)の段階は，その文意からライフサイクルの「成熟期」に当たる。この段階には売上高の伸びが鈍化し，これ以上の拡大は望めなくなる。そこで各社は，自社製品の品質やデザインを改良したり，価格競争を仕掛けたりと，それぞれの競争地位に応じて戦略を展開することになる。よって，正解はアである。イは，導入期における政策であり，ウは，衰退期の政策である。

▶問4．正解は**ウ**

■解説▶ アメリカの社会学者エベレット・Ｍ・ロジャースが提唱した，新製品の市場普及率に関する理論「イノベーター理論」では，消費者を次の五つに分類している。

【イノベーター理論による新製品の採用者区分】

ＰＬＣ	採用者区分
導入期	革新的採用者（イノベーター）
成長期	早期採用者（アーリー・アダプター）
	前期多数追随者（アーリー・マジョリティー）
成熟期	後期多数追随者（レイト・マジョリティー）
衰退期	採用遅滞者（ラガード）

文意より，下線部(d)の時期は「成熟期」から「衰退期」への移行期に当たり，この時期になっても，なかなか手を出さない保守的な消費者層であるから，上記の採用者区分では採用遅滞者（ラガード）に該当する。よって，正解はウである。この層は，市場全体の16％を占めている。

6 出題テーマ 販売計画

▶問1．正解は**意見収集法**

■解説▶ 代表的な販売予測の方法は，①意見収集法，②売上高実績法，③市場指数法の三つである。

意見収集法は，顧客・販売員・取引先などの意見を聴取し分析して，将来の売上高や販売動向を予測する方法である。これに対して，売上高実績法は，過去の販売実績に基づいて予測する方法である。また，市場指数法は，商品の需要量に影響を与えると考えられる要素を指数で示し，それを用いて予測する方法である。下線部(a)には，「面接や問い合わせを行い，購買の意向や販売員から得た情報などを総合的に分析」とあるので，正解は「意見収集法」だと判断することができる。

▶問2．正解は**ウ**

■解説▶ 損益分岐点とは，利益図表における売上高線と総費用線の交点のことで，そこでの売上高は利益も損失も生じないことを意味するから，正解はウであることがわかる。

▶問3．正解は**イ**

■解説▶ 販売割当とは，企業全体の売上目標高を確実に達成するために，一定期間の売上目標高について，その金額または数量をさまざまな基準で分割し，それを各担当者に割り当てて，責任の所在を明らかにしようとするものである。これにより，販売員には活動の具体的な目標が与えられ，その達成への動機づけがなされる。販売割当のキーワードである「目標」と「達成」に着目すれば，正解のイを導き出すことができる。

▶問4．正解は**イ**

■解説▶ 販売計画におけるＰＤＣＡサイクルとは，計画の立案がPlan，計画の実施がDo，計画の統制がCheckおよびActにあてはまる。下線部(d)に「販売割当が着実に達成されているかどうかを評価し，必要に応じて改善する販売統制」とあるが，この「評価」と「改善」に着目すれば，正解のイを導き出すことは容易であろう。

7 出題テーマ 仕入計画

▶問1．正解は**イ**

■解説▶ 品揃えの方針は，幅と奥行きという観点から，次の４種類に大別される。

総合化（選択肢ア）…品揃えの幅（広），奥行き（深）「何でも揃う品揃え」を実現。

専門化（選択肢イ）…品揃えの幅（狭），奥行き（深）特定種類の商品の徹底的な品揃え。「○○なら何でも揃う品揃え」を目指す。

標準化（選択肢ウ）…品揃えの幅（広），奥行き（浅）標準的な商品を多種類取り揃え。

「気軽で便利な品揃え」を実現。

特殊化…品揃えの幅（狭），奥行き（浅）効率をよくするための品揃え。極端な場合は，「単品化」もあり。

下線部(a)の内容と一致するものはイであり，これが正解である。

▶問2. 正解は**ウ**

■解説▶ 仕入計画の立案にあたり，消費者ニーズに合った商品をどこから，どれだけ仕入れるのかを検討し，年間仕入計画を立てるが，消費者のニーズは絶えず変化しているので，今後どのような商品が売れるのかを十分に検討したうえで，取扱商品の取捨選択を行う必要がある。次に，より詳細な月別仕入計画を立てるが，市場では予期せぬ事態が発生することもあるので，市場環境の変化にも適切に対応できるよう，修正の余地を残しておくことが大切である。よって，正解はウである。

【仕入計画立案までの手順】

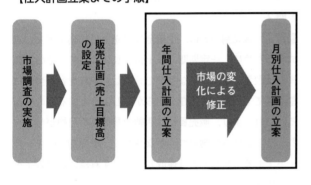

▶問3. 正解は**ウ**

■解説▶ 商品は，マーチャンダイジングの観点から，以下のように分類される。

定番商品…安定した売れゆきが見込める商品で，常に店頭に並ぶ主力商品。

季節商品…売上に季節変動のある商品。

流行商品…一時的なはやりとその後のすたりがある商品（ファッション商品）。

名声商品…店頭に並べることで，その店の格式を上げる効果のある商品。

促進商品…顧客を店に引きつけ，販売を促進する効果のある商品。目玉商品（おとり商品・ロスリーダー）など。

試販商品…これまで取り扱ったことのない商品の中から，売れゆきを見るために試験的に販売する商品。

下線部(c)の表記から，「定番商品」を導き出せるので選択肢イを除外することができる。次に，下線部(d)の「店の格式を上げるような効果がある商品」という部分をヒントに，「促進商品」ではなく「名声商品」を選ぶことは容易

である。したがって，正しい組み合わせはウであることがわかる。

▶問4. 正解は**ア**

■解説▶ 当用仕入とは，一回あたりの仕入数量を必要な分だけに限定する仕入方法で，仕入数量が少なくなるため，在庫を抑えて売れ残りを防ぎ，顧客には絶えず新鮮な商品を提供することができる。一方で，仕入回数が増えるため，手間がかかり，価格が割高になるばかりか，品切れの危険性も高くなる。よって，正解はアである。選択肢イは一括仕入，ウは共同仕入の説明である。

8 出題テーマ 価格政策

▶問1. 正解は**市場浸透価格**政策（**浸透価格**政策，**初期低価格**政策）

■解説▶ 生産者が新製品を市場に投入する際，低価格と高価格という二極化した特別価格政策をとることがある。下線部(a)をみると，「市場導入時に，できるだけ早く市場に行き渡らせ，（省略）価格を低く設定する政策」とあるので，正解の「市場浸透価格政策」を導き出すのは，比較的容易なのではないだろうか。市場浸透価格政策は，「初期低価格政策（浸透価格政策）」とも呼ばれている。この政策は，大きな需要が見込める大衆品や需要の価格弾力性が大きい製品に採用されることが多い。一方で，上澄吸収価格政策（初期高価格政策）は，新製品の開発費用をいち早く回収するため，価格にあまりこだわらない上澄層（高所得者層や革新的採用者など）をターゲットにして，新製品の導入段階で高い価格を設定する政策である。スキミング価格とも呼ばれている。

▶問2. 正解は**ウ**

■解説▶ 「慣習価格政策」とは，商品の価格が比較的長期間に渡って，一定の価格でなじんでいるような状況で形成された価格を維持する政策である。例えば，菓子や清涼飲料のような比較的購入頻度の高い商品において定着している。よって，ウが正解であることがわかる。選択肢アは「正札政策」，イは「特別価格政策（特価政策）」の説明である。

▶問3. 正解は**ア**

■解説▶ 商品の価格を，例えば「100gあたり400円」や「1ℓあたり170円」など，一定の単位あたりで表示することを「単位価格表示（ユニットプライシング）」という。同種の商品間でどちらが安いのか，消費者による価格の比較を容易にしようというねらいがある。よって，正解はアである。選択肢イの「総額表示方式」は，商品の価格を消費税込みで表示する方式のことである。ウの「二重価格表示」は，販売価格と一緒に，販売価格とは別の価格を併記して表示することをいう。二重価格表示は販売価格の安さを強調することができ，広告や店頭の価格表示などで頻繁

に利用されているが，景品表示法が規制する不当表示に該当する場合もあるので，注意しなければならない。

▶**問4．正解はイ**

■**解説**▶ 競争関係にある企業が，同種商品の販売価格の維持・安定を目的として，価格を取り決めたり協調的な行動を取ったりすることを「価格カルテル」という。自由な競争を制限し，価格を比較的高めに固定させるので，消費者に不利益をもたらすことから，独占禁止法により禁止されている。よって，正解はイである。選択肢アの「再販売価格維持政策」は，生産者が卸売業者や小売業者に対して，販売価格を指示し，これに従わせようとするものである。現在では新聞や書籍など，一部の著作物に限って，例外的に認められている。それ以外の商品については，ヤミ再販として違法行為になる。ウの「リベート政策」は，一定期間の取引高を基準にして取引先に支払われる利益の割り戻しを行う政策のことである。

---

9 **出題テーマ** チャネル政策，チャネルの選択

▶**問1．正解は開放的販売経路政策（開放型チャネル政策）**

■**解説**▶ 下線部(a)のように，自社製品の市場をできるだけ拡大するために，販売経路を一切限定しないで，多くの卸売業者や小売業者に製品を取り扱わせる政策を「開放的販売経路政策（開放型チャネル政策）」という。生活用品や食料品などの最寄品の流通に多くみられる。

▶**問2．正解はイ**

■**解説**▶ 選択型チャネル政策（選択的販売経路政策）では，一定の条件に合致する中間業者のみに流通させるため，業者数が少なくなる分だけ強固な関係を築くことができ，販売経路の統制がしやすくなる。よって，正解はイであることがわかる。各選択肢の前半部分の説明はすべて同一であるため，後半部分の違いに着目すれば，正解を導きやすい。

▶**問3．正解はア**

■**解説**▶ 下線部(c)は直接販売であるため，生産者と消費者の間に卸売業者や小売業者などの中間業者が介在していない。選択肢イとウは，それぞれ家電量販店，百貨店という小売業者が介在しているため誤りである。よって，正解はアである。

---

10 **出題テーマ** チャネル政策，製販連携

▶**問1．正解はウ**

■**解説**▶ 販売経路を形成する企業群の中で中心的な役割を担い，主導権を握る企業をチャネルリーダー（チャネルキャプテン）という。チャネルリーダー＝販売経路上のリーダーであるから，主導権を握るという点に気がつけば，正解のウを選ぶことは容易である。選択肢イの前半部分は，サプライチェーン（供給連鎖）の説明であり，アは特に該当するものはない。

▶**問2．正解はア**

■**解説**▶ 販売経路の系列化には，①前方統合型（メーカー主導で流通業者が系列化されるもの）と②後方統合型（小売業者主導で卸売業者やメーカーが系列化させるもの）の2種類がある。下線部(b)では，生産者であるA社がその前方にある，工場や物流会社，販売会社を統合・系列化してチャネル全体を統制しているので，前方統合型の系列化だとわかる。よって，正解はアである。

▶**問3．正解はウ**

■**解説**▶ サプライチェーンマネジメント（SCM）とは，原材料の調達から消費者に届けるまでの一連の流れを一本の鎖に見立て，商品供給の流れ全体を最適化する戦略的な経営手法のことである。よって，正解はウであることがわかる。アは顧客関係管理と訳され，顧客との良好な関係を構築・維持するために，顧客1人ずつの情報を管理・分析するマーケティング手法である。イは相手先ブランドによる生産のことである。

---

11 **出題テーマ** プロモーション政策，広告

▶**問1．正解はウ**

■**解説**▶ 下線部(a)の説明文中に「視聴覚に訴えることができ強い訴求力をもつ」という表記があるので，各選択肢をみると，アの「新聞広告」とイの「雑誌広告」は視覚に訴えるものであり，ウの「テレビ広告」だけが視聴覚に訴えるものであることに気がつく。よって，正解のウを導き出すことができる。

▶**問2．正解はメディアミックス（メディア・ミックス）**

■**解説**▶ 下線部(b)の説明文の中から，「媒体」と「組み合わせる」という部分を抜き出すことができれば，「媒体＝メディア」と「組み合わせ＝ミックス」の連想から，正解の「メディア（・）ミックス」にたどり着けるであろう。複数の媒体を組み合わせることで，相乗効果が発揮されて，全体の広告効果が最も大きくなることが期待できる。

▶**問3．正解はイ**

■**解説**▶ 広告効果の内容は，経済的（売上高）効果と心理的（コミュニケーション）効果に分かれるが，選択肢アの内容は経済的効果に関するものであり，ウもややこれに近いものである。一方で，イについては商品やサービスの理解度という，消費者の内面的な部分での効果について言及していることから，これが正解である。

▶**問4．正解はア**

■**解説**▶ 選択肢の中から，広告に関係するものを選び出すとすればアかウであり，イの「消費生活センター」は除外される。ウの「ACジャパン」は，国内でさまざまなメディアを通した公共広告により，啓発活動を行っている公益

社団法人であり，公共広告によって，国民の公共意識を高めることを目的に活動している民間の団体である。一方で，アの「日本広告審査機構（JARO）」は，広告主やメディア企業，広告代理店など広告に関係する企業が自ら集い，設立された広告・表示に関する民間の自主規制機関である。したがって，正解はアである。

12 出題テーマ プロモーション政策，広告

▶問1．正解はア

解説 わが国の広告費は，「マスコミ四媒体広告費」，「インターネット広告費」，「プロモーションメディア広告費」の三つに大別される。2020年3月以降，新型コロナウイルス感染症の影響により国内外の人の動きが制限され，4月の緊急事態宣言発出後，日本経済は大きく減速した。前年までのインバウンド消費がほぼなくなり，外出自粛により飲食業，交通・レジャー産業を中心に大きなダメージを受け，広告業界もその余波を受けた。下線部(a)のプロモーションメディア広告費も，各種イベントや従来型の広告販促キャンペーンの延期や中止に加え，外出や移動の自粛が影響し，通年で減少した。よって，正解はアである。イのデジタルサイネージとは「電子看板」のことで，こちらの広告費もコロナ禍の影響で減少した。

【媒体別広告費の推移（2019年～21年）】単位：億円

	2019年	2020年	2021年
マスコミ四媒体広告費	26,094	22,536	24,538
インターネット広告費	21,048	22,290	27,052
プロモーションメディア広告費	22,239	16,768	16,408
総広告費	69,381	61,594	67,998

▶問2．正解はイ

解説 インターネット広告には，ほかのメディアにはない「双方向性（インタラクティブ）」や「随時対応性（オンデマンド）」という二つの大きな特性を持っている。コロナ禍の影響を受けたものの，社会の急速なデジタル化を背景に，EC（Eコマース）などが堅調で，一貫して高成長を続けている。2021年には，ついにマスコミ四媒体広告費（2兆4,538億円）を初めて上回り，前年比121.4%の2兆7,052億円に達する市場となっている。とりわけ映像系を中心に動画広告需要の高まりが顕著で，デジタルプロモーションの活用拡大も市場の成長に寄与している。選択肢ア～ウの中で，インターネットの大きな特長である，「双方向性」と「随時対応性」について言及しているのは，イのみであるからこれが正解である。

▶問3．正解はア

解説 下線部(c)のような検索連動型の広告を「リスティング広告」という。その特長は，ユーザーがある事柄に興味をもっているときに，関連が深い広告を表示できることであり，的確なキーワードの設定がなされれば，自社サイトへのアクセス数の増加が見込めるものである。したがって，正解はアである。イの「SNS広告」はTwitter，Facebook，Instagram，LINE，YouTubeなどのSNSプラットフォームに配信する運用型広告のことで，ウの「アフィリエイト」はウェブサイトやブログを使って，稼ぐことができる「成果報酬型」の広告プログラムであり，アフィリエイトで稼ぐ人をアフィリエイターという。

13 出題テーマ プロモーション政策，販売員活動

▶問1．正解はオフザジョブトレーニング（Off JT，Off-JT）

解説 販売員の訓練は，職場実習に代表されるような仕事中の訓練と職場での仕事を離れて行う訓練に大別される。下線部(a)の「職場を離れ」という表記を見れば，正解の「オフ ザ ジョブ トレーニング（Off JT，Off-JT）」を導き出すことは，比較的容易である。

【OJTとOff JTの特徴】

	長　所	短　所
OJT	現場で仕事をする実践的な能力が身につく。	体系的には学ぶことができないため，汎用性に欠けるところがある。
Off JT（Off-JT）	体系的に学ぶことができるため知識の整理ができ土台をつくることができる。	実務に直接活用できるわけではなく，応用が必要である。

▶問2．正解はウ

解説 選択肢アの「製造物責任法」は，製造物責任を定めた法律でPL法とも呼ばれている。消費者保護の観点から，消費者が製品の欠陥によって損害を受けた場合には，その事実だけを証明すれば，企業に損害賠償の責任を負わせることができる。イの「独占禁止法」は，正式には「私的独占の禁止及び公正取引の確保に関する法律」といい，その目的は企業の公正かつ自由な競争を促進することである。ゆえに，どちらの法律も下線部(b)の内容とは合致しないので誤りである。したがって，消去法によりウが正解となる。「特定商取引法」は，正式には「特定商取引に関する法律」といい，訪問販売や通信販売，連鎖販売取引（マルチ商法）など，七つの取引類型を規制する法律である。

▶問3．正解はア

解説 販売員に求められる一般的な資質は，次の3点である。

①忍耐力（粘り強さ）…顧客の話を真剣に聞いて粘り強く対応でき，自ら話しすぎることがないよう自分自身を抑制できる能

力。

②温厚性（やさしさ）…顧客の話を親身になって聞き，押しつけがましくなく，ともに考えようとする人間的な誠実さ。

③機敏性（すばやさ）…顧客ニーズを的確にとらえ，直ちにそれをセールスポイントに結びつけて商品を提示できる能力。

　選択肢イは，より高額な商品をおすすめする点が，消費者に寄り添っていないので誤り。ウは，顧客の都合にかかわらず説得し続ける点が誤りである。よって，正解はアである。

▶**問4．正解はイ**

■解説▶ 選択肢アの「マニュアル」は，販売員活動の手順が記された手引書のことである。ウの「コンシューマリズム」は，消費者主義または消費者主権主義と呼ばれ，生活者としての消費者の権利を最優先に考えるべきであるという考え方のことである。よって，消去法により下線部(d)に該当するものはイの「セリングポイント」である。

第37回検定試験問題　解答　（各2点）

p.102~115

1

問1	問2	問3
ア	ウ	ア

2

問1	問2	問3	問4
ウ	セグメンテーション （マーケットセグメンテーション）	ア	イ

3

問1	問2	問3	問4		
イ	ア	イ	消費者	モニター	

問5	問6	問7		
ウ	ア	テスト	マーケティング	

4

問1	問2	問3
イ	ウ	イ

5

問1	問2	問3	問4
ウ	ア	ウ	イ

6

問1	問2	問3	問4
ア	損益分岐点	イ	ウ

7

問1	問2	問3	問4	
イ	ウ	ア	経済的	発注量

8

問1	問2	問3	問4
イ	均一 価格政策	ア	ウ

9

問1	問2	問3
イ	ウ	イ

10

問1	問2	問3
ア	ウ	ア

11

問1	問2	問3	問4	
ア	ウ	イ	プル	戦略

12

問1	問2	問3
ウ	イ	ア

13

問1	問2	問3	問4
ア	セリング （セールス，アピール）ポイント	ウ	イ

1 **出題テーマ** 現代市場とマーケティング

▶**問1．正解はア**

解説 市場に商品があふれ，消費者に幅広い選択権が与えられている状況を，買う人（消費者）が優位であることから買い手市場といい，アが正解となる。イの売り手市場は，売り手（企業側）が優位な状況であり，供給量以上に需要があるなど，売り手が望む価格設定を行っても購入してもらえるような状態を指す。ウの仮想市場は，インターネット上の仮想空間における市場であり，メタバースをはじめ今後も大きな発展が見込まれている。

買い手市場	消費者が優位	需要＜供給
売り手市場	企業側が優位	需要＞供給

▶**問2．正解はウ**

解説 本文から消費者の関心がモノからサービスへ移っていることが読み取れるため，有形の商品から無形のサービスへ移っていく物ばなれの傾向というウが正解となる。

> **Point** 現代市場の特徴の一つとして，「モノ消費」から「コト消費」への変化が挙げられる。私たちの身の回りで必要となる「モノ」に対するニーズはある程度満たされているため，現代では，飲食や旅行，娯楽といった「コト」に対する支出が増えている。そのため，産業構造においても，第三次産業（サービス業など）の規模，就労者ともに割合が増加しており，サービス経済化が進んでいる。

▶**問3．正解はア**

解説 消費の二極化傾向とは，消費者のお金をかけるものと節約するものをハッキリと使い分ける価値観により，消費の傾向が二極化していることをいい，アが正解となる。例えば車が好きな消費者の場合，車の購入や改装にはお金をかける一方で，日々の生活に必要な日用品は100円ショップで購入し，なるべくお金をかけないといった状態である。

2 **出題テーマ** 環境分析，STP

▶**問1．正解はウ**

解説 SWOT分析は，自社の事業の状況などを，強み（Strength），弱み（Weakness），機会（Opportunity），脅威（Threat）の四つの項目で整理して，分析する方法であり，ウが正解となる。アはPEST分析のことであり，自社を取り巻く外部環境が，現在もしくは将来的にどのような影響を与えるかを把握・予測するためのフレームワークである。イはプロダクト・ポートフォリオ・マネジメントのことであり，企業が展開する事業の戦略の方向性を検討するためのものである。

▶**問2．正解はセグメンテーション（マーケットセグメンテーション）**

解説 STPを行ううえで，最初に行うものが市場全体を一定の基準によって細分化していくセグメンテーションである。現代は消費者のニーズが多様化しているが，すべてのニーズに個別対応していくには限界があるため，似たようなニーズをもつ消費者を一つの集まりとして把握していくことが重要である。なお，セグメンテーションのための代表的な変数は以下とおりである。

人口統計的変数	年齢，性別，家族構成，職業など
心理的変数	趣味，嗜好，価値観，ライフスタイルなど
地理的変数	居住地，気候，人口規模など
社会文化的変数	宗教，人種，文化，社会階層など
行動的変数	購買頻度，使用期間，使用量など

▶**問3．正解はア**

解説 STPの二つ目は，標的とする市場を定めるターゲティングであり，対象となる顧客を「ターゲット」といい，アが正解となる。ターゲットを20代後半から30代の会社員と定めたことにより，「観客動員数を増やすにはどうすればよいか」といったばく然とした課題が，「20代後半から30代の会社員を呼ぶためにはどうすればよいか」と具体的な課題に変わり，打開策の検討が進めやすくなっている。なお，イの「プロモーション」とは販売促進のことであり，ウの「マーケティングミックス」はマーケティングの具体的な手段や取り組みを決めていく4P政策のことである。

▶**問4．正解はイ**

解説 STPの三つ目は，ポジショニングである。ポジショニングにおいては，チームの立ち位置やイメージを確立するため，競合チームとの違いを出すことが重要である。A社は観客動員数を増やすため，試合前後のイベントやショーを充実させ，新たなファンを確保し，独自の観戦スタイルを確立することで，競合チームとの差別化を図っていることからイが正解となる。

セグメンテーション	市場を一定の基準で細分化する
ターゲティング	細分化された市場から標的を決める
ポジショニング	自社の特徴から立ち位置を決める

3 **出題テーマ** 市場調査

▶**問1．正解はイ**

解説 潜在とは，表面に表れず潜んでいる状態のことを指す。したがって，潜在需要の分析とは，現在は表れてい

ないが，今後新たに発生することが予想される需要の分析のことをいうため，イが正解となる。

▶**問2．正解はア**

■解説▶ すでに「政府や調査会社などから発表されているデータ」とあるので，「既存資料」であり「外部資料」でもある。そのため，アの「既存の外部資料」が正解となる。

▶**問3．正解はイ**

■解説▶ 既存資料の分析によって得られた「今後は健康カテゴリーの飲料が多く求められていくのではないか」という見通しは「調査仮説」であり，イが正解となる。調査仮説は，調査に求める結果でもある。そのため，この調査仮説を明確にしておけば，一貫した方向性を設定することができ，以後の市場調査において「調査対象者」や「調査項目」などが設定しやすくなる。

▶**問4．正解は消費者モニター**

■解説▶ 特定の企業と契約を結び，企業活動や製品について意見や感想を述べたり，アイディアを提案したりするなど協力してくれる消費者のことを消費者モニターという。

▶**問5．正解はウ**

■解説▶ 標本調査において，年齢のようなある基準によって母集団をいくつかの層に分け，割合によって各層から標本を抽出する方法を「層化抽出法」といい，ウが正解となる。層化抽出法は無作為抽出法の一つであり，その他の抽出法については以下のとおりである。

単純無作為抽出法	母集団に一連の番号を付け，乱数表などにより標本を抽出する。
系統的抽出法	抽出率によって間隔を決め，一定間隔で抽出する。
多段抽出法	無作為抽出法をくり返して抽出する。

▶**問6．正解はア**

■解説▶ インターネットによる調査の利点はアのとおりである。イは面接法の説明であり，ウは電話法の説明である。なお，インターネットによる調査は費用も安く，制約も少ないため現在は多くの調査で用いられている。調査によっては，回答者にポイントを付与することで回答率を上げているものもある。

▶**問7．正解はテストマーケティング**

■解説▶ 全国での販売を前に，モデル地域で先行販売を行

って消費者の反応を見る実験法を「テストマーケティング」という。テストマーケティングでは，製品自体はもちろん，パッケージデザイン，内容量，価格などを確認し，たとえば価格が高ければ原材料の見直しなどを行い，調整を重ねていく。また，消費者だけでなく，生産設備の状況や製品の供給網の確認なども同時に行われる。

☐4 **出題テーマ** 購買意思決定過程

▶**問1．正解はイ**

■解説▶ 「ニーズ」とは満たされない状態から必要性を感じていることであり，通学時間を短縮し，苦労を解消したいという思いは「ニーズ」そのものである。よってイが正解となる。アの「マーケティングリサーチ」は，市場調査のことであり，ウの「パーソナリティ」は，人格や性格など個人の特性のことを意味するものである。

▶**問2．正解はウ**

■解説▶ 認知的不協和とは，人が自身の中で矛盾する情報を同時に抱え，その状態時に覚える不快感のことである。本問の場合，自転車を購入し，少しでも通学を楽にしようと考え，スタイルや機能を重視して理想の自転車を手に入れた満足感と，ここで高価な買い物をしてしまってよかったのかという不安感が混じっている状態である。このような場合，正当化・合理化を行うことで自身の買い物を肯定することが一般的である。そのためには，買い物を正当化する理由を集める必要がある。よって，ウが正解となる。

▶**問3．正解はイ**

■解説▶ 心理社会的購買動機とは，消費者個人が有する価値観からくるものであり，友人に自慢したいという自己承認の動機などをいい，イが正解となる。一方，アのような生理的動機に基づく購買動機を生理的購買動機という。

☐5 **出題テーマ** 製品ライフサイクル

▶**問1．正解はウ**

■解説▶ 製品ライフサイクルにおける導入期では，本文のとおり，消費者の多くが製品を知らないため，知名度を高めるための戦略が展開される。よって，広告や販売経路の整備により知名度を上げるといった説明のウが正解となる。アの競争地位に応じた戦略は成熟期，イの縮小や打ち切りは衰退期の戦略である。

導入期	広告の充実などにより，知名度を高める
成長期	生産供給体制の強化により市場シェアの拡大
成熟期	改良や価格競争など地位に応じた戦略
衰退期	縮小体制や戦略的撤退，後継製品の検討

▶**問2．正解はア**

■解説▶ 早期採用者は比較的早い段階で新製品を採用する層であり，この中にはオピニオン・リーダーと呼ばれる者

が含まれている。オピニオン・リーダーは集団の中で意見や態度の形成に影響を与える人であり，早期採用者に製品が普及すると，それ以降の層への普及が進みやすくなる。よって，アが正解となる。

▶問3．正解は**ウ**

解説　新製品に懐疑的な保守層で，最も新製品の購入が遅い層を「採用遅滞者」といい，ウが正解となる。これらはイノベーター理論によって説明されている。

名　称（別称）	新製品普及時期
革新的採用者 （イノベーター）	導入期
早期採用者 （アーリー・アダプター）	成長期（早期）
前期多数追随者 （アーリー・マジョリティ）	成長期（中期）
後期多数追随者 （レイト・マジョリティ）	成熟期
採用遅滞者 （ラガード）	衰退期

▶問4．正解は**イ**

解説　製品購入後の顧客に対して，修繕や問い合わせの対応などの支援を提供することを「アフターサービス」といい，イが正解となる。アフターサービスは，購入後の付随的なサービスだけでなく，購入した顧客の認知的不協和を解消するための役割や将来のリピーター獲得にもつながるものであるため，企業側もサービスやフォロー内容の充実に力を入れている。

6　出題テーマ　販売計画

▶問1．正解は**ア**

解説　売上高実績法は，過去の実績に基づいて将来の売上高を予想する方法である。そのため，市場の状況が今後も大きく変化しないことを前提としており，本問のように値上げによって需要数が変化することが予想される場合は有効な方法とはいえない。そのため，意見収集法といった新たな方法を取り入れて補完していることから，アが正解となる。

▶問2．正解は**損益分岐点**

解説　利益も損失も発生しない点のことを「損益分岐点」という。損益分岐点は，売上高線と総費用線の交点となり，一般的にはその点の売上高で示される。そのため損益分岐点売上高より売上が少なければ損失が発生し，反対に多ければ利益が発生することになる。

▶問3．正解は**イ**

解説　販売割当とは，企業全体の売上目標高を確実に達成するために，一定期間の売上目標高について，その金額または数量を一定の基準で分割し，それを担当者に割り当てて，責任を明確にするものである。よってイが正解となる。

▶問4．正解は**ウ**

解説　「販売統制」は販売割当が着実に達成されているかどうかを評価し，必要があれば改善を行う管理活動のことであり，ウが正解となる。販売計画の大まかな流れは以下のとおりである。

7　出題テーマ　仕入計画，在庫管理

▶問1．正解は**イ**

解説　商品の品揃えにおいて，幅広く奥行きを深くする方針を総合化といい，イが正解となる。品揃えの幅とは，取扱商品の種類のことで，奥行きとは同種商品の中で顧客が選択できる品目数のことである。小売業における品揃えの方針をまとめると以下のとおりである。

方　針	内　容	店舗例
総合化	幅広く，奥行きが深い	百貨店
専門化	幅は狭いが，奥行きが深い	専門店
標準化	幅は広いが，奥行きが浅い	コンビニエンスストア
特殊化	幅が狭く，奥行きも浅い	単品店

▶問2．正解は**ウ**

解説　一括仕入は，企業全体で必要な商品をとりまとめて仕入れる方法のことであり，仕入数量が多くなるため仕入先から割引を受けることができる。よって，ウが正解となる。総合スーパーの場合，各店舗で必要な数量を決める発注業務は行うが，それらを本部がまとめることで，仕入先への一括注文となる。

▶問3．正解は**ア**

解説　「定番商品」は，安定した売上が見込める商品であるため，アが正解となる。なお，イは名声商品の説明で，ウは試販商品の説明であるが，主な商品の特徴をまとめると以下のとおりである。

種　類	特　徴
定番商品	売上高の大部分を占める安定した商品
季節商品	季節によって変動がある商品
流行商品	一次的なはやりすたりがある商品
名声商品	店の格式を上げる効果のある商品
目玉商品	顧客を呼び込む効果のある商品
試販商品	売れ行きや動向をみるための商品

▶問4．正解は**経済的発注量**

解説　1回あたりの発注で，最も有利な条件となる発注量のことを「経済的発注量」という。有利な条件とはその

際の仕入価格だけでなく，今後の仕入単価の割引や運送における費用負担，プロモーション費用の負担やメーカーや卸からの支援など多岐にわたるため，総合的な検討が必要となる。

8 　出題テーマ　価格政策

▶問1．正解は**イ**

■解説▶ 値入率とは，仕入原価に対する利幅の割合のことである。仕入原価を基準（100%）としたら何%を利幅としているかを表したものであり，次の式で求めることができる。

値入率＝利幅（1,000）÷仕入原価（4,000）×100（%）

　よって，25%となり，イが正解となる。なお，値入率と間違いやすい原価率・利幅率は以下のとおりである。

販売価格5,000円（100%）

仕入原価4,000円	利幅1,000円
原価率（80%）	利幅率（20%）

▶問2．正解は**均一価格政策**

■解説▶ 取り扱う商品すべてに同じ価格をつける価格政策を「均一価格政策」という。買い物時に計算しやすいなどのメリットがあり，100円ショップなどで採用されている。しかし，近年は100円ショップにおいても100円以外の商品が増えており，均一価格とはいいきれないケースも増えている。

▶問3．正解は**ア**

■解説▶ 新製品の開発コストを早期に回収するために販売価格を高めに設定する政策を「上澄吸収価格政策」といい，アが正解となる。イの「再販売価格維持政策」は，新聞や書籍など特定の商品について，小売店での販売価格をメーカーが決定できるものである。ウの「市場浸透価格政策」は，新製品販売時に市場シェア拡大や競争優位性を確保するため，低価格を設定する方法である。

▶問4．正解は**ウ**

■解説▶ 業界内の企業間で申し合わせはないが，有力企業の価格動向に他社が追随していくことを「価格指導制」といい，ウが正解となる。本問のように有力企業が値上げを行えば他社も値上げに追随するが，逆に値下げに踏み切れば，市場シェアが一気に失われることを防ぐために他社も値下げを行わざるを得なくなる。このような価格指導制は主に寡占市場で起こるとされているが，事前に申し合わせが行われると価格カルテルとなり，独占禁止法違反になる。

9 　出題テーマ　チャネル政策，チャネルの選択

▶問1．正解は**イ**

■解説▶ 伝統的経路とは，下線部(a)以後の中間業者の経由についての記述からもわかるとおり，生産者から卸売業者を経由する経路であり，イが正解となる。おもな流通経路は以下の3パターンである。

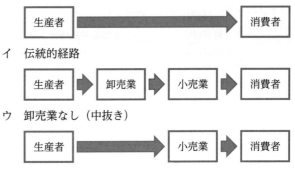

▶問2．正解は**ウ**

■解説▶ 特約販売経路政策とは，自社製品だけを扱う販売経路をつくることであり，その一つとして，テリトリー制がある。これは自社製品を扱う流通業者の販売地域を限定するものであり，ウが正解となる。地域を限定することで価格の安定を図ることができるが，行き過ぎると独占禁止法違反となる。

開放的販売経路（チャネル）政策	市場での拡大を目的に販売経路を限定しない政策
選択的販売経路（チャネル）政策	一定の基準を満たした業者のみに販売経路を限定する政策
特約的販売経路（チャネル）政策	自社製品だけを扱う販売経路をつくりあげる政策

▶問3．正解は**イ**

■解説▶ 自動販売は小スペースで24時間，365日販売が可能で，人件費が抑えられる利点によって普及しており，イが正解となる。アの説明のとおり，観光地において特徴的な自動販売機がプロモーション効果を発揮することはあるが，歴史的・文化的な観光地の場合，条例などにより景観制限がかかる場合もあり，適切な説明であるとはいえない。またウの飲料以外も販売できるという説明は適切であるが，高級品を最も安全に保管できるとは言い切れないため，解答としては適切ではない。

10 　出題テーマ　チャネル政策，製販連携

▶問1．正解は**ア**

■解説▶ 本問の場合，小売業であるA社が流通経路において主導権を握るチャネルリーダーであるため，その後方に位置する生産者を系列化していく「後方統合型の系列化」であり，アが正解となる。

| 生産者 | → | 卸売業 | → | 小売業 | → | 消費者 |

「前方統合型の系列化」とは，生産者を起点にして，自分より前（矢印の方向に進んでいく方）にある卸売業や小売業を系列化していくことである。「後方統合型の系列化」は，小売業を起点とし，自分より後ろ側（矢印の方向と反対側）の卸売業や生産者を系列化していくことである，

▶問2．正解は**ウ**

■解説▶ 選択肢から卸売業者への影響について考える問いである。チャネルの短縮化を目的に，自社において流通機能を担うことで，卸売業者が排除されることから，ウが正解となる。アやイは卸売業者の業務上の話であり，本設問においての関連性は低い。

> **Point** 流通経路において，卸売業者が介在することで，社会全体での取引回数を減らしたり（取引総数最小化の原理），余分な在庫量を減らす（集中貯蔵の原理）といったことが可能になるため，社会における卸売業者の存在意義は高い。しかし，中間業者が増えるということはそれだけ手数料が発生することにつながる。そのため，物流機能を有する大企業などでは，卸売業者の排除が進んでいる。また，中小企業でもインターネットにより，卸売業者を介在しない取引が増えている。

▶問3．正解は**ア**

■解説▶ 「サプライチェーンマネジメント」とは，製品の開発から販売までの一連の流れを管理し，最適化を図ることであり，アが正解となる。サプライチェーンには，製造した製品を店舗へ運ぶだけでなく，生産工場への部品や資材の納入，工場から物流拠点までの運送なども含まれており，EDIなどデータを活用することで，環境負荷の低減を目指した物流の最適化が各社で進められている。

11 出題テーマ プロモーション政策，広告

▶問1．正解は**ア**

■解説▶ テレビ広告は，いわゆるCMのことであり，インパクトはあるが，15～30秒程度で製品や企業について訴求することになり，広告効果を得るためには，繰り返して行う必要がある。よって，アが正解となる。イはインターネット広告の特徴であり，ウは新聞広告の特徴である。

▶問2．正解は**ウ**

■解説▶ A社の広告は，面白さによって話題となっており，その話題性から製品へ注目につながっていると考えられ，ウが正解となる。

▶問3．正解は**イ**

■解説▶ 情報提供によって，特集やニュース，記事などとして無償でとりあげられることを「パブリシティ」といい，イが正解となる。パブリシティは，無償である反面，取り上げ方や伝え方はメディア側に委ねられ，制御できないというデメリットもある。

> **Point** パブリシティは，企業側からの情報提供以外にも話題の商品として，クチコミやSNSのトレンド情報などから取材申し込みが来ることがある。メディアを介在させることで，一方的な広告とは異なり，信頼性の高い情報として，時には大きな反響を生み，売上高に貢献することがある。

▶問4．正解は**プル戦略**

■解説▶ 広告などを利用し，消費者に訴えかけることで指名買いを促す販売促進戦略をプル戦略という。これに対し，消費者側でなく，生産者側から商品を押し出していくような戦略をプッシュ戦略という。

プル戦略	消費者の指名買いなどにより，商品が販売経路上を引っ張られるようにして売れていく。
プッシュ戦略	メーカーからのリベートやディーラーへルプスなどにより，消費者に向けて販売経路の上から押し出していく。

12 出題テーマ プロモーション政策，プロモーションの種類

▶問1．正解は**ウ**

■解説▶ マスコミ四媒体とは，テレビ，新聞，雑誌，ラジオのことであり，ウが正解となる。テレビの普及以降，長きにわたってほかの広告媒体とはけた違いの広告費によって優位とされてきたが，インターネット広告によりその優位性は失われつつある。四媒体それぞれの特徴は以下のとおりである。

テレビ	迅速性とイメージ力に優れる
ラジオ	ソフトな伝達やイメージづくりが可能
新　聞	信頼性が高く，広範囲に周知できる
雑　誌	ターゲットを絞った効果的な広告が可能

▶問2．正解は**イ**

■解説▶ リスティング広告とは，インターネット広告の一つであり，検索エンジンにキーワードを入力すると関連する広告を検索画面の一部に表示する広告であり，イが正解となる。なお，アはバナー広告の説明であり，ウはアフィリエイトの説明である。おもなインターネット広告をまとめると以下のとおりである。

種　類	特　徴
バナー広告	URLを埋め込んだ画像を表示し，クリックによって，Webサイトへ誘導できる。
リスティング広告	検索サイトで検索したキーワードに連動した広告を表示するもので，ターゲットから注目されやすい。
リターゲティング広告	履歴をもとに関連する商品などが表示される広告であり，直接関連のないWebサイトを見ていても表示される。
SNS広告	SNSに投稿される広告で，「広告」「PR」などの表記がされる。動画や記事風など多様な形態がある。

▶問3．正解は**ア**

■解説▶ 複数の広告媒体を組み合わせていくことを「メディアミックス」といい，アが正解となる。イの「プロモーションミックス」は，広告をはじめ，販売員活動やイベント開催など販売促進に関わる活動を適切に組み合わせていくことであり，ウの「パブリックリレーションズ」は，コミュニケーション活動を通じて良好な関係を築いていこうというPR活動のことである。

13 出題テーマ プロモーション政策，販売員活動

▶問1．正解は**ア**

■解説▶ 実際の現場で行う職場内訓練のことを「OJT」といい，アが正解となる。OJT（On the Job Training）は，職場内で実際に業務を行いながら訓練を行っていくものだが，ウのように実際の職場から離れ，実際の業務とは別に研修や教育などを実施する「Off-JT」という方法もある。どちらも有効な訓練方法であり，これらを適切に組み合わせた訓練をきちんと実施していくことが重要である。

▶問2．正解は**セリングポイント（セールスポイント，アピールポイント）**

■解説▶ 商品の強調すべき特徴や顧客に支持される特徴のことを「セリングポイント」という。一般的にはセールスポイントとも呼ばれるが，こちらは和製英語であり，正確にはセリングポイントという。競合商品よりどのような点が優れているかなどを伝えるためには，このセリングポイントをPOP広告などで訴求してく必要がある。

▶問3．正解は**ウ**

■解説▶ 販売員活動を均一的に行うための手引書のことを一般的にはマニュアルという。このマニュアルを利用することで，誰であっても同じような水準でのサービス提供が可能となるため，店舗や商品のイメージを損なう恐れが低減する。よってウが正解となる。アやイのような接客の提供も否定すべきものではないが，マニュアルの利用という

観点からは適切な選択肢ではない。

▶問4．正解は**イ**

■解説▶ 販売の締めくくりとして，顧客が気づいていない購入を検討している商品の必要性の有無を確認することを「テストクロージング」といい，イが正解となる。テストクロージングを適切に行うことで，顧客の懸念点や本音を知ることができるため，販売員はこのクロージングのスキルを高めることが必要である。

もくじ

「マーケティング」
重要用語一問一答アプリは
こちらからアクセス

本書の使い方

●時事テーマ問題
近年話題になった時事や注目されている時事をテーマにした設問です。

●重要用語の確認
科目「マーケティング」の指導項目に対応した重要用語を確認する設問です。

●模擬試験問題
検定試験と同じ形式の模擬試験問題です。

●検定試験問題
実際に行われた，直近 2 年間の検定試験問題です。

◆解答・解説（別冊）
本書に掲載した問題の解答・解説とともに，出題テーマやPointについてまとめています。

過去の検定試験問題の解説と学びの記録シートはこちらからダウンロード

模擬試験問題の内容・構成

模擬試験問題の内容・構成は，下記の項目別出題基準に従いました。

(1) 現代市場とマーケティング　　12問　　各 2 点・計50問

(2) 市場調査　　　　　　　　　　 8問

(3) 製品政策
(4) 価格政策　　　　　　　　　　}15問

(5) チャネル政策
(6) プロモーション政策　　　　　}15問

① 次の文章を読み，問いに答えなさい。

　2050年代に世界の人口は100億人に達するともいわれており，世界的な食糧危機が問題となっている。近年，食糧危機問題の解決策として，昆虫食が注目を集めている。2013年に国際連合食糧農業機関（FAO）が「昆虫が今後の食糧になり得る」というレポートを発表したことが発端となり，世界各国で研究が活発化し，昆虫を原材料とする食品を開発する企業なども登場した。日本でも商品化が進み，コオロギをはじめ，蚕のサナギやタガメなどの昆虫食が広まってきている。

　日用雑貨店を各地に展開するＡ社も，徳島大学発のベンチャー企業との共同研究により，2020年に「コオロギせんべい」の販売を始めた。コオロギをそのままの姿で提供するとなると，消費者の抵抗感が強い。そのため，食用のコオロギを粉末状にして，練り込むスタイルとし，(a)価格も他社の昆虫食商品が少量で高価格なものが多いなか，190円という低価格で販売している。これは，Ａ社が創業から一貫して，サステナブルな社会を目指しており，多くの人に昆虫食について知ってもらい，昆虫食による新たな世界をともに目指して欲しいという思いの表れでもあるという。

　この商品は発売当初から話題性があり，(b)多くのメディアが取材を行い，特集コーナーなどで紹介を行ったため，積極的な宣伝などを行わなくても，商品のＰＲを行うことができ，瞬く間に人気商品となった。ＳＮＳでも多くの発信・共有が行われ，製造されてはすぐに売り切れるという状況が続いている。また，食用コオロギの育成にあたっては，(c)アップサイクルを活用できるため，ＳＤＧｓの観点からも期待されている。

問１．下線部(a)のような新製品の販売価格設定を何というか，次のなかから正しいものを一つ選びなさい。
　ア．ペネトレーション価格　　イ．スキミング価格　　ウ．キャプティブ価格

問２．下線部(b)を何というか。カタカナ６文字で答えなさい。

問３．下線部(c)の説明として，次のなかから最も適切なものを一つ選びなさい。
　ア．捨てられるはずの商品を活用し，より価値のある商品をつくっていくこと
　イ．環境配慮や廃棄物対策のための，ゴミの発生抑制・再利用・再資源化の流れのこと
　ウ．ブラシをかけて磨き上げるように，よりよいものになるようさらに磨きをかけていくこと

●解答欄

問1	問2	問3

② 次の文章を読み，問いに答えなさい。

　ここ数年，「売らない店」の出店が進んでいる。売らない店とは，売ることを主目的としないショールーム型の店舗のことであり，近年，老舗百貨店も参入してきている。

　このような店舗を出店する目的は，商品やブランドの特徴やストーリーを伝えたり，実際に商品を触って品質などを確かめてもらったりすることであり，まさにリアルな店舗を構える小売業者が抱える悩みである(a)ショールーミングを逆手に取った店舗である。

　来店者は陳列されている商品の説明を受けても購入の決断を迫られることがないため，気軽に立ち寄って興味のある商品を見て，触れられる。そして，本当に欲しい商品を吟味して，後からWebサイトで購入するというものである。店舗は消費者ではなく，出展企業からの出展料を収入源としており，販売員もその場で売ること・買ってもらうことを前提としていないため，販売目標という数字にとらわれることなく，真の意味で顧客に寄り添った提案ができるという利点がある。

　このような売らない店の元祖ともいわれるA社では，消費者に商品について知ってもらうだけでなく，天井に設置されたカメラから，(b)来店した消費者の動きを分析し，性別や年代，どのくらい商品に注視しているかなどを細かく分析した数値データを出展企業へ提供するサービスを行っている。このほかにも(c)実際に消費者に出展企業の商品を試してもらい，その感想や意見を集め，企業の商品の開発や改良につなげることも行っている。1区画60cm×40cmほどのスペースで，月額30万円ほどと決して安くはない出展料だが，多くの企業が出展を希望しており，商品を売らない店という新ビジネスへの参入は増える一方である。

問１．下線部(a)の説明として，次のなかから適切なものを一つ選びなさい。
　　ア．ショールームのように具体的な利用イメージがわくような売場づくりを行うこと。
　　イ．商品情報をインターネットで調べてから，実店舗を訪れ，商品の最終確認をしてから購入すること。
　　ウ．近隣の実店舗へ出向き，商品を確認してから，インターネットの安い店で買う購買行動のこと。

問２．下線部(b)と下線部(c)のような市場調査の種類の組み合わせとして，次のなかから最も適切なものを一つ選びなさい。
　　ア．(b)定性調査・(c)定量調査
　　イ．(b)定型調査・(c)定時調査
　　ウ．(b)定量調査・(c)定性調査

問３．下線部(c)のような活動を何というか，次のなかから正しいものを一つ選びなさい。
　　ア．スポンサーシップ　　イ．テスト・マーケティング　　ウ．フロア・マネジメント

●解答欄

問1	問2	問3

「マーケティング」
重要用語一問一答アプリは
こちらからアクセス

❶現代市場とマーケティング

1	製品やサービスが「売れるしくみ」をつくることを何というか。	
2	製品を生産している製造業者のことを何というか。	
3	マーケティングの考え方のことを何というか。	
4	「つくれば売れる」という考え方のことを何というか。	
5	「良いものをつくれば売れる」という考え方のことを何というか。	
6	研究者や技術者の興味に基づいて新しい製品がつくられることを何というか。	
7	「つくったものを売り切る」という考え方のことを何というか。	
8	消費者の利益や権利を守るための消費者運動を引き起こすきっかけとなった考え方のことを何というか。	
9	訪問販売などの特定の取引において，契約を交わしても，一定期間内であれば，消費者が一方的に契約解除できる制度のことを何というか。	
10	「消費者が必要なもの，欲しいものをつくって売れるようにする」という考え方のことを何というか。	
11	消費者が何を望んでいるのかということを意味する言葉を何というか。	
12	製品やサービスを購入したり使用したりした顧客が感じる満足のことを何というか。	
13	くり返し同じ製品やサービスを購入する消費者のことを何というか。	
14	企業がマーケティングで顧客を生み出すことを何というか。	
15	「社会的責任や社会貢献を果たすものをつくって売る」という考え方のことを何というか。	
16	社会志向のマーケティングのことを何というか。	
17	商品を買うと売上の一部が寄附される商品のことを何というか。	
18	単純なリサイクルではなく，捨てられるはずだった商品などに付加価値をつけて，元の商品よりも高価値，高価格の商品をつくる活動のことを何というか。	
19	企業の利益を確保しつつ社会貢献を実現するマーケティングのことを何というか。	
20	今後購入してくれそうな顧客のことを何というか。	
21	新しい技術やアイディアによって，価値を創造する革新のことを何というか。	
22	多種多量でリアルタイムに蓄積されるデータのことを何というか。	
23	主にインターネットを通じたサービスを取引する「場」を提供する事業者，またはそのようなビジネス・モデルのことを何というか。	

24	ものとインターネットが接続することを何というか。	
25	人工知能の略称を何というか。	
26	データから規則性や判断基準を学習して，未知のものを予測したり判断したりする機械学習が高度化した能力のことを何というか。	
27	国や地域などの境界を越えて，市場が地球全体にまで広がることを何というか。	
28	何かを経験する消費行動のことを何というか。	
29	企業のマーケティング活動に影響を与える企業の内部や外部の状態または状況のことを何というか。	
30	マーケティングに影響を与える要因を，企業が持つ強みと弱み，企業が置かれている環境の機会と脅威という四つに分けて分析する手法のことを何というか。	
31	競合企業との競争を優位に進められるかという視点から，企業が保有する経営資源を分析することを何というか。	
32	経営に必要な資源のことを何というか。	
33	マクロ環境の視点からマーケティングに影響を与える要因を分析する手法のことを何というか。	
34	業界の構造というミクロ環境を分析する手法を何というか。	
35	自社(Company)，顧客(Customer)，競合(Competitor)を分析することを何というか。	
36	マーケティング活動によって達成したい目標のことを何というか。	
37	自社の製品やサービスがどのくらいの消費者に購入されたり使用されたりしているのかという指標のことを何というか。	
38	マーケティング目標を達成するために，マーケティングを計画し，実施して，分析し，修正や改善を行うといったプロセスを上手に運用していくことを何というか。	
39	計画をし，実行した後に，成果を評価して，改善することを繰り返していくことを何というか。	
40	マーケティング環境を把握した後，立案する計画のことを何というか。	
41	消費者による購買活動のことを何というか。	
42	STPを定めた後，マーケティングの具体的な手段を決めて，実施していくことを何というか。	
43	製品政策，価格政策，チャネル政策，プロモーション政策のことを何というか。マーケティング・ミックスともいう。	
44	消費者が何かの目的のために製品やサービスを購買することは，消費者行動において何というか。	
45	消費者が，特定の製品カテゴリーの中から，複数のブランドと比較したうえで特定のブランドを選択することを何というか。	
46	購買意思決定が，時間の流れに沿って，五つの段階を踏んで進むことを何というか。	
47	購買意思決定過程において，解決するべき問題に気づく段階のことを何というか。	
48	購買意思決定過程において，その問題の解決手段に関わる商品情報を探す段階のことを何というか。	

49	購買意思決定過程において，集められた商品情報を比較検討する段階のことを何というか。	
50	購買意思決定過程において，商品を購買する段階のことを何というか。	
51	購買意思決定過程において，商品を使用して処分や評価をする段階のことを何というか。クチコミなども行われる。	
52	外部からの刺激を感覚によって受け取って，その刺激に意味をつけることを何というか。	
53	自らの経験や記憶を探す情報探索のことを何というか。	
54	自らの外側にある外部情報源を使う情報探索のことを何というか。	
55	商品にマイナス面があってもプラス面が多いために，選択肢になるというルールのことを何というか。	
56	商品にマイナス面があると，たとえプラス面が多くても，選択肢にならないというルールのことを何というか。	
57	特定の商品に共通して備わっている性質や特徴のことを何というか。	
58	補償型ルールを前提にして消費者の代替品評価を予測するモデルのことを何というか。	
59	意思決定の際に，暗黙のうちに用いている簡便な解法や法則のことを何というか。	
60	各属性について最低限満たすべき点数を設定して，ブランド別に評価し，一つでも最低条件を満たさない場合，選択しないというルールのことを何というか。	
61	まず一番重要な属性に注目し，最も高い点数を持つブランドが選択され，もし同順位の場合には，次に重視する属性で評価するルールのことを何というか。	
62	選択した商品を購買したいという意欲のことを何というか。	
63	購買後行動において，消費者が商品を評価する基準となる感情のことを何というか。	
64	商品を使ってみて確かめた水準のことを何というか。	
65	購買以前の商品に対して抱いていた水準のことを何というか。	
66	顧客が持つ商品などに対する愛着のことを何というか。	
67	商品の成果水準が期待水準を下回った場合に，消費者が抱く感情のことを何というか。	
68	商品の成果水準が期待水準を下回った場合に，消費者が不満を抱くというモデルのことを何というか。	
69	人が自身の中で矛盾する情報を同時に抱え，その状態時に覚える不快感のことを何というか。	
70	商品に関する商業的な意図が無い個人間のコミュニケーションを何というか。	
71	購買意思決定において，消費者の思い描く目標状態（理想）に到達するための行動を方向付け，その行動の強さを決めていく概念のことを何というか。	
72	人間の基本的欲求を五つの階層構造に分けて考える有名な説のことを何というか。	
73	商品などの対象に対する長期にわたる全体の評価を何というか。	
74	消費者行動における態度の構成要素で，商品を好きなのか嫌いなのか，または良いと思うのか悪いと思うのかということを何というか。	

75	消費者行動における態度の構成要素で，商品を購買しに行こうとするかどうかということを何というか。	
76	消費者行動における態度の構成要素で，商品の特徴が真実であると信じるかどうかということを何というか。	
77	消費者が商品に関心を示す程度のことを何というか。	
78	特定の製品カテゴリーに対して消費者が抱く関与のことを何というか。	
79	購買の場面や文脈の違いによって生まれる関与のことを何というか。	
80	広告に対して消費者が抱く関与のことを何というか。	
81	消費者同士が影響し合うという考え方を何というか。	
82	消費者の評価や行動に重要な影響を与える他者の集まりを何というか。	
83	集団の意思決定に大きな影響を及ぼす人物のことを何というか。	
84	セグメンテーション，ターゲティング，ポジショニングという三段階の手順で行われる作業のことを何というか。	
85	同じ製品をすべての消費者に向けて販売することを何というか。	
86	市場細分化とも呼ばれる，STPの第一段階である，ニーズに基づいて消費者を分類する作業のことを何というか。	
87	細分化された一つひとつの市場のことを何というか。	
88	顧客一人ひとりに合わせて個別に対応するマーケティングのことを何というか。	
89	セグメンテーションに用いる変数のうち，年齢や性別，家族構成，職業，学歴などの変数のことを何というか。	
90	セグメンテーションに用いる変数のうち，趣味や嗜好，価値観，ライフスタイルなどの変数のことを何というか。	
91	セグメンテーションに用いる変数のうち，住んでいる地域や場所，人口規模，気候などの変数を何というか。	
92	セグメンテーションに用いる変数のうち，宗教や文化，人種，国籍，社会階層などの変数を何というか。	
93	購買頻度，使用量，使用期間，使用状況などの変数を何というか。	
94	セグメントをできるだけ細かく設定するために典型的なモデルとして構築される架空の人物像のことを何というか。	
95	マーケティングの対象にするセグメントを決めることを何というか。	
96	ターゲティングで対象となったセグメントまたは消費者のことを何というか。	
97	製品やサービスに対する消費者のイメージを決めることを何というか。	
98	ポジショニングにより定着したイメージを転換することを何というか。	
99	知覚マップとも呼ばれる，製品やサービスのポジションを決める際に作成する，自社のイメージを鮮明にするための図のことを何というか。	
100	他のものと違いをつくることを何というか。	

101	人間の一生のように，製品やサービスが，誕生から衰退までのプロセスをたどるという考え方のことを何というか。	
102	製品ライフサイクルにおいて，新製品が市場に現れたばかりの段階のことを何というか。	
103	製品ライフサイクルにおいて，市場全体の売上と利益が急増する段階のことを何というか。	
104	製品ライフサイクルにおいて，新規参入企業が減り，市場全体の売上や利益が横ばいになる段階のことを何というか。	
105	製品ライフサイクルにおいて，市場全体の売上と利益が減少する段階のことを何というか。	
106	サービスの提供手順をまとめて規定したものを何というか。	
107	従業員ごとの知識や技能の水準を一定にするための，従業員に対する指導のことを何というか。	
108	従業員を企業内部の顧客と捉えて，従業員満足(ES)や働く意欲を高めようとする活動のことを何というか。	
109	ある地域の観光目的地(デスティネーション)としての魅力を向上させる活動のことを何というか。	
110	NPOやNGOにより行われるマーケティングのことを何というか。	
111	企業が，自社の利益のみならず社会の利益も追求してマーケティングを行うことを何というか。	
112	顧客が従業員に対して理不尽な要求をしたり，身体や精神を傷つけたりといった迷惑行為を働くことを何というか。	
113	企業に人権の配慮や地球環境の保全など幅広い事柄に配慮することが求められていることを意味する用語を何というか。	

❷市場調査

114	商品や消費者をはじめとした市場に関する情報について，組織的にデータを収集，記録，報告することを何というか。	
115	企業が行う調査の総称を何というか。	
116	企業内部にある資料のことを何というか。	
117	企業の外部にある資料のことを何というか。	
118	現在の状況をできる限り客観的に観察し把握するという，市場調査の一つの段階のことを何というか。	
119	把握した現状をもとに，なぜそのような結果になったのか，仮説を導き出すという，市場調査の一つの段階のことを何というか。	
120	仮説導出により導き出された仮説のことを何というか。	
121	調査仮説を，さらなる調査によって確認するという，市場調査の一つの段階のことを何というか。	
122	仮説検証において，最初に行われる調査のことを何というか。	
123	仮説検証において，予備調査の後に行われる調査のことを何というか。	
124	予備調査の別の呼び名を何というか。	

125	原因と結果で結びついている二つの出来事の関係のことを何というか。	
126	仮説検証の予備調査において，企業の従業員や企業から期間限定で協力を依頼された対象のことを何というか。	
127	消費者モニターを対象にした調査のことを何というか。	
128	調査対象となる集団全体のことを何というか。	
129	収集されたデータを，質問項目ごとに単純集計し，合計値や平均値，割合などを計算することを何というか。	
130	統計解析において,複数の項目をかけ合わせて集計する方法のことを何というか。	
131	収集されたデータを統計学を基に検証することを何というか。	
132	選定された母集団すべてを調べる方法を何というか。	
133	サンプルとも呼ばれる，全体の中から取り出して観察や調査を行う一部分のことを何というか。	
134	標本を選び出すことを何というか。	
135	母集団を代表するような標本を選び出して調べる方法を何というか。	
136	意図的に，または調査者の都合で標本を抽出する方法を何というか。	
137	標本の抽出された確率が等しくなるようにする方法を何というか。	
138	母集団に一連の番号をつけて，乱数表などにより標本を抽出する方法を何というか。	
139	0から9までの10種類の数字を不規則に配列した数表を何というか。	
140	抽出率によって間隔を決め，はじめの標本を無作為に選び，あとの標本を一定間隔で決めていく方法を何というか。	
141	母集団をいくつかのグループ(層)に分け，各層の割合に応じて無作為に標本を抽出する方法を何というか。	
142	無作為抽出法を何回かくり返して行う方法を何というか。	
143	データが記録されていない，企業自ら対象を調べてデータを新しく収集する調査を何というか。	
144	調査対象から具体的な内容を聞き出し，それらを数値化せず記録する調査方法のことを何というか。	
145	定性調査の一つで，調査しようとする事実が起きている場所へ出かけて，直接目で見てデータを集める方法のことを何というか。	
146	調査者自らが対象の一員として参加することで，調べようとしている事実のデータを得る観察法のことを何というか。	
147	特定の地点の人の通行量を調べる調査法のことを何というか。	
148	脳波計によって，広告の何に反応しているのかなどを調べる調査法のことを何というか。	
149	対象となる人々に，調査者自ら質問し回答を得ることによってデータを集める方法を何というか。	
150	あらかじめ質問を決めて実施されるインタビュー法のことを何というか。	

151	事前に質問を決めないインタビュー法のことを何というか。	
152	あらかじめ質問項目を決めておき，その質問項目に関連する情報を対話によって収集するインタビュー法のことを何というか。	
153	回答者個人を相手に時間をかけて深い理解を得るインタビュー法のことを何というか。	
154	複数の人々を相手にするインタビュー法のことを何というか。	
155	調査対象に関する多くのデータを集め，それらを数値化して記録する調査方法のことを何というか。	
156	質問票調査とも呼ばれる，情報を持っている回答者自身に質問票を読んで回答してもらうことによってデータを集める調査法を何というか。	
157	調査を行うために用意した質問と回答が記載されている様式のことを何というか。	
158	アンケートの別の呼び名を何というか。	
159	質問票を郵送して回答を求める方法を何というか。	
160	抽出した標本リストの総対象者数に占める回収した質問票の割合のことを何というか。	
161	調査員が調査対象者に電話をかけ，質問票を読み上げて回答を求める方法を何というか。	
162	調査員が調査対象者に直接会って質問票を渡し，その場で回答を求める方法を何というか。	
163	調査員が調査対象者に質問票を渡し，後日，回収する方法のことを何というか。	
164	インターネット通信を利用して質問票を配り，回答を求める方法を何というか。	
165	アンケートにおいて，質問項目と数値の対応を確認できるもののことを何というか。	
166	調査対象にさまざまな刺激を与え，その反応や行動を記録することでデータを集める方法のことを何というか。	
167	調査対象を二つのグループに分けて，一方に広告を見せ，もう一方には見せず，広告した商品が欲しくなるかどうかを尋ねるといった計画のことを何というか。	

❸製品政策

168	消費者に購入してもらう製品を企画してから製造するまでの過程のことを何というか。	
169	工業製品だけでなく食料品や日用品を含めた用語を何というか。	
170	マーケティングにおいて，製品が提供してくれる機能や価値のことを何というか。	
171	一つの製品には複数の便益があるということから，マーケティングでは製品のことを何と捉えるか。	
172	企業が製品にばかり目を向け過ぎて，消費者ニーズが目に入らなくなってしまう状態のことを何というか。	
173	何かを欲しい，何かをして欲しいという気持ちのことを何というか。	
174	「ニーズを満たす具体的なもの」のことを何というか。	

175	頻繁に購買される低価格の製品のことを何というか。	
176	複数の店舗を回る労力を使って選ぶ製品のことを何というか。	
177	こだわりの強い製品のことを何というか。	
178	製品アソートメントとも呼ばれる，企業がつくる製品のバリエーションを何というか。	
179	デザインや価格が違っても関連性が高い製品のグループのことを何というか。	
180	品目とも呼ばれる，製品ラインを構成する一つひとつの製品のことを何というか。	
181	企業の名前のことを何というか。	
182	製品につけられる名前のことを何というか。	
183	すでにあるブランドの中に，同じ名前を使って新製品を開発していく方針のことを何というか。	
184	すでにあるブランドの名称を使って，異なる製品ラインの新製品を開発する方針のことを何というか。	
185	同じ製品カテゴリー内に複数のブランドの新製品を開発する方針のことを何というか。	
186	新しいカテゴリーで新しいブランドを立ち上げて新製品を開発する方針のことを何というか。	
187	新製品開発のきっかけとなるアイディアをつくりだすことを何というか。	
188	新製品開発のきっかけであり，流行を見極めたり，消費者の行動を観察したり，市場調査のアンケートで消費者の不満を聞いたりすることで創出されるものを何というか。	
189	アイディアの絞り込みのことを何というか。	
190	複数の人が集まってグループでアイディアを出す方法を何というか。	
191	スクリーニングしたアイディアに基づいて，製品コンセプトを開発することを何というか。	
192	ターゲットや使用場面，便益などを組み合わせて表現した方向性のことを何というか。	
193	新製品開発において，試作品をつくることを何というか。	
194	プロトタイプが完成に近づいたら行う，実際に消費者に商品を使用してもらって感想を集めたり，地域や場所を限定して販売して，消費者の反応を見たりすることを何というか。	
195	テスト・マーケティングを行い，消費者から好意的な反応を得られた場合，販売地域を全国規模に広げるなどすることを何というか。	
196	工場の生産力を考えて生産量を決めたり，販売員を適切に配置したり，小売店に仕入の提案をしたりすることを何というか。	
197	製品の販売数や販売金額の見込みなどをまとめたものを何というか。	
198	「固定費÷（1－変動費÷売上高）」で求められる，売上がどの程度あれば利益が出るかという指標を何というか。	
199	製品の販売に関わる人件費，広告費，販売促進費，旅費交通費，通信費，消耗品費といった費用を総称して何というか。	

200	製品がどの程度売れるのかを事前に把握することを何というか。	
201	市場需要の測定の際に用いる、製品の生産量や出荷量といった指標のことを何というか。	
202	市場需要の測定の際に用いる、生産額や販売額といった指標のことを何というか。	
203	過去の売上実績に基づいて、自社製品の売れ行きを予測することを何というか。	
204	期間を1単位ずつずらしながら平均値を計算して、売上を予測する方法のことを何というか。	
205	前日や前月など直近の売上に「重み付け」を行い、販売予測する方法のことを何というか。	
206	製品をどれだけ生産するかという計画のことを何というか。	
207	原材料から製品をつくりあげるプロセスのことを何というか。	
208	「製品やサービスにつけられる名前やシンボル、マーク」のことを何というか。	
209	ブランドの別の呼び名を何というか。	
210	製品やサービスをブランド化することを何というか。	
211	製品の信頼獲得のために不可欠である、ブランディングにより製品にもたらされる価値を何というか。	
212	ブランド・ネーム、ロゴ、キャラクター、スローガン、パッケージといったブランドを表現する要素のことを何というか。	
213	「自動車メーカーといえば？」「冷凍食品メーカーといえば？」といった質問に対して、思い浮かべるブランド全体のことを何というか。	
214	「自動車メーカーといえば？」「冷凍食品メーカーといえば？」といった質問に対して、最初に思い浮かべるブランドのことを何というか。	
215	ブランド連想とも呼ばれる、ブランドから連想されるイメージや印象のことを何というか。	
216	ブランド・イメージの別の呼び名を何というか。	
217	ブランドに対する愛着のことを何というか。	
218	さまざまな指標について20%と80%をあてはめて考えることができる、80:20の法則と呼ばれる経験則のことを何というか。	
219	企業が、競合企業や異業種の企業と情報やアイディアを共有して、製品開発することを何というか。	
220	自社の技術やアイディアを公開して他社に利用してもらう、あるいは他社から公開されている技術やアイディアを自社に取り入れて活用するという考え方のことを何というか。	
221	すべての経済活動をサービスとして捉える考え方のことを何というか。	
222	製品の価値は、顧客が使ってはじめて実現するため、企業は顧客と価値を共に創っているという考え方のことを何というか。	

❹価格政策

223	消費者が商品を購入するときに支払う対価のことを何というか。	

224	自社の製品やサービスの価格を設定する活動のことを何というか。	
225	需要と供給のバランスによって決まる価格のことを何というか。	
226	有力企業が一定の利益を得られるように設定した価格のことを何というか。	
227	管理価格の決定権を握る有力企業のことを何というか。	
228	医療・介護サービスの価格など，政府が決めている価格のことを何というか。	
229	政府が定めているわけではないものの，価格変更に政府や地方自治体の認可が必要な価格のことを何というか。	
230	基本的な価格設定の方法として，商品をつくるのにかかったコストに一定の利益額または利益率を上乗せする方法のことを何というか。	
231	市場で実際に取引されている競合商品の価格のことを何というか。	
232	過去の購買経験などに基づいて，さまざまな商品について，それぞれ妥当だと思われる価格帯のイメージのことを何というか。	
233	商品のお買い得感を強調するために設定した半端な価格のことを何というか。	
234	プレステージ性を高めるためにあえて高めに設定した価格のことを何というか。	
235	威光価格の別の呼び名は何か。	
236	参照価格が変わらないまま，社会的に定着した価格のことを何というか。	
237	市場導入時に，販売量を伸ばし，市場シェアを拡大することを目指して低く設定される価格のことを何というか。	
238	価格の変化に伴う需要(販売数量)の変化の大きさを表した指標のことを何というか。	
239	市場導入時に，いち早く利益を回収することを目指して高く設定される価格のことを何というか。	
240	ある製品カテゴリーに，複数の価格帯を用意し，設定される価格のことを何というか。	
241	いくつかの選択肢が用意されているとき，消費者が極端な選択肢を避けて，中間にあるものを選ぶという傾向のことを何というか。	
242	いくつかの商品を組み合わせた価格のことを何というか。	
243	同時に使用する商品のうち，どちらか一方の価格を安く，または無料に設定することで消費者をひきつけ，もう一方の商品の販売で利益が出るように設定される価格のことを何というか。	
244	一定の期間，特売を実施する方法のことを何というか。	
245	特売ほど低価格ではないものの，いつも安定して低価格で商品を提供する方法のことを何というか。	
246	流通業との取引において，メーカーが流通業の販売価格を決めることを何というか。	
247	流通業間の競争が妨げられて小売価格が高どまりし，ひいては消費者にも不利益が生じる恐れを回避するために定められた法律を何というか。	
248	流通業の利益を見込んだ希望小売価格や希望卸売価格をメーカーが流通業に提示する方法のことを何というか。	

249	メーカーが希望する小売店頭における販売価格のことを何というか。	
250	販売価格の遵守度合いや一定期間の取引量などに応じて支払われる販売奨励金のことを何というか。	
251	メーカーが希望小売価格を提示せず，価格設定を流通業にゆだねる制度のことを何というか。	
252	当初は無料でサービスを提供し，気に入ったら課金をしてもらうという価格設定の方法のことを何というか。	
253	商品の利用期間に応じて課金する方法のことを何というか。	
254	需要の状況などに応じて，臨機応変に価格を変更する方法のことを何というか。	
255	企業ではなく消費者が支払う価格を自由に決める方式のことを何というか。	
256	商品の売り手である出品者と商品の買い手である購入者との間で価格交渉が行われる方式のことを何というか。	

❺チャネル政策

257	メーカーが製品を販売するための経路を検討する活動のことを何というか。	
258	さまざまなものが流れる経路のことを何というか。	
259	メーカーが消費者に直接販売することを何というか。	
260	流通業を経由して消費者に販売することを何というか。	
261	主として消費者に販売する流通業のことを何というか。	
262	主として消費者以外に販売する流通業のことを何というか。	
263	売り手から買い手へ製品の所有権が移転する取引の流れのことを何というか。	
264	製品の物理的な流れのことを何というか。	
265	情報がやり取りされる流れのことを何というか。	
266	最終的に消費者によって使用される製品のことを何というか。	
267	企業だけでなく，行政機関や非営利組織などによっても使用される製品のことを何というか。	
268	メーカーが流通業に対して他社製品の取り扱いを基本的に認めないチャネルのことを何というか。	
269	日本の家電メーカーが組織化し支援している中小電気店のことを何というか。	
270	メーカーが流通業に対して他社製品の取り扱いを認める一方で，自社製品にふさわしい流通業かどうかを選択して取引するチャネルのことを何というか。	
271	メーカーができる限り多くの流通業に自社製品を取り扱ってもらおうとするチャネルのことを何というか。	
272	メーカーが，自社に有利となるようなチャネルを構築し，管理することを何というか。	

273	同時に消費するような製品を一緒に購買することを何というか。	
274	同じカテゴリーの中で，異なるメーカーが生産している製品を比較検討して購買することを何というか。	
275	陳列や棚割などの売り場づくり案や，POP広告などの販売促進企画といった，小売業を支援するさまざまな活動のことを何というか。	
276	人気があり売れている商品のことを何というか。	
277	人気がなく店頭での動きが悪い商品のことを何というか。	
278	欲しいと思った商品を店頭で名指しして購買することを何というか。	
279	いつ，どの商品が売れたのかといった販売情報を管理するシステムのことを何というか。	
280	在庫管理において，同じ製品か別の製品かを分ける最も小さい単位のことを何というか。	
281	コンピュータ・ネットワークを利用して，メーカーと流通業など，取引先同士がオンラインで受発注を行うシステムのことを何というか。	
282	受発注だけでなく在庫状況や代金請求などといった，取引に関係する多様なデータを交換するシステムのことを何というか。	
283	ICチップが埋め込まれた値札や荷札のことを何というか。	
284	無線による自動識別システムのことを何というか。	
285	原材料の生産者や完成品のメーカーから，卸売業や小売業までの企業が連携することを何というか。	
286	原材料や部品の段階から最終的な消費に至るまでの，調達，生産，物流，販売といった一連のプロセスのことを何というか。	
287	サプライ・チェーンにおける物の動きを適切に管理しようとする考え方のことを何というか。	
288	メーカーが，取引先である流通業と協働して行う売り場づくりの活動のことを何というか。	
289	小売段階から商品企画，生産，物流まで，商品供給に関わるすべての活動を1社で統合して展開する経営形態をとる企業のことを何というか。	
290	アパレルの製造小売業のことを何というか。	
291	流通業がメーカーに生産を委託し，自社のブランドで展開する商品のことを何というか。	
292	メーカーが展開するブランドのことを何というか。	
293	インターネットを活用した通信販売のことを何というか。	
294	小売業の実際の店舗のことを何というか。	
295	店舗やインターネットなどを含む自社のさまざまな販路を，継ぎ目なくつなげようとする経営手法のことを何というか。	
296	「近くの実店舗へ商品を見に行き，ネットの安い店で買う」といった購買行動のことを何というか。	
297	業態や店舗規模,ターゲットなどをまとめた店舗の基本理念のことを何というか。	
298	実店舗の出店にあたり最も重要な意思決定の一つである，店舗を出店する場所のことを何というか。	

299	その店に来る確率の高い顧客が居住または勤務している範囲のことを何というか。	
300	商品の仕入れに携わる人のことを何というか。	
301	特定の仕入先と良好な関係性を構築し，継続的に取引を行おうとすることを何というか。	
302	小売店内での商品の配置や並べ方のことを総称して何というか。	
303	ある商品カテゴリーを店内のどこに配置するかという戦略のことを何というか。	
304	棚にどのように商品を並べるかという戦略のことを何というか。	
305	顧客が店内を歩く距離のことを何というか。	
306	顧客が移動する際の経路のことを何というか。	
307	消費者が来店前からその商品の購買を計画していた購買のことを何というか。	
308	消費者が来店前にその商品の購買を計画していない購買のことを何というか。	
309	シェルフ・スペース・マネジメントにおいて，商品を手にとってもらいやすい位置のことを何というか。	
310	商品が売り切れていたために，販売機会を逃してしまうことを何というか。	
311	売れ残ってしまった商品を処分することによる損失を何というか。	
312	値引きして売りさばいたりする際に発生する損失を何というか。	
313	適正な在庫水準を維持するための戦略を何というか。	
314	店内や倉庫に置いてある商品の数を人の目で見て数える方法を何というか。	
315	企業が1年間に在庫を売り切る回数のことを何というか。	
316	ある期間の売上高に占める期首在庫の割合のことを何というか。	
317	商品の発注から補充までに要する時間のことを何というか。	
318	発注や在庫維持にかかる費用を最も抑えられる発注量のことを何というか。	

❻プロモーション政策

319	消費者とコミュニケーションをとって販売を促進する一連の活動のことを何というか。	
320	インターネットを利用して情報を発信して，情報の送り手と受け手で相互のやりとりができる双方向のメディアのことを何というか。	
321	消費者が情報に対して，注目し，興味を持ち，欲しいという欲求を抱いて，記憶をしておき，最後に購買という行動を起こすと考えるモデルのことを何というか。	
322	AIDMAを基礎にして，現代の消費者のコミュニケーションに合わせて考案されたモデルのことを何というか。	

323	媒体を有料で利用して商品や企業，ブランドといったさまざまな情報を広く消費者に伝達する活動のことを何というか。	
324	媒体の別の呼び名は何か。	
325	広告を見てもらうことで商品に対する消費者の需要をつくりだして，販売を促進する機能のことを何というか。	
326	広告やブランドに対する好意的な態度を形成したり，商品の性能に対して納得したりしてもらう機能のことを何というか。	
327	商品やブランドに対するイメージを形成するという，広告の機能のことを何というか。	
328	流行を生み出したりライフスタイルを提案したりするという，広告の機能のことを何というか。	
329	マスコミ4媒体のうち，短期間に多数の視聴者に広告を届けることができるメディアは何か。	
330	テレビで放送される広告のことを何というか。	
331	番組の中で流れるテレビCMのことを何というか。	
332	番組と番組の間で流れるテレビCMのことを何というか。	
333	マスコミ4媒体のうち，音声のみで伝えるメディアは何か。	
334	マスコミ4媒体のうち，報道メディアのため，情報の信頼性が高いメディアは何か。	
335	マスコミ4媒体のうち，専門性が高くテーマも多様であり，特定の狭いターゲットに情報を届けることに強みを持つメディアは何か。	
336	紙面が読者に読まれている割合のことを何というか。	
337	Webサイトにさまざまな形で広告を表示するメディアのことを何というか。	
338	URLを埋め込んだ画像を表示して，それをクリックするとWebサイトにアクセスすることができる広告のことを何というか。	
339	検索サイトで検索したキーワードに連動して表示される広告のことを何というか。	
340	一度訪れたWebサイトやアクセスした商品が表示されるという広告のことを何というか。	
341	SNSに表示される広告のことを何というか。	
342	ビルや店舗の壁や窓などに貼られるポスターや大型ビジョンなどの広告のことを何というか。	
343	電車やバス，タクシー，飛行機といった公共交通機関および駅や空港に出稿する広告のことを何というか。	
344	屋外広告と交通広告を合わせたメディアの総称のことを何というか。	
345	新聞に挟まれたチラシのことを何というか。	
346	郵便や電子メールで顧客に直接送付する広告のことを何というか。	
347	無料の雑誌で，その内容の大半を広告が占めるもののことを何というか。	
348	企業の活動や理念を伝える目的で出稿する広告のことを何というか。	

349	製品やサービスの情報を伝える目的で出稿する広告のことを何というか。	
350	マナーアップなど公共の福祉を向上させる目的で出稿する広告のことを何というか。	
351	人材を募集する目的で出稿する広告のことを何というか。	
352	広告を制作して出稿し，効果を測定するまでの一連の流れのことを何というか。	
353	広告で達成すべき目標のことを何というか。	
354	特定の「○○新聞」や「少年○○」といった具体的な雑誌や新聞のことを何というか。	
355	広告表現における絵や写真のことを何というか。	
356	商品の魅力を伝える言葉のことを何というか。	
357	詳しく説明をするコピーのことを何というか。	
358	短い文章のコピーのことを何というか。	
359	広告の雰囲気を統一するための基本的な表現のルールを何というか。	
360	企業をはじめとする組織の活動に影響を与えたり，与えられたりするさまざまな個人や集団のことを何というか。	
361	ステークホルダーを対象に企業の活動についての情報を積極的に発信する活動を何というか。	
362	広報の英語訳を何というか。	
363	主に報道機関向けに出されるニュースのことを何というか。	
364	企業が，新商品発表会やプレスリリースといった手段でテレビや新聞，雑誌などに情報を提供して，報道してもらう活動のことを何というか。	
365	企業自身が運営の主体となっているWebサイトのことを何というか。	
366	芸術やスポーツ，エンターテインメントに関連した人やイベントに対して，金銭や物，人材などを支援する活動のことを何というか。	
367	投資家(株主)に向けて情報提供を行い，良好な関係を築くことを目的としたコミュニケーションのことを何というか。	
368	社員を対象にしたコミュニケーションのことを何というか。	
369	仕事などの活動に対する人々のやる気のことを何というか。	
370	行政に情報提供をして働きかける活動のことを何というか。	
371	テレビドラマや映画に実在の商品を登場させる方法のことを何というか。	
372	消費者の購買意欲を高めるための短期的で即効性のある活動のことを何というか。	
373	メーカーが小売業に対して自社の製品を仕入れてもらうために行うセールス・プロモーションのことを何というか。	
374	短期的な契約や関係に基づいて，製品の仕入量や販売量に対して金銭的な見返りを渡す方法のことを何というか。	

375	小売店の発注量に対して，割引をしたり，金額はそのままにして数量を増やして納品したりする方法のことを何というか。	
376	商品の特徴やセールスポイントなどを伝えるために，売り場に設置される広告のことを何というか。	
377	陳列や販売数量を競う企画のことを何というか。	
378	メーカーが消費者に対して行うプロモーションのことを何というか。	
379	商品の割引券のことを何というか。	
380	商品の割引券(クーポン)を提供する方法のことを何というか。	
381	試供品(サンプル)を無料で配布して，実際に使ってもらい次の購買を促す方法のことを何というか。	
382	商品に応募券をつけて，応募者に対して景品をプレゼントする方法のことを何というか。	
383	商品を購入した人にもれなくおまけをつける方法のことを何というか。	
384	価格はそのままで容量を増やして，割安感を訴求する方法のことを何というか。	
385	複数をまとめてセット販売する方法のことを何というか。	
386	小売業が消費者に対して行うセールス・プロモーションのことを何というか。	
387	価格を単純に下げて安さを強調する方法のことを何というか。	
388	集客のために極めて低価格に設定された商品のことを何というか。	
389	店舗の入り口や棚の端など目立つ場所に目立つように商品を並べる方法のことを何というか。	
390	来店客の目の前で商品を実際に使って性能を実際に見せたり，食品を調理して試食してもらったりする方法のことを何というか。	
391	POP広告の中でも，陳列した商品のすぐ近くに設置するものを何というか。	
392	顧客と対面で商品の情報を伝えて，販売を行う活動のことを何というか。	
393	主に企業を顧客として，商品を販売する一連の活動のことを何というか。	
394	取引相手である顧客との交渉を何というか。	
395	主に小売店舗で来店客に対して商品の説明を行い，販売する一連の活動のことを何というか。	
396	顧客を引きつけ，維持し，関係性を強めていくマーケティングの考え方を何というか。	
397	小さな要求から徐々に大きな要求へと水準を上げていくテクニックのことを何というか。	
398	最初に過大な要求を出して，徐々に要求の水準を下げていくテクニックのことを何というか。	
399	「これだけじゃないよ」と徐々におまけを付加していき，お得感を訴求するテクニックのことを何というか。	
400	広告，広報，セールス・プロモーション，販売員活動の四つの活動を総合したプロモーションのことを何というか。	

401	マーケティング・コミュニケーションを効果的かつ効率的に統合する考え方のことを何というか。	
402	消費者が商品やブランドに関する情報を受け取る接点のことを何というか。	
403	統合型マーケティング・コミュニケーション(IMC)において，接点をうまくつなげることを表す用語を何というか。	
404	顧客の経験を旅にたとえた用語を何というか。	
405	動画共有サイトで流れる広告のことを何というか。	
406	WebサイトやSNSで，他の記事や投稿に溶け込んだ広告のことを何というか。	
407	リアルタイムで商品の紹介動画を流す通信販売のことを何というか。	
408	広告効果を高めるために，コピーやデザインが異なる2種類の広告をランダムに表示して，どちらの広告のほうがクリック率が高いかを検証する試験のことを何というか。	
409	インターネット上のクチコミのことを何というか。	
410	写真を投稿するアプリの流行に伴い，企業が意識するようになった写真映えのことを何というか。	
411	世間や消費者に対して大きな影響力を持つ人のことを何というか。	
412	企業がインフルエンサーとタイアップした広告を出稿することで話題化によるクチコミを促すといったマーケティングのことを何というか。	
413	商品を実際よりも過大に良く見せる不当表示や，過大な景品類の提供が行われないようにするために定められている法律のことを何というか。	
414	3種類ある，商品を実際よりも過大に良く見せることを何というか。	
415	商品の品質や規格などの内容が事実と異なって著しく優良だと消費者に誤認されるおそれがある表示のことを何というか。	
416	商品の価格を著しく安く見せかけるなど，取引条件を著しく有利に見せかけ，消費者に誤認させるおそれがある表示のことを何というか。	
417	企業や業界が独自に制定するルールのことを何というか。	
418	法律に準じて運用する業界団体が作成した自主的なルールのことを何というか。	
419	プロモーションを実行する際に求められる，企業自身による積極的な倫理への配慮を何というか。	
420	企業から金銭や物品など利益供与されているのにもかかわらず，それを意図的に隠し中立的な立場から商品を勧めているかのように装うことを何というか。	

第1回
商業経済検定模擬試験問題
［マーケティング］

解答上の注意

1．この問題のページはp.22からp.35までです。
2．解答はすべて別紙解答用紙（p.117）に記入し
なさい。
3．文字または数字で記入するもの以外はすべて
記号で答えなさい。
4．計算用具などの持ち込みはできません。
5．制限時間は50分です。

1 次の文章を読み，問いに答えなさい。

　マーケティングとは，製品やサービスが売れるしくみをつくることである。そのため，製品やサービスを「売る」のではなく，「売れるようにする」という考え方が重要であるが，このようなマーケティングの考え方は，時代の流れとともに変化してきている。

　マーケティングは，1900年頃のアメリカで誕生し，日本に本格的に導入されたのは1950年代である。この頃の日本は，「三種の神器」が普及した頃で，とにかく「つくれば売れる」という生産志向が主流であったが，高度経済成長期以降の「良いものをつくれば売れる」という製品志向の時代と，その後の景気減速に対応して販売に力を入れた販売志向の時代を経て，消費者のニーズや満足度を重要視する消費者志向へと変化してきた。つまり，マーケティングは，(a)企業を起点とした考え方から脱却し，消費者を起点にした考え方へ変化してきたのである。

　そして，現代においては，社会的責任や社会貢献を果たすといった社会全体の課題解決につながるものをつくって売る社会志向が広まっている。なかでも，企業が一定の利益を確保するとともに，社会貢献や社会的に意義のある活動を行っていくといった(b)利益確保と社会貢献を両立するマーケティングを取り入れる企業も増えている。

　また，現代市場の変化は激しさを増しているが，マーケティングは，変化の激しい市場へ適応していくだけでは十分とはいえない。消費者の声に耳を傾け，消費者が抱える課題を解決するような製品やサービスを提供すると同時に，(c)新しい技術やアイディアによってイノベーションを起こし，新たな市場を自ら創造していくことも重要である。

問1．下線部(a)の変化について，次のなかから最も適切なものを一つ選びなさい。
　　ア．「プロダクト・アウト」の考え方から「マーケット・イン」へ変化してきた。
　　イ．「プロダクト・イン」の考え方から「マーケット・アウト」へ変化してきた。
　　ウ．「マーケット・イン」の考え方から「プロダクト・アウト」へ変化してきた。
　　エ．「マーケット・アウト」の考え方から「プロダクト・イン」へ変化してきた。

問2．下線部(b)を何というか，次のなかから正しいものを一つ選びなさい。
　　ア．ワン・トゥ・ワン・マーケティング
　　イ．コーズ・リレーテッド・マーケティング
　　ウ．ステルス・マーケティング

問3．下線部(c)の具体例について，次のなかから適切ではないものを一つ選びなさい。
　　ア．従来のメガネは視力矯正目的であったが，パソコンやスマートフォンの「ブルーライトから目を守る」ことを目的とした新しいメガネを開発した。
　　イ．洗濯時における洗剤の計量による汚れや手間などを解消するため，片手でそのまま洗濯機へ投入できるジェルボール型の液体洗剤を発売した。
　　ウ．カップ焼きそばの湯切りの際に，中身がこぼれやすいという意見が多く寄せられたため，注意書きをふたに大きく印字することにした。

2 次の文章を読み，問いに答えなさい。

　どんなに商品が売れても，その商品を使用した消費者に十分な満足感を得てもらうことができなければ，ビジネスとしては成立しない。

　一般的に消費者に満足感を得てもらうためには，消費者が商品購入前に抱いていた　①　水準をその商品の　②　水準が上回っている必要がある。逆に消費者の　①　水準を　②　水準が上回ることができなければ消費者は不満を抱く。ただし，消費者に満足してもらうために必要な要素は商品そのものだけではない。

　高級自動車を販売するA社は，自社商品を購入したユーザーが，購入後にもかかわらず自社商品の広告やカタログを読み込むことが多いという事実を知り，購入後のユーザーに対するアフターフォローが大切だと考え，自社商品を購入したオーナーを対象とした会員制サイトを充実させている。

　これは単に顧客管理や販売促進のために発信するものではなく，(a)ユーザー自身が，「欲しかった車を買うことができた」という感情の一方で，「こんなに高額な買い物をしてしまって本当に良かったのだろうか」という不安を抱いた場合に，この不安を解消させ，購入を正当化させるために，改めてA社の商品の良さや魅力を伝えたり，ユーザー同士の交流を図ったりすることで，「やっぱり購入してよかった」と思えるような場を提供しているのである。このように消費者が商品購入後の評価を行う際，商品自体の便益はもちろんのこと，その企業のアフターフォロー体制が大きな影響を与えることもある。

　なお，(b)商品に対して不満を抱いた消費者のなかには，クレームの電話を入れたり，不買運動などの行動を起こす人もいる。近年は，その不満がSNSなどによって発信されることも多い。そのため，消費者の不満はその消費者1人の信頼を失うだけでなく，その消費者の発信によって負のイメージを抱いた人たち，その負のイメージを抱いた人たちが広めていったさらに先の人たちと，多くの人の信頼を失うことにもつながりかねないため，きちんとした対応が求められる。

問1．文中の　①　と　②　に当てはまる語句の組み合わせとして，次のなかから正しいものを一つ選びなさい。

　ア．①「成果」・②「期待」　　イ．①「期待」・②「成果」　　ウ．①「結果」・②「創造」

問2．下線部(a)のような違和感を抱くことを何というか，漢字6文字で正しい用語を記入しなさい。

問3．下線部(b)のような消費者への対応における心がけとして，次のなかから最も適切なものを一つ選びなさい。

　ア．悪いクチコミが広がらないよう，「ここだけの話にして欲しい」とお願いする。

　イ．消費者の抱いた気持ちやその思いに至った経緯にきちんと耳を傾けるようにする。

　ウ．理由や経緯を聞き出し，消費者側に問題があれば，そこを強く指摘するようにする。

3 次の文章を読み，問いに答えなさい。

　保険会社Ａ社は，「保険料を半分にして，若い人たちが安心して赤ちゃんを産み，育てられる社会を創りたい」という創業理念からスタートした会社である。

　そんなＡ社は，(a)「高額な保険料は負担できない・したくないと考える若年層」を主要な顧客とした掛け金の安い保険商品を提供している。保険料を安くするには，コストを削減する必要がある。そのため，従来のような(b)営業担当者が，顧客のもとへ訪問するスタイルではなく，インターネットによる販売を軸としている点が大きな特徴である。そして，24時間365日いつでもＷｅｂで申し込みや契約後の諸手続きが可能であるという利便性や，内容のシンプルな保険商品を低価格で提供するというＡ社の(c)ポジショニングは極めて明確なものとなっている。

　また，インターネット販売のため，不明な点があれば，自ら調べる必要があるが，主要顧客である若年層にとっては難しいことではない。むしろ，「インターネット販売に特化しているから安くなる」と，理由を明らかにすることで，安さによって引き起こされる不安を払拭することができる。

　このような商品設計はターゲットをインターネット販売に抵抗感の少ない若年層にしているため成立している。昔ながらの訪問スタイルが定着している年配者や特殊な保険商品を求める顧客を対象とする場合は，営業担当者が訪問し，丁寧な説明を行う販売方法のほうが受け入れられやすいことだろう。

　このように，ビジネスを展開する際は，市場調査で収集したデータなどをもとに，市場を一定の基準で細分化し，細分化されたどの市場を対象としていくかを見定め，自社はどのような位置づけで勝負していくかを明確にする　　　　　が重要となる。

問１． 下線部(a)のように，対象となる顧客の集まりを決めることを何というか，次のなかから正しいものを一つ選びなさい。
　ア．セグメンテーション　　イ．ターゲティング　　ウ．ポジショニング

問２． 本文の主旨から，下線部(b)のような変革を行う理由について，次のなかから最も適切なものを一つ選びなさい。
　ア．店舗の運営や営業担当者の人件費といった固定費を大きく削減できるため。
　イ．若年層の多くが対面でのコミュニケーションを拒絶したがるため。
　ウ．保障内容や支払理由などを顧客に曖昧にしたままのほうが，すばやく契約が行えるため。

問３． 下線部(c)の説明として，次のなかから最も適切なものを一つ選びなさい。
　ア．製品やサービスの製品ライフサイクルにおける位置を特定すること。
　イ．自社の経営上の課題やマーケティングにおける問題点を特定すること。
　ウ．製品やサービスに対する消費者のイメージや自社の立ち位置を決めること。

問４． 文中　　　　　に当てはまるものとして，英字３文字で正しい語句を記入しなさい。

④ 次の文章を読み，問いに答えなさい。

スーパーマーケットチェーンのＡ社はＸ県の南部を中心に50店舗を展開しており，長年，地域で愛され続けている。近年，地域に競合する小売店の出店が相次ぎ，危機感を強めている。そのため，店舗で販売する弁当による差別化を計画し，市場調査を実施することにした。以下がその概要である。

調査の第一段階

まず，Ａ社は自社のＰＯＳデータのほか，さまざまな団体が公表している弁当や外食についての統計資料，業界紙や経済紙の記事などから弁当に関する現状把握を試みた。分析の結果，弁当で競合するコンビニエンスストアやほかのスーパーマーケットの状況や全国的な弁当のトレンドなどを整理することができた。そして，自社のＰＯＳデータから，平日の昼間に在宅している主婦や高齢者層をターゲットとして全店舗でお昼に販売している380円の日替わり弁当について，特定の店舗で20代から50代までの男性の売上が一定数あることが分かった。それらの特定の店舗の従業員に聞き取り調査を行った結果，近隣の企業の従業員が昼休みに購入しているのではないかということが予想された。

調査の第二段階

次に，第一段階で(a)把握した現状をもとに，調査仮説を導き出す作業を行った。特に第一段階で把握した企業の従業員が昼休みに購入しているという予想に基づき，「20代から50代の男性に好まれる弁当が少ないため，その需要をコンビニエンスストアや外食産業に奪われている」，「企業の事業所などが近隣に多数ある場所に立地している店舗には，20代から50代の男性の弁当に対する需要がある」，「高カロリーでボリュームのある弁当を販売すれば，20代から50代の男性への売上が増加する」という(b)調査仮説を導いた。

調査の第三段階

第二段階で導かれた(c)調査仮説の絞り込みを，本格的な調査に先立ち，少数の対象への調査から行うことにした。従業員の家族である20代から50代の男性10人を対象に，平日の昼食に関する定性調査を行った。調査の結果，「昼食を購入する人の多くはコンビニエンスストアを利用していること」，「昼休みの時間が短く，身近な店舗でしか購入できないこと」，「多くの調査対象がスーパーマーケットで弁当を購入するのは面倒であると考えていること」が分かった。これらの結果により，調査仮説を「弁当を気軽に購入できる環境を整えれば，コンビニエンスストアに奪われている需要を取り戻すことが可能である」と絞り込み，本格的な調査を実施することにした。

本格的な調査については，市場調査を専門としている企業に外注することになった。まず，(d)調査対象となる集団全体を「20代から50代の男性」と設定し，その企業が保有する調査が可能な「20代から50代の男性」からＸ県南部在住の人物を抽出し，(e)20代，30代，40代，50代がそれぞれ50人になるように無作為に抽出した合計200人を対象に郵送法による(f)定量調査を行った。調査の結果，「スーパーマーケットの店内で調理された弁当に魅力を感じているが，購入に手間がかかることからコンビニエンスストアで弁当を購入している」という層が多く存在していることが確認された。

このことからＡ社は，近隣に事業所が多い店舗を一つ選び，店舗のレイアウトを見直し，「弁当エキスプレス」と称した弁当と飲み物やカップみそ汁などを簡単に選べるコーナーを新設し，セルフレジで簡単に決済を済ませられるようにした。その結果，その店舗の弁当の売上が大幅にアップした。Ａ社は，今後，このような取り組みを店舗の立地に合わせて拡大する予定である。

問１．下線部(a)を何というか，次のなかから正しいものを一つ選びなさい。

ア．仮説導出　　イ．仮説検証　　ウ．現状把握

問２．下線部(b)について，次のなかから適切なものを一つ選びなさい。

ア．複数の調査仮説を考案し，それぞれの仮説を検証することが望ましい。

イ．調査仮説が複数ある場合は，最も有力だと思われる一つに絞り，検証することが望ましい。

ウ．一つの調査仮説を導き出すことを前提に，作業を行うことが望ましい。

問３．本文の主旨から，下線部(c)を何というか，次のなかから適切なものを一つ選びなさい。

ア．予備調査　　イ．本調査　　ウ．調査報告

問４．下線部(d)を何というか，漢字３文字で正しい用語を記入しなさい。

問５．下線部(e)の抽出法を何というか，次のなかから最も適切なものを一つ選びなさい。

ア．単純無作為抽出法　　イ．系統的抽出法　　ウ．層化抽出法

問６．下線部(f)の説明として，次のなかから適切なものを一つ選びなさい。

ア．調査の結果が，言葉や文章などで得られることを目的とした調査

イ．調査の結果が，数値化されて得られることを目的とした調査

ウ．新しいアイディアを得ることを目的に，特に質問などを決めずに行う調査

5 次の文章を読み，問いに答えなさい。

　ハーバードビジネススクール元教授のセオドア・レビット博士の有名な言葉に，(a)「人々が欲しているのは４分の１インチのドリルではない。彼らは４分の１インチの穴が欲しいのだ。」というものがある。これは，世界中のマーケティング担当者や研究者たちに語り継がれている有名な言葉で，マーケティングを展開していくうえで，とても大切な視点を示唆している。

　このような視点をきちんと持っていないと，企業は，(b)自社が開発した製品に着目しすぎて，顧客をおろそかにしてしまう事態に陥りかねない。そのような状況を避けるためには，まず自社の競合をきちんと捉えておく必要がある。たとえば，化粧品を販売する企業であれば，化粧品という製品そのものでなく，(c)便益を考えることで，(d)自社の競合となるものが化粧品以外にもあることに気づくことができる。

　また，ニーズとウォンツをきちんと区別することも重要である。ニーズとは，「○○して欲しい」「△△になりたい」という満たされない気持ちのことであり，ウォンツとは，その「ニーズを満たす具体的なもの・こと」を指している。そのように整理すると，製品は　　　　　　と考えることができる。製品にとらわれてしまうと，顧客の本質的な欲求を見落としかねないので注意が必要である。

問１．本文の主旨から，下線部(a)が伝えようとしていることは何か，次のなかから最も適切なものを一つ選びなさい。

　ア．製品は期待以上の効果を提供してくれるものでなくてはならない。そのため，顧客の視点に立ち，期待以上の製品をつくるための努力をすることが大切である。

　イ．製品や機能そのものにとらわれるのではなく，その製品がどのような便益をもたらすかという本質をみることが大切である。

　ウ．製品を売るというメーカーの視点ではなく，製品が自然と売れていくというしくみをつくりあげることが大切である。

問２．下線部(b)を何というか。次のなかから正しいものを一つ選びなさい。

　　ア．マーケティング・ミックス　　　イ．マーケティング・マイオピア　　　ウ．期待不一致モデル

問３．下線部(c)の説明として，次のなかから適切なものを一つ選びなさい。

　　ア．企業が社会全体の利益向上のために取り組んでいる活動のこと

　　イ．製品の簡便な利用方法や効果的な組み合わせのこと

　　ウ．その製品が提供してくれる機能や価値のこと

問４．下線部(d)を一つの要素として，マーケティング環境を分析するフレームワークは何か，次のなかから正しいものを一つ選びなさい。

　　ア．３Ｃ分析　　　イ．ＰＥＳＴ分析　　　ウ．ＶＲＩＯ分析

問５．本文の主旨から，　　　　　　に当てはまるものとして，４文字で正しい語句を記入しなさい。

6 次の文章を読み，問いに答えなさい。

　食品メーカーA社は，冷凍食品市場の拡大が見込まれているなか，自社の代表的な冷凍食品の一つである五目炒飯の売上が低迷している原因を探るために調査を行うことにした。

　調査の一環として，担当者が数多くの飲食店において炒飯を食べ歩いてみると，「ラーメン店で炒飯を注文する客は男性が多い」，「ラーメン店の炒飯はシンプルで少量の具材で炒めてあり，強い香り・味・コクが楽しめる」という二つの共通点がみつかった。これはA社が販売している五目炒飯の「ファミリー層や高齢の女性」というターゲットや，「具だくさんで具材本来の味が楽しめる」という特徴とは相反するものであった。

　そこで，既存の五目炒飯の改良を行うのではなく，(a)これまでの調査をもとに，ターゲットや方向性を変えた新しい冷凍炒飯を開発し，A社の(b)冷凍炒飯部門を充実させていくことにした。

　(c)新製品の方向性は，男性をターゲットとした，にんにくとネギ油のうま味にこだわったボリュームのある炒飯とした。ラーメン店で炒飯の量を徹底的に調査した結果，1袋600 gという大盛り2回分の量となった。パッケージも男性向け商品であることを意識した黒を基調とした正方形の目立つものとすることで，従来の冷凍炒飯とはコンセプトが異なることを訴求することにした。

　その後，何度も製品やパッケージの(d)試作を重ね，満を持して市場へ投入された。結果は，担当者の予想以上の売上を獲得することとなり，翌年の冷凍炒飯の売上ランキングにおいて見事1位を獲得することができた。現在ではその後にリニューアルされた「五目炒飯」とともにA社の冷凍食品部門をけん引する主力商品となっている。

問1．下線部(a)のような新製品の開発方針を何というか，次のなかから適切なものを一つ選びなさい。
　ア．新ブランド　　　イ．マルチブランド　　　ウ．ブランド拡張

問2．下線部(a)(b)の説明として，次のなかから適切なものを一つ選びなさい。
　ア．製品アイテムを増やすことで，製品ミックスを深めていく。
　イ．製品アイテムを増やすことで，製品ミックスの幅を広げていく。
　ウ．製品アイテムを増やすことで，製品ミックスの幅を広げるとともに深めていく。

問3．下線部(c)を何というか，次のなかから正しいものを一つ選びなさい。
　ア．製品コンセプト　　　イ．ベネフィット　　　ウ．ウォンツ

問4．下線部(d)において，製作される試作品を何というか，カタカナ6文字で正しい用語を記入しなさい。

問5．下線部(d)の次にテスト・マーケティングが行われる場合がある。その目的として，次のなかから最も適切なものを一つ選びなさい。
　ア．競合企業の製品の販売価格をチェックしてまわり，価格設定のための情報収集を行う。
　イ．消費者のニーズを調査し，新たな製品開発の方向性を決定するための情報収集を行う。
　ウ．本格的に市場へ投入する前に，価格設定やパッケージ，生産工程などの最終確認を行う。

7 次の文章を読み，問いに答えなさい。

　2020年代に入り，高校生のスマートフォン所有率は98％を超えたという。このようなことからもわかるように，スマートフォンは現代社会においてなくてはならないアイテムの一つになっている。

　そんなスマートフォンの利用状況について調査を行ってみると，10代や20代では，従来の機能である「通話」「情報検索」よりも「動画視聴」「音楽視聴」「ゲーム」の利用時間が圧倒的に多いことが分かった。特に「動画視聴」「音楽視聴」については，Ｗｉ-Ｆｉ環境の整備が進み，大容量通信が可能となったことと，月額980円というように(a)利用期間に応じて，一定額を支払うことで，コンテンツを自由に視聴できる価格設定のサービスが普及したことが大きく影響している。なお，このような価格設定は，マンガや書籍の閲覧サービスなどにも広がっている。

　スマートフォンの「ゲーム」については，有料コンテンツ以外に，無料で遊べるものも多いが，ゲームを有利に進めたり，新たなステージへ挑戦したりするためには「課金」が必要となることがある。このように(b)最初は無料だが，気に入ったら「課金」をしてもらうという，これまでゲーム業界で主流とされてきた(c)キャプティブ価格とは一線を画した価格設定の方法も普及している。

　このほかにも，スマートフォンが一つあれば，カメラによる写真や動画の撮影，メッセンジャーアプリによる情報共有，そして，キャッシュレス決済も可能である。近年は，カメラや財布を持ち歩かない若者が増えるなど，スマートフォンの普及によって，ライフスタイルも大きく変化している。

問１．下線部(a)のような価格設定の方法を何というか，カタカナで正しい用語を記入しなさい。

問２．下線部(b)のような価格設定を何というか，次のなかから正しいものを一つ選びなさい。
　ア．ライニング価格　　イ．フリーミアム　　ウ．慣習価格

問３．下線部(c)の説明として，次のなかから適切なものを一つ選びなさい。
　ア．ゲーム機本体を安く販売し，その後，多様なゲームソフトを販売し，ゲームソフトをいくつも追加で購入してもらうことで，利益が出せるように設定する価格のこと。
　イ．消費者が商品を選択しやすいように，多様なゲームソフトを高価格，中価格，低価格といくつかの段階に分類して設定する価格のこと。
　ウ．ゲーム機やゲームソフトの価格をあえて高めに設定することで，ブランド価値を高め，メーカーの社会的地位を消費者に知らしめること。

8 次の文章を読み，問いに答えなさい。

　首都圏に小規模なスーパーマーケットを5店舗展開するA社では，大手チェーン店がナショナル・ブランド商品を中心に低価格志向を強めるなか，大手チェーン店に負けない価格戦略で売上高を伸ばしている。

　特に主軸となる青果へのこだわりは強く，一般的なスーパーマーケットよりも10％〜20％前後安い価格で提供している。これは徹底的に近隣店舗の販売価格の調査を行うことで，(a)他店の販売価格を把握してから自社での販売価格を決められるという，小規模ならではの柔軟性が最大限活かされた結果である。

　しかし，(b)安い価格で提供すると「安かろう悪かろう」というイメージを抱く顧客も出てくるため，市場から仕入れたばかりの鮮度の良いものを販売するよう徹底することで，顧客の不安を払拭し，信頼を得ている。

　また，A社店舗の売り場を見てみると，(c)「98円」や「198円」など端数価格を強調した値札やPOP広告が数多く掲げられている。特に広告商品や特売品の赤や黄色などの値札は目につきやすく，これらの商品に手を伸ばす消費者も多い。

　食料品は日々の生活に欠かせない商品であり，消費者は価格の変化に対してとても敏感である。そのため商品の価格をどのように設定するかが，ビジネスを展開していくうえでは重要となる。

問1．下線部(a)のような競合商品の価格を何というか，次のなかから正しいものを一つ選びなさい。
　ア．慣習価格　　イ．希望小売価格　　ウ．実勢価格

問2．下線部(b)のような状況の説明として，次のなかから最も適切なものを一つ選びなさい。
　ア．消費者における価格の意味のうち，「支出の痛み」で説明できる。
　イ．消費者における価格の意味のうち，「プレステージ性」で説明できる。
　ウ．消費者における価格の意味のうち，「品質のバロメーター」で説明できる。

問3．下線部(c)のような価格設定を行う理由について，次のなかから適切なものを一つ選びなさい。
　ア．「98円」や「198円」のように，意図的に9や8など大きな数字を使用することで，商品のプレステージ性を高め，店舗の魅力を向上させるため。
　イ．「98円」や「198円」のように，意図的にキリの悪い価格を設定することで，値引き感を強調させ，商品のお買い得感を出すため。
　ウ．「98円」や「198円」のように，意図的に半端な価格を設定することで，会計におけるつり銭の発生率を上げ，小銭の流通量を調整しているため。

9 　次の文章を読み，問いに答えなさい。

　A社は1887年，オルガンを製造する企業として創立した。その後，1900年からピアノの製造を始め，その後，総合的な楽器メーカーとして世界的な地位を確立するとともに，さまざまな分野への多角化を進め，音楽関連事業のほか，スポーツ用品事業やレクリエーション事業などに進出している。また，A社の事業の一つから独立した企業が，世界を代表するオートバイメーカーとして成功している。

　(a)A社の楽器を販売できる小売業は，A社が認めた各地の楽器店のみであり，それぞれの楽器店は，ほぼA社の楽器のみの品揃えであり，他社の楽器を取り扱っていないことが多い。A社とそれぞれの楽器店は，(b)短いチャネルで結ばれている。そして，(c)それぞれの小売店が地域で重複しないように配置され，テリトリー制が確立されており，地域の小学校・中学校・高校への販売などを独占的に行っていることが多い。加えて，音楽教室を設置していることが多く，教室での収益のほか，音楽教室で学んだ生徒がA社の楽器を購入するというビジネス・モデルを実践している。

　今日，少子化などにより，高度経済成長期ほど楽器の需要は見込めないが，A社は大人向けの音楽教室を開き，新たな市場を開拓している。また，電子ピアノの分野でも国際的なトップメーカーとなっており，国内や欧米のほかの楽器メーカーとは一線を画した経営で，大きな存在感を保っている。

問1．下線部(a)のようなチャネルを何というか，次のなかから最も適切なものを一つ選びなさい。
　ア．排他的チャネル　　イ．選択的チャネル　　ウ．開放的チャネル

問2．下線部(b)の説明として，次のなかから最も適切なものを一つ選びなさい。
　ア．地産地消のような取り組みにより，生産者と消費者の物理的な距離が近いチャネルのこと
　イ．航空輸送などを導入することにより，生産から消費までの時間を短縮したチャネルのこと
　ウ．卸売業を介さない直接取引のように，流通業を経由する回数が少ないチャネルのこと

問3．本文の主旨から，下線部(c)によるA社のメリットとして，次のなかから適切なものを一つ選びなさい。
　ア．小売業同士の値引き競争が回避でき，自社商品の価格の維持やブランド・イメージの管理が可能になる。
　イ．消費者が購入できる店舗が限られているため，自社商品の売上の増加は見込めないが，希少価値が生まれ，非常に高い価格で取引されるようになる。
　ウ．消費者にとって利便性が高まり，自社商品が多くの消費者に届きやすくなるとともに，適正な価格が維持されやすい。

10 次の文章を読み，問いに答えなさい。

　1990年代後半，フリースウェアの大ヒットにより日本のアパレル業界のトップにおどり出たＡ社は，現在も，高品質で低価格の商品や先進的なマーケティングの手法などで大きな存在感をみせている。

　Ａ社は，(a)商品の企画から製造，物流，小売まで商品供給に関わるすべての活動を１社で展開している。たとえば，Ｔシャツにおいては，(b)素材の綿の調達から，生地への紡績，生地からＴシャツへの縫製，そして販売までの一連のプロセスを適切に管理し，適切な在庫の維持や低価格を実現している。また，店舗の運営に関しては，他社に先駆けて(c)ＲＦＩＤを取り入れ，レジ精算や在庫管理などにかかる時間や労力を大幅に削減している。

　Ａ社の台頭によって，国内のアパレル業界は大きく変化している。たとえば，本来はさまざまなメーカーの商品から自社のコンセプトに合った良い商品を集めて売る形式のセレクトショップといわれる業態がある。大手のセレクトショップは，(d)小売業であるセレクトショップ自らが企画し，生産をメーカーに委託し，自社ブランドで販売する製品や，メーカーの商品をセレクトショップのコンセプトに合うようにマイナーチェンジをすることをメーカーに委託し，メーカーのブランドで販売する別注という商品の取扱いを増やし，Ａ社のような業態と対抗している。

　これらの例のような，本来は分離していたメーカー，卸売業，小売業などが，協力や一体化する取り組みを製販連携という。今後，製販連携の進化はますます加速するであろう。

問１．下線部(a)を一般的に何というか，英字３文字で正しい用語を記入しなさい。

問２．下線部(b)のようなプロセスを何というか，次のなかから正しいものを一つ選びなさい。
　ア．流通チャネル　　イ．販路　　ウ．サプライ・チェーン

問３．下線部(c)の説明として，次のなかから適切なものを一つ選びなさい。
　ア．バーコードを，バーコードリーダーで読み取り，商品を識別するシステム
　イ．商品の形状を，複数のカメラで読み取り，商品を識別するシステム
　ウ．ＩＣタグを，無線により読み取り，商品を識別するシステム

問４．下線部(d)のような商品を何というか，次のなかから正しいものを一つ選びなさい。
　ア．プライベート・ブランド商品　　イ．ナショナル・ブランド商品　　ウ．ノーブランド商品

11 次の文章を読み，問いに答えなさい。

A社は，イヤホンの新型モデルを発売することになった。主なターゲットとして想定したのは，「音楽が好きで，流行に敏感な女子高校生」であった。そして，より細かい人物設定として，「学校に電車で通う17歳の高校生で，バスケットボール部に所属し，J-POPの○○の大ファンでインターネットの動画配信を毎日見ている。SNSで新しい情報を常にチェックし，時々，自分で撮った写真や動画を公開している。メッセージアプリで周囲とコミュニケーションをとるのが好きなXさん」という架空の人を想定した。1月10日の発売日に向け，Xさんが新型イヤホンを購買する過程を以下のように想定し，プロモーションを実行することにした。

まず，(a)12月2日にXさんが動画投稿サイト「ワイチューブ」で動画を見ていると，「真に女性のためのイヤホン，遂に登場」という6秒間のCMが流れた。イヤホンをつけた女性の画像がとても印象的であった。

そのCMにくり返し触れたXさんは，12月6日にA社のWebサイトでこのイヤホンを調べてみた。機能や性能以上に，女子高校生の大きな支持を集めている(b)女性アーティストのYさんの好意的なレビューが気になり，Xさんはこのイヤホンが欲しいという気持ちが強くなった。また，12月中にこのWebサイトから予約し，指定された家電量販店で商品を受け取る契約をした人，先着1,000人にその女性アーティストとコラボした限定カラーのイヤホンケースがプレゼントされることに心が引かれ，購入するのであれば12月中に決めなければと記憶した。このことはSNSでも話題になっており，(c)SNSで多くのフォロワーを持つZさんも絶対欲しいとつぶやいていた。

12月20日にWebサイトで予約の限定数まで残りわずかであるということを知り，お年玉をもらえるだろうから代金引換を選べば大丈夫と思い，予約することを決心し，その場で予約した。

年が明けた1月10日に父親と家電量販店に行き，イヤホンを受け取った。帰宅すると，真っ先に(d)SNSに写真を投稿した。あっという間に「いいね」が集まりうれしかった。また，Zさんが予想以上に音が良いと投稿していることを知り，買ってよかったと大満足であった。

問1．下線部(a)の時点でのXさんの心理の段階を示すものとして，次のなかから適切なものを一つ選びなさい。

　ア．CMによりイヤホンに注目し，興味を抱いた。

　イ．CMによりイヤホンへの興味が，欲求へと変わった。

　ウ．CMによりイヤホンへの欲求が高まり，行動へと移った。

問2．本文の主旨から，下線部(b)と下線部(c)に当てはまる組み合わせとして，次のなかから最も適切なものを一つ選びなさい。

　ア．(b)消費者モニター　(c)オピニオン・リーダー

　イ．(b)消費者モニター　(c)インフルエンサー

　ウ．(b)オピニオン・リーダー　(c)インフルエンサー

問3．下線部(d)の説明として，次のなかから最も適切なものを一つ選びなさい。

　ア．インターネットが普及したことによって新たに発生した，共有という段階である。

　イ．インターネットが普及したことによって新たに発生した，検索という段階である。

　ウ．インターネットが普及したことによって新たに発生した，行動という段階である。

⑫ 次の文章を読み，問いに答えなさい。

製菓会社Ａ社は，日本の製パン会社とアメリカの製菓会社，日本の総合商社の合弁企業として発足した。現在はアメリカの製菓会社との資本関係を解消し，ライセンス契約も終了したため，社名を変更している。

(a)Ａ社はサッカーのカップ戦（トーナメントにより優勝を決める大会）の協賛企業として金銭的支援を長く行っている。このカップ戦はＡ社の主力商品であるクラッカーのＸの名前を冠し，Ｘカップという名称で行われており，同一企業の協賛としては世界で最も長く続くプロサッカーリーグの大会としてギネスブックにも認定されている。サッカーファンをはじめとした多くの人に存在が浸透しており，Ａ社のブランド・イメージの向上に大きな役割を果たしている。

Ａ社はクラッカーのＸについては，男性アイドルグループによる(b)テレビＣＭを行っている。ＣＭでは，男性アイドルグループのメンバーがさまざまな場面でＸを食べるシーンが流され，Ｘをおやつ以外の目的でも食べてもらおうとするものである。また，同時にＡ社が行っているキャンペーンはＸを購入した際のレシートの画像を送ると抽選で男性アイドルグループのグッズがもらえるというものである。Ｘの消費拡大のほか，(c)レシートの内容をマーケティングに利用する目的があると考えられる。

Ａ社は，それまでのつぶやき型のＳＮＳに加え，2022年から写真投稿ＳＮＳで公式アカウントを開設した。今後は新しいメディアによるプロモーションも積極的に利用するであろう。

問１．本文の主旨から，下線部(a)は何に分類されるか，次のなかから適切なものを一つ選びなさい。
　ア．広告　　イ．広報　　　ウ．セールス・プロモーション

問２．本文の主旨から，下線部(a)のような活動を何というか，カタカナ８文字で用語を記入しなさい。

問３．下線部(b)の特徴として，次のなかから適切なものを一つ選びなさい。
　ア．特定の狭いターゲットに対し，専門性が高い情報を深く届けるものが多い。
　イ．自動車の運転中や家事などの仕事中に聞く人が多く，くり返すことで記憶に浸透していく。
　ウ．短期間に多数の視聴者に映像と音で伝えるため，時間的には短いが強い訴求力がある。

問４．下線部(c)の目的として，次のなかから最も適切なものを一つ選びなさい。
　ア．Ｘが，どのチャネルで，どのような商品とともに買われているかなどを知る。
　イ．Ｘの購入者が，どのような所得で，どのような家族構成の人かなどを知る。
　ウ．Ｘの購入者が，どのメディアの広告により，今回の購買に至ったかを知る。

13　次の文章を読み，問いに答えなさい。

　大学生のAさんはオートバイが趣味である。最近，一人でキャンプをする「ソロキャンプ」というものに関心を持っており，キャンプ用品を揃えたいと考えている。テントについては，クチコミでも評価が高いX社のテントに興味があるが，X社は販売店を限定しており，Aさんの住む地域では現物を見て買うことが難しかった。

　Aさんは，アウトドア雑誌のX社の広告を見て，動画共有サイト「ワイチューブ」にX社のチャンネルがあることを知った。早速，そのチャンネルの番組を見ていると，X社の(a)Ｗｅｂ動画広告が流れた。それは富士山の見えるキャンプ場でソロキャンプをしている映像であり，Aさんがあこがれているソロキャンプそのものであった。動画の最後にX社のＷｅｂサイトに，このキャンプ場などのよりくわしい情報があることが表示された。

　AさんはＷｅｂサイトを訪れ，Ｗｅｂ動画広告の情報に触れた。動画で使われているテントについても触れられていたためより欲しくなったが，現物を見ずに買うことに不安もあり，迷っていた。Ｗｅｂサイトを見ていると今週金曜日の18時から，(b)この商品について，動画共有サイトやＳＮＳのライブ配信で説明があることがＵＲＬなどとともに表示されていた。

　Aさんはそのライブ配信を動画共有サイトで見た。テレビショッピングのようなつくりであったが，視聴者はコメント欄を使い，質問や動画の感想を述べることができた。Aさんも質問をしたところ，動画内でその質問が読み上げられ，出演者が答えてくれた。また，動画内で，(c)今週中にＷｅｂサイトでこの商品を購入すると，テントの下に敷くシートや寝るときに敷くマットなどがおまけとして付いてくることが「これだけじゃないよ」という感じで徐々に提示された。

　動画共有サイトを見て，そのテントについての不安が解消されたAさんは，Ｗｅｂサイトからそのテントを購入することにした。

問１．下線部(a)の特徴として，次のなかから適切なものを一つ選びなさい。
　ア．消費者が情報に強い信頼感をもって接するため，情報に高い格式を持たせることができる。
　イ．広範囲なターゲットに向けて一斉に情報を流すことができ，情報の認知度を高められる。
　ウ．インターネットの閲覧記録などに基づき，ターゲットに効率よく情報を届けられる。

問２．本文の主旨から，下線部(b)を何というか，次のなかから正しいものを一つ選びなさい。
　ア．インフォマーシャル　　　イ．ライブコマース　　　ウ．プロダクト・プレイスメント

問３．下線部(c)のような販売員のテクニックを何というか，次のなかから正しいものを一つ選びなさい。
　ア．フット・イン・ザ・ドア・テクニック
　イ．ドア・イン・ザ・フェイス・テクニック
　ウ．ザッツ・ノット・オール・テクニック

問４．X社のように，顧客を自社とのさまざまなコンタクト・ポイントを上手につなげる方法を何というか，カタカナ７文字で正しい用語を記入しなさい。

第2回
商業経済検定模擬試験問題
［マーケティング］

解答上の注意

1．この問題のページはp.38からp.51までです。
2．解答はすべて別紙解答用紙(p.119)に記入しなさい。
3．文字または数字で記入するもの以外はすべて記号で答えなさい。
4．計算用具などの持ち込みはできません。
5．制限時間は50分です。

① 次の文章を読み，問いに答えなさい。

現代市場の変化には目まぐるしいものがある。特にデジタル化が進んだことによって，データ分析の重要性が増しており，ぼう大な取引データを処理するために，ディープラーニング技術の発展を背景としたＡＩの活用があらゆる企業で進められている。

通販サイトを運営するＡ社は，地方の中小商店であっても，(a)魅力的な商品を多くの人たちに提供できるインターネット上の仮想市場としての「場」を提供するビジネスを展開しており，これまで日本のインターネット通販市場をけん引してきた。

そんなＡ社は，これまでの取引に関するビッグデータを，個人を特定しない形で分析し，ユーザー属性ごとにパーソナル化することで，出店者がクーポンなどを適切な対象者に効果的なタイミングで発行できるようにした。一方，ユーザーには，表示するページを最適化させ，今求めている商品にいち早くアクセスすることが可能になるよう改良を図っている。

このような改良を行うためには，ぼう大なデータを多角的・多面的に効率よく分析する必要があり，ＡＩの活用は欠かすことができない。今後は，複数のＡＩによる協調についても研究を進め，人間とＡＩの仕事のすみ分けを進めていく方針を打ち出している。

また，現代市場の変化として，インターネットやスマートフォンの普及により，(b)消費者同士の取引が増えている点も特徴的である。中古品の売買や個人のスキル売買，民泊など，これまで企業が消費者へ提供してきたビジネスを消費者自身が気軽に行えるようになった。そのため，ビジネスの敷居が低くなり，市場が活性化する一方で，社会秩序を保つために多くの法的規制も必要となり，速やかな対応が求められている。

このほか，(c)IoTによる利便性の向上も広がっており，現代市場において，デジタル技術やインターネットはもはや欠かすことができないものとなっている。

問１．下線部(a)のようなビジネスを展開する事業者を何というか，次のなかから正しいものを一つ選びなさい。

ア．デジタル・トランスフォーメーション

イ．プラット・フォーマー

ウ．シェア・ビジネス

問２．下線部(b)のような取引形態を何というか，次のなかから正しいものを一つ選びなさい。

ア．BtoC　　イ．CtoC　　ウ．BtoB

問３．下線部(c)の説明として，次のなかから適切なものを一つ選びなさい。

ア．スマートフォンでアプリを操作することで，帰宅前にエアコンを稼働させ，帰宅時に部屋を快適な状態にしておくことができるなど，モノとインターネットを接続すること。

イ．インターネットを使用した自動発注システムのことで，近年は，ＡＩによる発注の自動化も可能となっており，店舗オペレーションの簡略化を進めることができる。

ウ．電波を用いてＩＣタグの情報を非接触で読み書きする自動認識技術のことで，衣料品店のレジなどで，バーコードをスキャンしなくても会計ができるシステムなどに利用されている。

② 次の文章を読み，問いに答えなさい。

　現代市場においては，技術革新や新たな流行によって，新たな商品が登場しては消え，それに替わるまた新たな商品が登場するといったサイクルがどんどん短くなっている。

　スマートフォンを中心としたメッセンジャーサービスを提供しているＡ社は，それまでコミュニケーションツールの中心であった携帯キャリア会社が提供しているメールサービスの欠点を突き，(a)既読確認，スタンプなどの画期的な機能を搭載した新しいサービスを2011年から提供している。今でこそＡ社のアプリは私たちの生活に欠かせないものの一つとなっているが，このＡ社のサービスも普及するまでにいくつかの段階を経てきた。

　Ａ社のサービスがアプリとして登場した際もほかの商品同様，まずは情報感度が高く，マニアと呼ばれるようなコアなユーザーが使用を始めた。その後，いわゆるガラケーからスマートフォンへの乗り換え期とも重なり，携帯電話の「機能」から「アプリ」という概念に変化したことに驚いた流行に敏感なユーザーが利用を始めた。すると，この(b)流行に敏感なユーザーたちがＡ社のサービスの良さを感じ取り，友人や知人へ「便利なアプリがあるよ」と，Ａ社のサービスをどんどんと広めていってくれたのである。この流行に敏感なユーザーたちが，クチコミなどでさらに広めていったが，この頃は社会全体を見ると，まだこのアプリを使用したことのないユーザーが多くいる状況であった。

　そして，Ａ社のサービスが若い世代を中心に普及してくると，(c)「家族が使用しているから」，「営業課の社員の多くが使っているから」といった周囲の人が使っているという理由や無料通話などの機能面も注目され，新しい商品に懐疑的な顧客たちも徐々に使用するようになっていったのである。

　今では「ラガード」と呼ばれる最も新しい商品を採用することが遅い層においてもＡ社のサービスが広がりつつあるが，そうなると新たなサービスが登場してくる可能性がある。かつて日常的に活用されていた携帯キャリア会社のメールサービスや音声通話が，Ａ社の新たなメッセンジャーサービスに市場シェアを奪われてきたように，今度はＡ社のサービスも後を追われる立場にある。今後も安心安全なサービスを提供する一方で，ユーザーたちのニーズに応えられるような画期的なアイディアが期待される。

問１．下線部(a)により新たな価値を創造することを何というか，カタカナ７文字で正しい用語を記入しなさい。

問２．下線部(b)のような人物のことを何というか，次のなかから正しいものを一つ選びなさい。
　ア．ブリッジ・ピープル　　イ．ニッチャー　　ウ．オピニオン・リーダー

問３．本文の主旨から，下線部(c)のような他者の集まりを何というか，次のなかから正しいものを一つ選びなさい。
　ア．母集団　　イ．サードプレイス　　ウ．準拠集団

③　次の文章を読み，問いに答えなさい。

　企業がビジネスを行う際，すべての顧客の欲求や要望を満たすことは難しい。そこで，市場全体を対象とするより，特定の層に属する顧客に対象を定めてビジネスを展開するほうが効率的であるため，まずは(a)対象市場を一定の基準で細分化していくことが重要である。

　たとえば，ファッション雑誌であれば20代女性，40代女性といった年代別に大きく分類したうえで，雑誌ごとの個性を打ち出していく。ファッションは性別や年代によって方向性や好まれるブランドが大きく異なるため，(b)市場を性別や年代で細分化していくことが一般的である。しかし，歯磨き剤のような商品は性別や年代による差異はあまりない。このような場合，ユーザーのニーズや重視する機能といった(c)サイコグラフィック変数によって細分化が行われていく。「ホワイトニング」「歯周病ケア」「虫歯予防」など特定の機能によって細分化していくのがその例である。

　このように市場をある基準によって細分化していくことで，自社がターゲットとすべき市場がみえてくるのだが，ただ単に細かく分類すればいいというものではない。あまりにも細かく細分化すると，ターゲットとなる顧客が少なくなり，十分な売上や利益を確保できなくなってしまう。

　そのため，細分化を行う際には，測定可能性，利益可能性，(d)到達可能性，実行可能性といった四つの条件に当てはまっているかを確認することが重要である。これによって適切な細分化が行われていることが確認できたら，どの市場を標的として，マーケティングを行っていくかを決めるターゲティングに移行していくのである。

問1．下線部(a)によって細分化された一つひとつの市場のことを何というか，次のなかから正しいものを一つ選びなさい。

　ア．セグメント　　イ．標的　　ウ．サンプル

問2．下線部(b)のような分類の変数を何というか，次のなかから正しいものを一つ選びなさい。

　ア．社会文化的変数　　イ．地理的変数　　ウ．人口統計的変数

問3．下線部(c)に当てはまるものとして，次のなかから適切なものを一つ選びなさい。

　ア．職業や収入　　イ．出身地や気候　　ウ．パーソナリティやライフスタイル

問4．下線部(d)の内容について，次のなかから最も適切なものを一つ選びなさい。

　ア．細分化された市場内において，十分な利益を確保することが可能であるか。
　イ．細分化された市場の顧客へ製品やメッセージを確実に届けることが可能であるか。
　ウ．細分化された市場の規模を測定することが可能であるか。

4 次の文章を読み，問いに答えなさい。

　より良いマーケティングを進めるためには，消費者のニーズや商品の評価，市場の動向を把握する市場調査が不可欠である。市場調査には(a)マーケティング・リサーチと(b)マーケット・リサーチという二つの概念がある。ここでは，Ａ社が行ったマーケット・リサーチについて概要を述べていく。

　Ａ社は，清涼飲料メーカーである。炭酸飲料の売上が伸び悩んでおり，新商品を開発することになった。新商品の開発に先立ち，市場調査を開始した。

　調査の第一段階 … 　現状把握（現在の状況を客観的かつ具体的に把握する）

　Ａ社は市場の動向をできる限り客観的かつ具体的に理解することを目的に，(c)リサーチ会社が定期的に発表している過去の資料を分析し現状の把握に努めた。その結果，炭酸飲料の飲用者は減少傾向にあること，飲用者は15歳から25歳の男性の比率が高いこと，飲むシーンは「のどが渇いたとき」が最も多く，続いて「スカッとしたいとき」，「気分転換をしたいとき」が多いこと，炭酸飲料を飲まない理由に「糖分が多いこと」をあげる人が多いことなどが分かった。

　調査の第二段階 … 　仮説導出（現状把握をもとに，なぜそのような状況にあるか仮説を導く）

　現状分析から新商品の開発について社内で議論をした結果，現在，市場で競合が少ない中高年の男性をターゲットにした炭酸飲料を開発すれば，新たな需要を取り込めるのではないかという考えに行き着いた。ここで，「(d)糖分量が多いことが原因で，(e)中高年男性の炭酸飲料の消費が少ない」，「中高年男性が好む味の商品がないことが原因で，中高年男性の炭酸飲料の消費が少ない」，「炭酸飲料は甘いものが多いので，中高年男性の消費が少ない」という調査仮説を導き出した。

　調査の第三段階 … 　　①　　（調査仮説が正しいか確認する）

　今回の調査は，(f)アンケートによって数値化されたデータの収集とインタビューによる数値化ができない具体的なデータの収集を行うこととした。まず，(g)過去にキャンペーンや懸賞などを通して会員登録をしている顧客のなかから，40代から50代の男性全員を抽出し，メールにアンケートのＷｅｂサイトのＵＲＬを記載し，インターネット上で回答してもらう形のアンケートを依頼した。アンケートの結果，調査仮説はほぼ正しいことが分かった。加えて，40代〜50代の男性が食事とともに飲む飲料はお茶とミネラルウォーターが多いこと，気分転換や休憩に飲む飲料はコーヒーが多いことが分かった。

　続けて，アンケートに回答した顧客のうち，「炭酸飲料は好き」と回答しつつも，「炭酸飲料はあまり飲まない」とした人物を選び出し，首都圏在住の該当者に対してインタビューの依頼を行った。これにより，28人の顧客へのインタビューを実現することができた。より深い内容を得るため，インタビューは調査者と回答者が一対一で行い，(h)事前に決めた質問項目に加え，回答者の回答から事前に決めていない質問へと自由に発展させていく形式でのインタビューを行うことにした。インタビューの結果，中高年の男性は，休日には，昼食とともに炭酸が含まれたノンアルコール飲料を飲むことがあるが，平日の昼食では，それに代わる炭酸飲料がなく，結局，お茶などに落ち着いていると考えている人がいることが分かった。

　この結果に基づき，今後，このようなニーズに応じた，中高年男性をターゲットにした，職場や公式な場面でも抵抗なく飲める，糖分を控えた甘くない炭酸飲料をコンセプトに新商品の開発を進めることにした。

41

問1．下線部(a)と下線部(b)の内容として，次のなかから最も適切なものを一つ選びなさい。

ア．マーケット・リサーチはＳＷＯＴ分析などによる環境分析を含んだ，企業が行う調査の総称であるのに対して，マーケティング・リサーチは市場のみを対象としたより狭い概念である。

イ．マーケット・リサーチは商品や消費者といった市場に関する情報を収集，記録，報告するものであるのに対して，マーケティング・リサーチは環境分析も含んだより広い概念である。

ウ．マーケット・リサーチは企業の内部環境のみに着目して行う分析作業であるのに対して，マーケティング・リサーチは外部環境を含むより広い調査のことである。

問2．下線部(c)は何に分類されるか，次のなかから正しいものを一つ選びなさい。

ア．既存の内部資料　　イ．既存の外部資料　　ウ．新規の内部資料　　エ．新規の外部資料

問3．下線部(d)と下線部(e)の関係について，次のなかから正しいものを一つ選びなさい。

ア．相関関係　　イ．利害関係　　ウ．因果関係

問4．本文中の　①　に当てはまるものとして，漢字4文字で正しい用語を記入しなさい。

問5．下線部(f)について，次のなかから正しいものを一つ選びなさい。

ア．今回の調査において，アンケートは定量調査，インタビューは定性調査である。

イ．今回の調査において，アンケートは定点調査，インタビューは定性調査である。

ウ．今回の調査において，アンケートは定性調査，インタビューは定量調査である。

問6．下線部(g)の利点として，次のなかから適切なものを一つ選びなさい。

ア．多くの対象を容易に調査することが可能であり，集計の手間も少ない。

イ．回答者が質問に回答する際のニュアンスをくみ取ることが可能である。

ウ．自社に対する好意が低い消費者へのアンケートが可能であり，公平な回答が得られる。

問7．下線部(h)を何というか，次のなかから適切なものを一つ選びなさい。

ア．フォーマル・インタビュー

イ．インフォーマル・インタビュー

ウ．半構造化インタビュー

⑤　次の文章を読み，問いに答えなさい。

　人間が生まれてから，成長し，やがて老いていくように，(a)製品やサービスも，登場してから成長を重ね，衰退していくというプロセスをたどる。この製品がたどっていくライフステージは大きく四つに分けられ，導入期・□□□□・成熟期・衰退期の順となっており，以下のような特徴がある。

　(b)導入期は，製品が市場に投入された最初の段階のことで，「いかに製品を知ってもらうか」が最大のミッションとなる。そのため，試供品の配布や積極的な広報活動などが重要となる。

　□□□□は，消費者の興味や関心が高まり売上が伸びる一方で，新規参入の競合企業が増える時期である。「いかに市場シェアを拡大させ，市場でのポジションを確立するか」がミッションとなり，話題性を高めて新規顧客を集めるとともに，(c)リピーターを増やす施策を実施することが重要である。

　成熟期は，競合企業との競争が落ち着いてくる時期である。一方で，機能やデザインなどわずかな違いによって他社商品に市場シェアを奪われる可能性もあるため，「確立した地位や市場シェアをいかに守るか」がミッションとなり，競合企業や市場の細かな動向にも注意が必要である。

　衰退期は，競合企業の製品も含めて，売上が落ちてくる時期である。場合によっては，市場からの撤退についても考える必要があり，この頃には，製品の延命措置を図るより，代替製品の開発や新たな市場の開拓にシフトしている企業が多い。

　このように製品をライフステージと重ねてみていくことで，効率的なマーケティング戦略を展開していくことが可能となる。

問1．下線部(a)を何というか。次のなかから正しいものを一つ選びなさい。
　　ア．製品ライフサイクル　　イ．損益分岐点　　ウ．製品政策

問2．本文の□□□□に当てはまるものとして，正しい語句を記入しなさい。

問3．現在，下線部(b)に該当する製品の例として，次のなかから適切なものを一つ選びなさい。
　　ア．完全自動運転機能付き自動車　　イ．スマートフォン　　ウ．タピオカドリンク

問4．下線部(c)のような施策を実施する必要があるのはなぜか。次のなかから適切ではないものを一つ選びなさい。
　　ア．パレートの法則によると，将来に向けて，リピーターを増やすことが大切であるから。
　　イ．競合商品が増えるため，継続利用する顧客を増やすことで，他社への流出を防ぎたいから。
　　ウ．リピーターを増やすほうが，新規顧客を増やすより，多くの人に製品を認知してもらえるから。

問5．本文の主旨から，普及理論におけるイノベーターが対象顧客となるステージはどこか，次のなかから適切なものを一つ選びなさい。
　　ア．導入期　　イ．成長期　　ウ．成熟期

次の文章を読み，問いに答えなさい。

消費者のニーズにはさまざまなものがある。そのため，各メーカーでは，同じ製品であっても機能や価格帯，対象年齢や解決したい課題などにカテゴリーを分け，消費者のあらゆるニーズに対応できるよう多様な製品開発が行われている。

会社員のAさんは，休日に(a)近所のドラッグストアへ出かけ，家族で使用するいつものシャンプーを購入しようとしたが，そのシャンプーがちょうど品切れであった。そこで，他店へ行くことも考えたが，あまり時間がなかったため，今回はほかのシャンプーで代替しようと，製品コンセプトが似たようないくつかのシャンプーを手に取ったところ，いずれの製品名の横にも(b)あるメーカーの製品であることを示すマークが付いていた。

「この製品もあの会社がつくっているんだ」と驚くと同時に，「あのメーカーの製品なら大丈夫かな」と安心し，そのなかから一つのシャンプーを代わりに購入することにした。そのマークは，日本を代表する日用品メーカーの一つであるB社のものであった。

帰宅後，少し気になったので，B社のホームページを確認してみると，そこにB社が展開する製品別のブランド情報が掲載されたページがあり，(c)取り扱っている製品の種類の多さに大変驚いた。よく確認してみると，Aさんの家庭ではこれまでにもトイレタリーや住宅清掃用洗剤など多くのB社製品を愛用していることに気づき，(d)B社製品とB社に対する信頼が深まり，一層の愛着を抱くようになった。

問1．下線部(a)のような特徴を持った商品を何というか，次のなかから正しいものを一つ選びなさい。

　ア．専門品　　イ．最寄品　　ウ．買回品

問2．下線部(b)のようなマークや名前，シンボルなどを何というか，カタカナで正しい用語を記入しなさい。

問3．下線部(b)の役割について，次のなかから最も適切なものを一つ選びなさい。

　ア．高級な製品であることを示すもので，製品を使用する際に，使用者が周囲から注目を集めたり，憧れを抱かれるなど，ステータスを演出するために付される。

　イ．メーカーが製品を製造する際に，作業指示を行ったり，製造原価を正確に把握したりするために付されるもの。

　ウ．他社製品との区別を明確にするとともに，製品の製造責任を明確にすることで，製品に対する安心感や信頼を与えるために付されるもの。

問4．下線部(c)のことを何というか，次のなかから正しいものを一つ選びなさい。

　ア．製品ミックス　　イ．製品アイテム　　ウ．ライン拡張

問5．下線部(d)を何というか，次のなかから正しいものを一つ選びなさい。

　ア．ブランド・ロイヤルティ　　イ．コーポレートブランド　　ウ．ブランディング

7 次の文章を読み，問いに答えなさい。

　どんなに良い製品やサービスを開発しても，顧客に受け入れてもらうことができなければビジネスとして成立しない。そのため，製品やサービスの価格をどのように設定するかが重要となってくる。

　企業における基本的な価格設定の方法としては，(a)製品を製造するためにかかったコストに一定の利益額または利益率を上乗せする方法が一般的である。しかし，寡占市場においては，市場シェアの大きいプライスリーダーと呼ばれる有力企業が，一定の利益を得られるように設定した価格がその市場における(b)管理価格を形成していることも多く，必ずしも自社の思いどおりの価格を設定できるとは限らない。

　また，鉄道など公共性の高い分野においては，価格設定に一定の制限が加えられている。鉄道の運賃は，「営業キロ」と呼ばれる乗車区間の距離によって算定され，運賃を決める際は，(c)国土交通大臣の認可を得る必要がある。そのため，鉄道会社が運賃収入のみで大きな収益を上げることは難しいと言われている。

　ただし，グリーン車料金のように快適性といったサービスに対する料金は，利用者自身が利用するか否かを決めることができるため，認可ではなく，届出のみでよい。そのため，鉄道会社では，他社にないような独自のサービスや鉄道を利用した旅行商品などを開発し，収益の向上を図っている。

問1．下線部(a)のような価格設定の方法を何というか，次のなかから正しいものを一つ選びなさい。
　ア．コスト・プラス法　　イ．需要志向型価格　　ウ．競争志向型価格

問2．下線部(b)の事例として，次のなかから適切なものを一つ選びなさい。
　ア．業界最大手のプライスリーダーが，主力製品の価格変更を行ったため，業界内の企業は厳しい状況であるが，仕方なく価格変更に追随した。
　イ．業界内で大きな市場シェアを誇る企業が，市場における需要と供給のバランスを考慮し，最適な価格となるよう，製品の価格を調整した。
　ウ．業界において価格決定権を持つ企業が，業界内での共存共栄を目指し，製品の販売価格について，他社と相談し，同じ販売価格になるよう要請した。

問3．下線部(c)のような認可が必要な価格を何というか，次のなかから正しいものを一つ選びなさい。
　ア．公定価格　　イ．統制価格　　ウ．競争価格

8 次の文章を読み，問いに答えなさい。

　ゲーム事業を展開するＡ社は，2020年に，それまで培ってきた技術のすべてをささげたという最新の次世代型ゲーム機の販売を始めた。日本国内だけでなく，海外においても販売されており，その勢いは，「アメリカで，史上最速ペースで売れているゲーム機」と言われるほどであった。

　そんなＡ社が提供する最新の次世代型ゲーム機の発売当初の販売価格は，(a)通常モデルが49,980円，簡易モデルが39,980円という価格設定であった。これは一つ前のモデルの発売当初の価格とほぼ同じであったが，「売れば売るほど赤字になる」という，原価割れの価格設定であることが決算報告書類などで公開され，話題になった。

　しかし，(b)製品の魅力が高いのに，手の届きやすい価格で提供したことと，発売後の世界的な半導体不足など外的要因による生産体制の見直しなどが重なり，その後，顧客の需要に応える十分な供給ができなくなってしまった。そんなとき，Ａ社の最新ゲーム機が，(c)複数のフリマアプリやオークションサイトにて，350,000円など正規の販売金額を大幅に超えるような価格で出品される事案が続き，あるＷｅｂサイトでは，このゲーム機について取扱いを中止するような事態にまでなった。

　Ａ社もこのような事態を問題視しており，本当に欲しい人にきちんと製品を届けられるよう供給体制の強化を図ることを発表した。

問１．本文の主旨から，下線部(a)のような価格設定を何というか，次のなかから正しいものを一つ選びなさい。

　ア．威光価格　　イ．上澄吸収価格　　ウ．市場浸透価格

問２．下線部(b)のような価格設定を新製品販売時に行うのはなぜか，次のなかから最も適切なものを一つ選びなさい。

　ア．新製品への抵抗感を下げることで，市場シェアや需要の急速な拡大を目指したいから。

　イ．新製品の利益率を高めることで，いち早く開発コストを回収し，利益を確保したいから。

　ウ．価格を抑えることで，顧客自身のプレステージ性を高めることができるから。

問３．下線部(c)のような状況が生じるようになった背景について，次のなかから最も適切なものを一つ選びなさい。

　ア．消費者自身が感じた価値をその価格とするペイ・ワット・ユー・ウォント方式が広く普及し，価格決定権の多くがメーカーから消費者へ移っている。

　イ．キャッシュレス決済が普及し，現金以外の支払い方法が増えているため，手元に現金がなくても気軽に買い物ができるようになった。

　ウ．オークションやフリマアプリの普及により，消費者が気軽に商品を販売できるようになり，取引条件や価格について自由に決定できるＣｔｏＣの取引が広がっている。

9　次の文章を読み，問いに答えなさい。

　Aさんはバレンタインデーにクラスの友人に配るためのチョコレートを買いに近所のスーパーマーケットを訪れた。検定試験を控えた友人へ，テレビCMでよく目にする，受験の合格に縁起が良いとSNSなどで話題となったチョコレートを買おうと考えている。(a)このチョコレートは，スーパーマーケットのほか，コンビニエンスストアやドラッグストアなど，どこでも購入できるが，Aさんは近所のスーパーマーケットで買うことにした。

　バレンタインデー直前であるため，お菓子売り場はさまざまな装飾が施されていた。売り場のなかに，Aさんの妹が大好きな(b)アイドルの等身大のパネルとともに，菓子メーカーB社のチョコレートだけを陳列している場所があった。このアイドルはB社のCMに出演している。Aさんがパネルを見ていると，通りかかった店員から，このパネルはB社から販売促進用に提供されており，今，B社のチョコレートを500円以上購入するとこの(c)アイドルのクリアファイルが1枚もらえると伝えられた。調べてみると，このクリアファイルは特定の店舗でしかもらえないものであり，SNSで話題になっていた。Aさんは妹のためにクリアファイルが欲しくなり，当初考えていたチョコレートとは別のこの菓子メーカーのチョコレートを購入することにした。加えて，(d)チョコレートが陳列されている場所の近くに，かわいい，小さな袋が販売されているのに気づき，小分け用にちょうどいいと考えたAさんはその袋も購入することにした。

　レジでクリアファイルを受け取ったAさんはとても満足した。クリアファイルが3種類あることをレジで知ったAさんは，妹のために3種類全部を揃えたいと考えた。

問1．下線部(a)から，このチョコレートのチャネルの形態はどのようなものか，次のなかから適切なものを一つ選びなさい。

　ア．排他的チャネル　　イ．選択的チャネル　　ウ．開放的チャネル

問2．本文の主旨から，下線部(b)や下線部(c)の説明として，次のなかから適切なものを一つ選びなさい。

　ア．小売店がアイドルの事務所と連携して行うタイアップ活動の一つである。

　イ．メーカーが小売店を支援する販売店援助の活動の一つである。

　ウ．小売店が独自に行う販売促進活動の一つである。

問3．下線部(d)のような購買行動を何というか，次のなかから最も適切なものを一つ選びなさい。

　ア．関連購買　　イ．比較購買　　ウ．指名買い

問4．本文の主旨から，B社の小売業への働きかけについて，次のなかから最も適切なものを一つ選びなさい。

　ア．直接的，間接的な働きかけによって消費者の自社製品への指名買いを促し，小売店における自社製品の取り扱いが増えるように働きかけている。

　イ．自社製品に絶対的な自信があり，消費者からも安定した支持を受けているため，特別な小売店への働きかけを重視していない。

　ウ．他社製品より低い仕入価格を提示することや，仕入量が多い小売店へ報奨金を支払うことで，自社製品の取り扱いを小売店へ促してる。

10 次の文章を読み，問いに答えなさい。

　大規模な工場においては，各工程で半製品と呼ばれる中間的製品を製造し，第1工程の半製品が第2工程へ，第2工程の半製品が第3工程へと引き渡され，最終工程で完成品となる。前工程から引き渡される半製品が納期に間に合わないと次の工程に悪影響を与えるのは当然だが，納期より早すぎても在庫費用が発生し効率を下げてしまう。このような問題を解決し，必要なときに，必要な半製品を，必要な量だけ製造し届けようとする取り組みをジャスト・イン・タイムという。そして，このような取り組みを工場内だけではなく，(a)原材料や部品の段階から小売店舗の在庫まで，調達，生産，物流，販売など，製品の流通のプロセス全体まで拡大し，一括してコントロールしようという方法が確立されている。

　このような方法を実現するためには，各段階が調達しようとする原材料や部品，半製品などがいつ，どのくらいの量で必要かという情報の共有が重要である。小売業が持つ　①　やメーカーの生産計画などといった各段階でのリアルタイムのデータを，企業間の多様なデータをオンラインでやり取りするシステムである　②　を活用して情報を共有する必要がある。

　しかし，この方法にも思わぬ弱点が存在することがあらわになった。(b)2021年頃から新型コロナウイルス感染症や，アメリカと中国の対立などにより，人の流れや物の流れが中断し，サプライ・チェーンが分断されたことにより，予想外の製品が品不足となることが頻繁に起きた。

　今後は，効率化を図るとともに，さまざまなリスクを想定し，それらのリスクに対応できるような方法を模索しなければならない。

問1．下線部(a)を何というか，正しい用語を記入しなさい。

問2．本文中の　①　と　②　に入る用語の組み合わせとして，次のなかから適切なものを一つ選びなさい。
　ア．①EOS　②EDI　　イ．①POSデータ　②EDI　　ウ．①ビッグデータ　③AI

問3．下線部(b)の実例として，次のなかから適切なものを一つ選びなさい。
　ア．半導体の供給不足が発生し，コンピュータやゲーム機などのほか，自動車の供給が大幅に減少し，新車の品不足が発生した。
　イ．マスクの需要が大幅に増加したにもかかわらず，マスクの生産，供給の体制が追い付かず，マスクの品不足が発生した。
　ウ．一部の観光地に観光客が大挙して押し寄せ，ホテルや旅館の需要が供給を大幅に超えてしまったことにより，宿泊価格が高騰した。

11 次の文章を読み，問いに答えなさい。

A店は沖縄料理店である。関東地方の郊外にあるショッピングセンターにテナントとして出店している。ここのところ売上が伸び悩んでいるため，8月に新規顧客の獲得のためのプロモーションを行うことになった。今回は，消費者の心理の段階に基づいたモデルをプロモーションに生かすことにした。

まず，(a)ショッピングセンターの入口と，ショッピングセンターと最寄り駅を結ぶシャトルバスの車内にポスターを掲示した。ポスターには「暑い夏には沖縄料理！ 真夏の沖縄料理フェア」というコピーとともに，(b)「スマホでWebサイトにあるクーポンを提示したお客様にはドリンク無料」と「A店で食事をされたお客様にはもれなく沖縄のお菓子をプレゼント」という内容を記載し，自社のWebサイトのQRコードを表示した。QRコードからWebサイトに行くと，まず，メニューなどが記載されているページにつながり，そこに，クーポンのページにつながるリンクと「夏バテには沖縄料理」，「美容と健康には沖縄料理」などの沖縄料理についての情報ページにつながるリンクを表示するようにした。

(c)A店の意図は，ポスターで注意や注目を喚起し，コピーを読むことで興味や関心を抱いた人がWebサイトを訪れ，Webサイトで沖縄料理について知識を深めることで沖縄料理を食べたいという欲求を抱かせ，クーポンをダウンロードしたり，スクリーンショットを撮ったりすることで記憶にとどめさせ，最後に購買という行動を起こさせようというものである。

このプロモーションにより，来店客の増加が確認できた。この成功から，年末には「沖縄そばで年越し！ 年末の沖縄料理フェア」を開催することにし，クーポンを提示した人に沖縄そばを100円引きで提供することを検討している。

問1．下線部(a)の説明として，次のなかから最も適切なものを一つ選びなさい。
　ア．それぞれの広告は折込広告とチラシに分類され，あわせてDMと呼ばれる。
　イ．それぞれの広告は商品広告と公共広告に分類され，あわせて企業広告と呼ばれる。
　ウ．それぞれの広告は屋外広告と交通広告に分類され，あわせてOOHと呼ばれる。

問2．下線部(b)の説明として，次のなかから最も適切なものを一つ選びなさい。
　ア．クーポニングと増量パックを組み合わせたプロモーションと考えられる。
　イ．クーポニングとプレミアムを組み合わせたプロモーションと考えられる。
　ウ．クーポニングとバンドルを組み合わせたプロモーションと考えられる。

問3．下線部(c)から，A店が意図した消費者の心理段階に基づいたモデルは何か，英字5文字で最も適切な用語を答えなさい。

12 次の文章を読み，問いに答えなさい。

　企業が他社より有利な状況をつくろうと切磋琢磨することは，社会にとって良いことであると考えられる。しかし，競争が過熱しすぎて，広告などで消費者に誤解を与えるような表現が行われてしまうことがある。このような行為は，法律や自主規制により，制限されている。

　近年，ある大手回転寿司チェーンが，ウニやカニなどの高級食材を提供するキャンペーンを自社のＷｅｂサイトやテレビＣＭを通して掲出したにもかかわらず，実際にはそれらの食材は十分に準備できておらず，キャンペーン期間中に終日提供しなかった日が存在したことが問題となった。この広告はいわゆるおとり広告であり，(a)不当表示や過大な景品の提供を行わないようにするために定められた法律に違反しているとし，消費者庁から指導された。この法律は，上記のような不当表示のほかに，(b)一般的な牛肉を，あたかも国産ブランド牛のように装って表示する行為や，実際にはほかに安い店があるにもかかわらず「地域最安値」と表示する行為なども不当表示と規定している。

　このような法律による規制のほか，広告に対する自主規制も行われている。(c)広告主や広告業界，マスコミなどの広告に関わる団体が広告や表示に関する規制を自主的に行う機関を設立し，広告や表示の適正化に向けて取り組んでいる。加えて，公正競争規約などをそれぞれの業界団体が作成し，ルールづくりを行っている。

　また，近年はインターネットで商品を比較，検討することが増加していることを背景に(d)ステルス・マーケティングという手法が問題となっている。日本ではステルス・マーケティングについて長く野放しの状態であったが，2023年に不当表示を規制する法律の禁止行為に指定されることになった。

問１．下線部(a)の略称について，漢字5文字で正しい用語を記入しなさい。

問２．下線部(b)はどの不当表示に該当するか，次のなかから正しいものを一つ選びなさい。
　ア．優良誤認　　イ．有利誤認　　ウ．その他誤認されるおそれのある表示

問３．下線部(c)の略称について，次のなかから適切なものを一つ選びなさい。
　ア．ＡＣジャパン　　イ．ＪＡＲＯ　　ウ．ＢＰＯ

問４．下線部(d)の説明として，次のなかから適切なものを一つ選びなさい。
　ア．テレビや映画のなかに，人が認識できないような短い時間の広告を表示することで潜在意識に働きかけ，企業や商品の印象を高めること。
　イ．企業の関係者や企業から金銭や物品を提供されている人物が，中立な立場を装い商品に関する好意的な情報を流すこと。
　ウ．実際はマスコミに代金を支払っているにもかかわらず，中立な立場で述べられているように見せかけたニュースや新聞記事のこと。

13 次の文章を読み，問いに答えなさい。

A社は世界中で知らない人がいない清涼飲料のメーカーである。世界的に統一された商品名やボトルのデザイン，ロゴマーク，コーポレート・カラーなどによって，マーケティング分野でもブランディングの手本とされる企業である。

また，(a)スポーツに対するスポンサーシップにも熱心に取り組むことで知られ，オリンピックやＦＩＦＡワールドカップ，アメリカのプロスポーツなどの国際的に注目されるスポーツ・イベントから，地域のスポーツ・イベントに至るまで，あらゆるスポーツの場面でA社のロゴマークを見かける。A社は，このような取り組みだけでなく，テレビやインターネットでの広告などから，屋外広告や交通広告，店頭や自動販売機，自社のトラックでの広告や自販機に商品を補充するスタッフの姿まで，(b)企業が消費者に情報を届ける接点を多く設けている。

A社は，これらの(c)多数の接点を消費者とのコミュニケーションの場面と捉え，そこでの情報のやり取りを，効果的かつ効率的に統合し，一貫的なイメージを提供しようという考え方を取り入れたプロモーションの手法でも先端を走っている。新しいタイプのＷｅｂサイトを立ち上げたり，他社に先駆けてスマホアプリを提供したり，そのような入口から，A社の歴史や商品のストーリーのほか，A社の環境への取り組みや社会貢献などを紹介する動画サイトへ導くことにより，イメージの一貫性を管理している。

問１．下線部(a)の説明として，次のなかから適切なものを一つ選びなさい。
ア．イベントを放映・放送するメディアに金銭を提供することで自社商品の購買意欲を喚起しようとするもので，広告に分類される。
イ．イベントに対して金銭や物品を提供することで自社への共感を醸成するもので，広報に分類される。
ウ．イベントの現場で社員が人的な方法で自社の商品の販売や情報の伝達を行うもので，販売員活動に分類される。

問２．下線部(b)を何というか，カタカナで正しい用語を記入しなさい。

問３．下線部(c)を何というか，正しい用語を記入しなさい。

第3回
商業経済検定模擬試験問題
［マーケティング］

解答上の注意

1．この問題のページはp.54からp.67までです。
2．解答はすべて別紙解答用紙(p.121)に記入し
　なさい。
3．文字または数字で記入するもの以外はすべて
　記号で答えなさい。
4．計算用具などの持ち込みはできません。
5．制限時間は50分です。

1 次の文章を読み，問いに答えなさい。

　現代の市場は変化が激しい。そのなかで，マーケティングを適切に実行していくためには，自社の内外における環境や動向についてきちんと分析を行うことが重要である。

　企業の外部環境分析の方法には，政治，経済，社会や技術といった自社の力だけでは変えることのできない要因を分析するための　①　分析や，業界の構造に着目し，当該の業界内において新規参入や代替品などの力がどのように働いているかを判断する　②　分析などがある。これら外部環境については，自社の思うように状況を変化させることは難しく，分析によってみえてきた課題にどのように対応していくかが求められている。

　一方，企業の内部環境については，競合企業との競争を優位に進めるために経営資源について分析を行うＶＲＩＯ分析などがある。この分析によって，(a)競合企業にはない自社独自の技術力や強みなどをみつけることができれば，市場における優位性を発揮できる。

　また，企業の外部環境と内部環境を掛け合わせてさまざまな角度からマーケティング環境を捉えるＳＷＯＴ分析も多くの企業やプロジェクトで活用されている。ＳＷＯＴ分析は，内部環境を「強み」と「弱み」，外部環境を「機会」と「脅威」に分け，それぞれの状況を整理したり，掛け合わせたりすることで新たなマーケティング戦略の方向性を見出すことができるというものである。

　このように，さまざまなフレームワークを活用し，企業を取り巻く内外の環境を分析して把握することが(b)マーケティング・マネジメントの第一歩となるのである。

問１．文中の　①　と　②　に当てはまる語句の組み合わせとして，次のなかから正しいものを一つ選びなさい。
　ア．①ＰＥＳＴ　②ファイブ・フォーシズ
　イ．①ファイブ・フォーシズ　②３Ｃ
　ウ．①ＰＥＳＴ　②クロスＳＷＯＴ
　エ．①３Ｃ　②クロスＳＷＯＴ

問２．下線部(a)を何というか，次のなかから正しいものを一つ選びなさい。
　ア．コア・ユーザー　　　イ．コア・コンピタンス　　　ウ．コア・プロダクト

問３．下線部(b)のプロセスとして，次のなかから最も適切なものを一つ選びなさい。
　ア．自社を取り巻く環境について把握した後，市場調査を行い，ＳＴＰが定まったら，４Ｐ政策を中心としたマーケティングを実行し，目標を達成できたかどうかの評価と改善を行っていく。
　イ．自社を取り巻く環境について把握した後，市場調査を行い，４Ｐ政策を中心としたマーケティングを実行してから，評価と改善を行い，ＳＴＰを定めていく。
　ウ．自社を取り巻く環境について把握した後，４Ｐ政策を中心としたマーケティングを実行してからＳＴＰを定め，市場調査を行うなかで評価と改善を行っていく。

2　次の文章を読み，問いに答えなさい。

　いつの時代にも旅行に対するニーズは一定以上あり，目的や行程，予算などさまざまであるが，ビジネスであっても，プライベートであっても旅行におけるお土産は欠かせないものである。

　近年の傾向では，旅行者のお土産に対するこだわりは強く，渡す相手の嗜好に合わせて，それぞれ別のお土産の品を用意することが多いという。そのため，初めて訪れる旅先の場合，(a)その土地の名物や話題となっているお土産などの情報をあらかじめインターネットや旅行情報誌によって入手し，事前に検討している場合も多い。

　しかし，実際に旅先で商品を手に取ってみると，イメージしていたものと異なった商品であったり，人気や期間限定のため売り切れであったりするなどの理由から購入を断念することも少なくない。

　この場合，何を買おうかもう一度検討しなおすことになるが，(b)「喜んでくれるとうれしいな」という思いから，普段の買い物では気にすることが少ないパッケージや商品のこだわり，希少性など，さまざまな要素から検討し，購入するお土産を慎重に決めていくことになる。

　その際，お土産へのこだわりが強いほど，(c)「とてもおいしそうだし，予算的にも問題ないけれど，ここでなくても買えるものね」といった理由から，候補から外れていく商品も多くなる。そのため，旅先でのお土産選びには思いのほか時間がかかることがある。

問1．下線部(a)のような行動を何というか，次のなかから正しいものを一つ選びなさい。
　ア．外部情報探索　　イ．内部情報探索　　ウ．モニター調査

問2．下線部(b)の関与として，次のなかから正しいものを一つ選びなさい。
　ア．製品関与　　イ．広告関与　　ウ．購買状況関与

問3．下線部(c)のような評価の説明として，次のなかから適切なものを一つ選びなさい。
　ア．商品にマイナス面があってもプラス面が多ければ選択肢の一つになる。
　イ．商品にはプラス面とマイナス面があるため，どちらが多いかを見極めることで選択肢となる。
　ウ．商品にマイナス面があると，プラス面が多くても選択肢にはならない。

3 次の文章を読み，問いに答えなさい。

　健康食品や清涼飲料を手掛けるＡ社は，「汗の飲料」をコンセプトに，発汗によって失われた水分や電解質（イオン）をスムーズに補給する健康飲料Ｘを1980年から発売している。

　Ｘの発売当初は，(a)スポーツ飲料市場は開拓されていない，未開の地であったが，スポーツに親しむ人や若者たちを中心に多くの消費者から支持を受け，市場シェアを広げていった。しかし，(b)市場が飽和状態になってきたため，もともと市場規模が限定的で将来的な飛躍が望めないと判断したＡ社は，もっと大きな清涼飲料市場へ打って出ることにした。

　清涼飲料市場は，スポーツ飲料市場よりも，競合の多い大きな市場であったが，消費者に支持されていた(c)「イオン飲料」「水分補給」というイメージを武器に，「健康的な清涼飲料」という立ち位置での勝負には勝算があった。

　今でこそ健康を訴求する清涼飲料は多いが，当時，清涼飲料は嗜好品としてのジュースのイメージが一般的であり，清涼飲料と健康を掛け合わせる製品はほとんどなく，競合のいない状況であった。すでにスポーツ飲料市場において，Ａ社は健康的なイメージを確立していたことも大きな競争優位性を発揮し，この市場でも成功を収めた。

　また，2010年頃からＡ社の健康飲料へ愛着を抱いている顧客層が高齢化してきたため，メインターゲットを中高生へと変えていった。動画投稿サイトにおける広告の充実や高校生のダンスを応援する企画などが功を奏し，再び若い世代からの支持が広がっている。

問１．本文の主旨から，下線部(a)に自社を位置付けることを何というか，次のなかから最も適切なものを一つ選びなさい。
　　ア．排他的なポジショニング　　　イ．創造的なポジショニング　　　ウ．開放的なポジショニング

問２．下線部(b)の内容について，次のなかから最も適切なものを一つ選びなさい。
　　ア．競合する製品が少なく，先行企業の製品が有利な状況となっている。
　　イ．競合する製品が多く，各社で顧客を奪い合う状況となっている。
　　ウ．競合する製品がなく，自社製品がほとんど占有している状況となっている。

問３．下線部(c)のように，商品のイメージや立ち位置を変えることを何というか，カタカナ８文字で正しい用語を記入しなさい。

問４．本文全体の主旨について，次のなかから最も適切なものを一つ選びなさい。
　　ア．ターゲットやポジショニングを市場の動向などを踏まえ，柔軟に変更していくこともときには必要であり，変更にあたって，マーケティングも適切なものになるよう見直す必要がある。
　　イ．どの企業も成功する市場と失敗する市場があり，それをどう見極めるかが重要であるが，勝負は最初の市場で決まっており，失敗しそうであれば，その市場からすぐ撤退すべきである。
　　ウ．一度決めたターゲットやポジショニングを変えることは，マーケティングを展開するうえで好ましいことではない。

④　次の文章を読み，問いに答えなさい。

　A商業高校は同じ市内にあるB農業高校と共同で商品の開発や販売に取り組んでいる。開発した商品は主に市内・県内の観光地の土産物店を中心に販売している。また，その土産物店のWebサイトでインターネット販売もしている。B農業高校がイチゴの栽培からジャムへの加工まで行っている「A＆Bイチゴジャム」の売上がここ最近減少傾向にあることを受け，A商業高校のマーケティング研究部が市場調査を行うことになった。

調査の第一段階

　まず，業界新聞や経済新聞，白書などを手分けして調べることから始めた。しかし，ジャムの売上が下がる要因をみつけることはできなかった。続いて，「A＆Bイチゴジャム」と大手2社のイチゴジャムの商品比較を行った。価格は少し高めであったが，味については最もおいしいという評価であった。そのほかに，(a)インターネット販売での購入者のレビューのなかで，「とてもおいしいが，量が多い」，「さわやかな味であるが，もっと甘いほうが良い」，「パッケージが地味である」，「カロリーが高いことが気になる」という意見をみつけることができた。

(b)調査の第二段階

　把握した現状をもとに会議を行った結果，「容量が多いため，売上が下がった」，「甘みが足りないため，売上が下がった」，「写真映えしないため，売上が下がった」，「糖分量が多いため，売上が下がった」という四つの調査仮説を導き出した。

調査の第三段階

　続いて，調査仮説を絞り込むために(c)予備調査を行うことにした。部員の家族や親戚，高校の教員のなかから，日常的にジャムを食べているという人10名を(d)消費者モニターに見立て，商品を実際に試食してもらい，2週間後にアンケートを実施した。アンケートの結果，味や品質，糖分の量について，マイナスの意見はほとんどなかった。パッケージデザインについては改善が必要という意見がみられた。そして，容量については360mlでは多すぎるという意見が過半数みられた。これらの結果から，本調査は容器の大きさとデザインについて中心に行うことにした。

　本調査は，(e)調査対象となる集団全体をA商業高校の全生徒720名の保護者とし，そのなかから(f)集団を代表する120名を抽出することとなった。抽出方法は，(g)生徒全員に1番から720番までの番号を割り当て，サイコロにより最初の数字を決め，その数字に6を足していって該当する数字の生徒を選び出す方法とすることにした。調査は，質問票を郵便によって送付する方法で行うことにした。(h)アンケートは，「非常にそう思う」を5点，「そう思う」を4点，「どちらでもない」を3点，「あまりそう思わない」を2点，「全くそう思わない」を1点とする尺度を用いた。得られたデータについては，単純集計のほか，回答者の年代や家族の構成人数と回答の相関関係を探るという集計方法を行うことにした。

　アンケートの結果，容量の少ないジャムを好む傾向がどの年代でも強いことが明らかになった。構成人数の少ない家庭ほど，容量の少ないジャムを好む傾向が強くなったことから，フードロスを減らしたいという風潮や防腐剤などの添加物を嫌う風潮などにより，より短期間で食べきれる容量の少ないジャムが好まれるという解釈を行った。加えて，パッケージデザインも，食卓や冷蔵庫を華やかにするものへの変更を提案することにした。これらの結果をB農業高校と共有し，「A＆Bイチゴジャム」のリニューアルのために，開発に取り組むことになった。

問1．下線部(a)はどのような資料か，次のなかから適切なものを一つ選びなさい。

　　ア．内部で蓄積された既存資料

　　イ．実態調査によって新たに収集した資料

　　ウ．過去の定量調査によって得られた既存資料

問2．本文の主旨から，下線部(b)について，次のなかから最も適切なものを一つ選びなさい。

　　ア．予想した仮説が正しいかを確認する作業を行う。

　　イ．現在の状況を具体的に把握するための作業を行う。

　　ウ．現在の状況がなぜ起きているか，その原因を予想する作業を行う。

問3．下線部(c)について，次のなかから正しいものを一つ選びなさい。

　　ア．調査をより正確にするため，アンケート調査を大規模に行い，本調査の精度を高める。

　　イ．調査に対する抵抗感を弱めるため，本調査の対象者に，本調査に先立って行う。

　　ウ．調査の費用と時間を節約するため，少数の対象に対して行い，調査仮説を絞り込む。

問4．下線部(d)について，次のなかから正しいものを一つ選びなさい。

　　ア．自社や自社の商品に対して高い愛顧を示し，発売する商品を無条件で購入してくれる顧客

　　イ．ＳＮＳや自分自身のブログなどで，商品に対する意見などを述べる消費者

　　ウ．企業が商品に対する意見を集めるため，期間限定で協力を依頼する消費者

問5．下線部(f)を下線部(e)に対して何というか，漢字2文字で正しい用語を記入しなさい。

問6．下線部(g)の抽出法を何というか，次のなかから正しいものを一つ選びなさい。

　　ア．単純無作為抽出法　　　イ．系統的抽出法　　　ウ．層化抽出法

問7．下線部(h)について，次のなかから適切なものを一つ選びなさい。

　　ア．間隔尺度を用いている。

　　イ．比例尺度を用いている。

　　ウ．順序尺度を用いている。

5 次の文章を読み，問いに答えなさい。

　世界的な玩具メーカーであるＡ社の主力商品はブロックである。多くの子供たちがどこかで一度は遊んだことがあると言われるほど有名な商品のため，(a)ブロックと言えば多くの人がＡ社をまず思い浮かべるだろう。そのため多くの玩具店に，Ａ社専用コーナーが設けられている。

　ブロックは，遊び方にルールがないため，ユーザーの自由な発想により，さまざまな遊び方ができる。Ａ社は，そこに目を付け，特設サイトにおいて，世界中のユーザーからＡ社製品の新たなブロックセットなどの企画を投稿してもらい，ほかのユーザーの投票によって，一定数を超えたものは製品化を検討していくという(b)企業と顧客がともに価値をつくっていく取り組みを行っている。

　ここで製品化されたアイディアの投稿者には，売上の１％のロイヤリティと製品のマニュアルに氏名を掲載してもらえるという特典を得ることができ，票を投じたほかのユーザーも製品開発に参加している気持ちになれることから，(c)Ａ社に対する好印象や愛着を持つユーザーも増えている。

　近年，従来のような製品というモノのみで他社との差別化を図っていくことには限界があるため，(d)「モノ」と「サービス」を区別することなく包括的にとらえ，企業が顧客とともに価値を創造するという視点からマーケティングを組み立てようとする考え方が広まっている。

　Ａ社の取り組みのように顧客と企業，そして顧客同士がつながり，(e)「共創」するという取り組みが今後もより一層進んでいくことだろう。

問１．下線部(a)を何というか，次のなかから正しいものを一つ選びなさい。
　ア．ブランディング　　イ．想起集合　　ウ．第一想起

問２．下線部(b)のような取り組み例として，次のなかから最も適切なものを一つ選びなさい。
　ア．顧客が購入した服のコーディネート写真を，販売店のアプリに投稿し，参考にしてもらう。
　イ．企業が自社の顧客に対して，競合企業の製品を購入しないように依頼する。
　ウ．顧客に値引きを条件に，自社製品に対する良いクチコミを投稿してもらう。

問３．下線部(c)を何というか，次のなかから正しいものを一つ選びなさい。
　ア．ブランド・ロイヤルティ　　イ．ブランド・エクイティ　　ウ．ブランド・コミュニティ

問４．下線部(d)のような考え方を何というか，次の空欄に当てはまるように，カタカナで正しい語句を記入しなさい。
　□□□□□・□□□□□・□□□□□

問５．本文の主旨から，下線部(e)が指すものは何か，次のなかから最も適切なものを一つ選びなさい。
　ア．企業と顧客が新たな経営体制をともに創りあげること
　イ．企業と顧客が適正な価格をともに考えること
　ウ．企業と顧客が製品の価値をともに創りあげること

6 次の文章を読み，問いに答えなさい。

　各地でホームセンターを展開するA社は，時代の変化に合わせた大規模な改革を行っているが，その一つが「ＩＴ×小売」によるデジタル戦略の推進である。

　たとえば，店舗における顧客から従業員への声掛けの8割が売場案内に関するものであり，その対応を効率的に行うため，(a)従業員用の店舗案内アプリの導入を進めている。

　また，実店舗だけでなく，ＥＣサイトも展開しているため，(b)在庫管理に関する課題も多く，新たなシステムを導入することにした。従来のシステムでは，在庫量のリアルタイム処理ができなかったため，(c)リードタイムが長くなっていたが，新システムでは，リードタイムを約3分の1まで短くすることが可能となり，(d)商品の欠品によって売上を逃すことは減りつつある。

　このほかにも，顧客用のアプリの変革や商品ピックアップサービスなど，画期的な取り組みがいくつも行われているが，このようなデジタル戦略の推進とともに進められているのが新業態開発である。

　A社は，(e)「毎日のくらしに自分らしさをプラスできるLife style DIY shop」を基本理念とした新たな店舗の展開を始めている。都市部の顧客を対象とした店舗で，従来の店舗よりオシャレさが前面に出されている。商品もカテゴリーごとに陳列するのではなく，顧客のライフスタイルやテーマによって陳列されており，提案型の売場になっている点が特徴である。

　ホームセンターに限らず，小売業界の変革は急務だと言われている。A社のようなデジタル戦略や新業態開発への挑戦は「待ったなし」の状況であり，今後も多くの企業が取り組んでいくだろう。

問1．下線部(a)を導入するメリットについて，次のなかから最も適切なものを一つ選びなさい。

　ア．専用アプリを普及させることで，売場案内表示が不要になり店舗運営コストが削減できる。

　イ．顧客が自ら売り場を探すことができるため，案内をする従業員の数を減らすことができる。

　ウ．経験の浅い従業員やほかの売場担当であっても，顧客を待たせずに的確な案内ができる。

問2．下線部(b)に関する一般的な説明として，次のなかから適切なものを一つ選びなさい。

　ア．商品回転率が高いほど，仕入れた商品が売れるまでに時間がかかっていることがわかる。

　イ．実際の在庫量を把握する棚卸法は，商品の数が多いほうが効率的で，負担が少ない。

　ウ．在庫に関するコストが最も小さくなる発注量のことを経済的発注量という。

問3．下線部(c)の説明として，次のなかから最も適切なものを一つ選びなさい。

　ア．商品の発注から納品・補充までに要する時間のこと。

　イ．一定時間内に必要量の生産を実現するための速度のこと。

　ウ．商品を販売してから入金までの時間のこと。

問4．下線部(d)を何というか，次のなかから正しいものを一つ選びなさい。

　ア．機会ロス　　イ．商品ロス　　ウ．棚卸減耗

問5．下線部(e)のような店舗の基本理念を何というか，カタカナで正しい用語を記入しなさい。

7 次の文章を読み，問いに答えなさい。

　スーパーマーケット事業を展開するＡ社は，(a)特売日を設け，お得な目玉商品で集客を図るという従来のスタイルから，特売日は設けないが，毎日安い価格で商品を提供するというエブリデー・ロー・プライシング（ＥＤＬＰ）に移行するなど，価格に対する強いこだわりを経営の前面に出している。

　そんなＡ社が，他社との差別化を図るために，食品の大幅な値下げを行った。その際，あるメーカーが製造するサラダ油を１本あたり20円程度値下げすることになったが，そのサラダ油の売上は値下げ前の約30倍になった。このように，価格の変化によって，需要が変化することは多く，需要がどのように変化するかをみる指標に需要の価格弾力性というものがある。今回のサラダ油については，まさに(b)価格弾力性が大きい商品だったと言えるだろう。

　このほかにも，プライベート・ブランド商品の投入による価格勝負もＡ社の強みである。たとえばカップラーメン売り場には，87円や98円など安さを前面に出したプライベート・ブランド商品が数多く並べられている。一般的な消費者の(c)カップラーメンに対する価格帯のイメージは，100円～300円程度であるため，100円を切る商品がたくさん並ぶことで，安い印象を強く与えることができる。しかし，安い印象を与えるためであっても，あまりにも極端な価格設定を行うと，消費者が品質に対する不安を抱く恐れがあるため，適切な価格設定が求められる。

問１．下線部(a)のような小売業における価格設定を何というか，次のなかから正しいものを一つ選びなさい。
　　ア．公定価格　　　イ．ハイ・ロー・プライシング　　　ウ．目玉商品価格

問２．下線部(b)の説明について，次のなかから適切なものを一つ選びなさい。
　　ア．弾力性が大きい商品は，価格の増減幅に対する需要の増減幅が大きいことを示しているため値下げを行えば，需要が増えるが，値上げを行えば，需要が落ち込む商品である。
　　イ．弾力性が大きい商品は，価格の増減幅に対する需要の増減幅が大きいことを示しているため値下げを行えば，需要が落ち込むが，値上げを行えば，需要が増える商品である。
　　ウ．弾力性が大きい商品は，価格の増減幅に対する需要の増減幅が小さいことを示しているため値下げを行っても，値上げを行っても需要は大きく変化しない商品である。

問３．下線部(c)のような，商品購入の際に判断材料となる価格のことを何というか，漢字４文字で正しい用語を記入しなさい。

　次の文章を読み，問いに答えなさい。

　わが国の市場においては，一部の例外を除き，小売業者が自由に商品の販売価格を決定することができる。これによって市場では競争原理が働き，消費者にとって不利な状況が起きにくくなる。そのため，自由な競争が行われるよう，メーカーが卸売業者や小売業者の販売価格を決めるようなことは［　　　　　　　］によって禁止されている。

　たとえば，シューズメーカーのＡ社が，美容効果のあるスポーツシューズを製造・販売したところ，大ヒットとなった。Ａ社は，このシューズの(a)小売価格が下落することを防ぐために，スポーツシューズの小売業者に対し，Ａ社が定めた値引き限度価格以上の価格で販売するよう要請を行い，この要請に従わない場合には，当該シューズの出荷を停止し，在庫を返品させることなどを示唆した。その結果，どの小売店に行っても，Ａ社の希望している価格以上の値段でしか販売されなくなり，消費者に不利益が生じたのである。

　これはシューズメーカーによる明確な(b)「再販売価格維持行為」であり，後に，自由な価格競争を阻害し，消費者へ多大な影響を与えたとして，Ａ社に対して公正取引委員会から排除措置命令が出された。

　このように，商品の価格は，消費者や社会全体に迷惑や不利益がもたらされることを防ぐため，法律で一定の規制が設けられていることを忘れてはならない。

問１．文中の［　　　　　　　］に入る法律を何というか，漢字５文字で正しい用語を記入しなさい。

問２．下線部(a)の意図について，次のなかから最も適切なものを一つ選びなさい。
　ア．価格競争が起きて，小売価格が下落することで，シューズを販売する小売業者の利益率が悪化することを防ぎたいという，メーカーの責任があるため。
　イ．価格競争が起きて，小売価格が下落することで，当該スポーツシューズのブランド・イメージが低下することを恐れたため。
　ウ．小売業者の都合による小売価格の下落を消費者は望んでいないため，小売業者とつながりがあるメーカーが消費者の声を反映させたかったため。

問３．下線部(b)について，例外として認められている商品とその理由は何か，次のなかから適切なものを一つ選びなさい。
　ア．「食料品」（理由）市民の毎日の生活に欠かすことができない商品であるため。
　イ．「書籍」　（理由）著作物は文化の一つであり，文化水準を維持するため。
　ウ．「牛乳」　（理由）日本の畜産業は衰退傾向であり，生産者数減少に歯止めをかけるため。

9 次の文章を読み，問いに答えなさい。

　Aさんは高校に入学し，念願の女子野球部に入部することにした。初めての野球グローブを買うため，市内にある野球用品の専門店であるB店を訪れた。

　Aさんは好きなプロ野球選手が使用している大手総合スポーツメーカーX社のグローブを買おうと考えていた。(a)X社のグローブを買うと，その選手のポスターがもらえるとX社のWebサイトにあったのがそのグローブを買おうと考えたきっかけの一つである。しかし，そのB店にはX社のグローブやバットは見当たらなかった。B店の店員にたずねたところ，「(b)X社の商品はこの市内ではCスポーツ店でしか取り扱っていないですよ」とのことであった。Cスポーツ店は市内では老舗のスポーツ用品店であり，あらゆるスポーツ，あらゆるメーカーの商品を取り扱っている。続けてB店の店員は，「当店は野球グローブを専門的につくっているY社の商品を主に取り扱っています。(c)Y社は野球についての専門性が高く，グローブのメンテナンスが優れた小売店としか取引をしません。Y社のグローブを取り扱っているのは県内では当店しかありません。Y社のグローブを買うために遠方からお見えになるお客様も多いです。Y社のグローブは評価が高く，プロ野球選手にも多く使われているのですよ」と言って，プロ野球選手の名前を数名教えてくれた。守備が上手いと評判の選手ばかりだった。そして，B店の店員は，B店でグローブを買うと，使いやすく調整してからグローブを渡してくれることや，修理についての詳細を教えてくれた。専門的な知識が高いことにも驚かされた。

　Aさんは，このB店でY社のグローブを購入することにした。Aさんはとても良い買い物ができたと充実した気持ちになった。

問1．本文の主旨から，下線部(a)のポスターの説明として，次のなかから適切なものを一つ選びなさい。

　ア．X社のグローブを取扱う小売店ごとに独自に企画したものであり，X社との関係はない。

　イ．X社がプレミアム用に取扱小売店に配布したものであり，販売店援助の一つである。

　ウ．X社がPOP広告用に取扱小売店に配布したものであり，広告の一つである。

問2．本文の主旨から，下線部(b)のX社のチャネル政策に当てはまるものとして，次のなかから適切なものを一つ選びなさい。

　ア．開放的チャネル　　イ．選択的チャネル　　ウ．排他的チャネル

問3．Y社が下線部(c)のようなチャネル政策を行うメリットについて，次のなかから最も適切なものを一つ選びなさい。

　ア．安売りを防ぎ，ブランド・イメージをコントロールすることができる。

　イ．親しみやすいブランドとして，知名度を高めることができる。

　ウ．多くの消費者の目に触れやすくなり，広い層の顧客を得ることができる。

10 次の文章を読み，問いに答えなさい。

　小売業にとって，どの商品を揃え，どのように陳列するかは，魅力的な売り場づくりのための重要な課題である。しかし，さまざまな分野の商品を取り揃える大規模の小売業にとっては，すべての分野について，それらを成し遂げることは困難である。そのため，消費者にとってより魅力的な売り場づくりをするために，それぞれの分野の動向についてより詳細な情報を保有するメーカーや卸売業の力を借りる取り組みが行われている。

　大手の総合スーパーである(a)Aスーパーは，近年，需要が伸びている芳香剤について，大手メーカーのB社との協働で売り場づくりを行っている。芳香剤は購入する消費者の年代や趣向によって，好まれる香りやデザインに大きな差があり，効率的な品揃えを実現することが難しい。そこで，B社から売り場づくりのサポートを受けている。AスーパーとB社は，(b)企業間で取引などに関する多様なデータをオンラインで交換するシステムを用い，お互いが持つデータをリアルタイムで交換している。B社はAスーパーの各店舗から提供された(c)POSデータなどに基づき，各店舗で芳香剤を購入する顧客層を分析し，B社が保有する芳香剤についての豊富な情報から，Aスーパーの各店舗の客層に合わせて，消費者にとって最も魅力的な商品構成や陳列方法，小売価格を提案している。その際，B社が提案する商品は自社商品だけでなく，競合するメーカーの商品についても提案を行っている。競合するメーカーの商品を提案することはB社にとってメリットがないように思えるが，より消費者目線に立った売り場を実現することで，芳香剤全体の売上が拡大し，B社の売上の増加につながるのである。

　今後，ICTの進化に伴い，メーカーや小売業は，非常に価値のある独自の情報を得ることができるようになるであろう。その情報をお互いに共有することで，双方にとってよりメリットが高く，消費者にとっても魅力的な環境が生まれてくるであろう。

問１．本文の主旨から，下線部(a)のような活動を何というか，次のなかから正しいものを一つ選びなさい。

　ア．トレード・プロモーション　　イ．カテゴリー・マネジメント　　ウ．オムニチャネル

問２．下線部(b)を何というか，英字３文字で正しい用語を記入しなさい。

問３．本文の主旨から，下線部(c)はどのようなデータか，次のなかから最も適切なものを一つ選びなさい。

　ア．購買品目，販売価格，購買者の性別や年代，購買日時など
　イ．店舗での顧客の動線，店舗での顧客の滞在時間など
　ウ．商品の性能，商品の機能，商品の評価，商品に対する苦情など

11 次の文章を読み，問いに答えなさい。

2020年代初頭に起きた，感染症の流行による外出自粛やそれをきっかけに拡大したテレワークにより，ラジオの聴取者が増加したという。このことはラジオCMが見直されるきっかけにもなった。

ラジオCMには，テレビCMと同様に，放送されている番組中に流れるものと(a)番組と番組の間などに設けられたCMのための枠に流されるものがある。ラジオの聴取者はCMをスキップすることがほとんどないため，どちらのタイプのCMもテレビCM以上に届くという特徴がある。また，(b)ラジオは音声のみで情報を伝えるということからテレビCMとは異なる表現が求められるという特徴もある。そのほかの特徴として，聴取者が特定のラジオ局に対して強い愛着心を持ち同じラジオ局を聞き続けることが多いため，同じCMを何度もくり返して届けられるメリットがあること，テレビに比べて出演者（パーソナリティ）に好感を強く抱いていることが多く，その出演者がCMで語ることにより，(c)ブランドや商品への好意度や認知度，親近感が高まる効果が起きやすいというメリットがあること，「ながら聴取」が多く，朝や夕方は家事をする人，昼間は仕事をしながら聞く社会人，夜は勉強をしながら聞く学生といったようなターゲットを絞りやすいというメリットがあることなどがある。これらの特徴から，CM以外にも，(d)ザッツ・ノット・オール・テクニックを駆使した印象的なラジオショッピングといわれる番組もくり返し流されている。

そんなラジオも，ＩＣＴ化により新しい動きを見せている。ラジオに欠かせない投稿はＳＮＳでハッシュタグをつけて行う方法へと移り変わり，番組の様子もＳＮＳから画像で公開されている。また，近年はインターネットでラジオを聞くアプリが一般化したことを背景に，より効果的に聴取者に訴求できる新しい手法の広告が生まれてきている。

インターネットの隆盛によって，それまでのマスメディアの広告は押される一方であるが，マスメディアもインターネットと連動することで新たな可能性が生み出されているのである。

問１．下線部(a)を何というか，次のなかから正しいものを一つ選びなさい。
　ア．番組提供CM　　イ．公共広告　　ウ．スポットCM

問２．下線部(b)の異なる表現について，次のなかから最も適切なものを一つ選びなさい。
　ア．短い時間で聴取者の想像力を引き出せるような表現
　イ．短い時間で聴取者に機能や性能を直接的に伝えられるような表現
　ウ．短い時間で聴取者の心をつかみ，スキップされないようにする表現

問３．下線部(c)を何というか，次のなかから適切なものを一つ選びなさい。
　ア．行動効果　　イ．心理効果　　ウ．所得効果

問４．下線部(d)の説明として，次のなかから適切なものを一つ選びなさい。
　ア．最初に購入しやすい価格の商品を紹介し，徐々に高価な商品を紹介していくテクニック
　イ．最初に高価な商品を紹介し，徐々に購入しやすい価格の商品を紹介していくテクニック
　ウ．「これだけじゃないよ」と徐々におまけを付加し，お得感を訴求するテクニック

12　次の文章を読み，問いに答えなさい。

　プロモーション政策では，広告や広報を通じて商品に対する消費者の購買意欲を高め，消費者に商品について好意的な記憶をしてもらう活動とともに，(a)店舗を訪れた消費者に対し，商品を購買してもらうための「最後の一押し」により購買行動をさせる活動が重要である。この「最後の一押し」は，メーカーと小売業の連携によって行われる。

　メーカーにとっては，まず，消費者が訪れる小売業の店舗に自社の商品が十分に揃えられていること，そして，小売業に自社の製品を重点的に取り扱ってくれるよう働きかけることが大切である。そのため，(b)メーカーは小売業に対して，自社の商品の取扱いを増やしてもらうことを目的として，リベートの提供や販売店援助を行う。続いて，メーカーは，小売業の店舗に訪れた消費者に自社の商品への購買意欲をより増してもらうために，(c)商品におまけをつけたり，(d)商品の割引券を配ったり，期間限定で容量を増やした商品を提供したりする。

　そして，小売業側もリベートの獲得やメーカーとの関係強化のため，特定のメーカーの商品について「最後の一押し」を行う。まず，来店客を増やすことを目指し広告を行う。広告にはそのメーカーの商品のほか，(e)ロス・リーダーを用いた訴求を行う。また，来店した消費者の購買意欲を増すために，特別陳列やデモンストレーションなども実施する。

　このように，消費者に購買行動をしてもらうために，メーカーと小売業が連携し，ともに「最後の一押し」を行っているのである。

問１．下線部(a)を何というか，カタカナで正しい用語を記入しなさい。

問２．下線部(b)を何というか，次のなかから適切なものを一つ選びなさい。
　ア．トレード・プロモーション　　イ．消費者プロモーション　　ウ．リテール・プロモーション

問３．下線部(c)と下線部(d)に当てはまる組み合わせとして，次のなかから適切なものを一つ選びなさい。
　ア．(c)クーポニング　(d)サンプリング
　イ．(c)サンプリング　(d)プレミアム
　ウ．(c)プレミアム　　(d)クーポニング

問４．下線部(e)の説明として，次のなかから適切なものを一つ選びなさい。
　ア．集客を目的に，店舗で実施する特別なイベント
　イ．集客を目的に，採算を度外視して低価格に設定された商品
　ウ．集客を目的に，消費者が強い関心を持つ，日常では仕入れない珍しい商品

13 次の文章を読み，問いに答えなさい。

　2021年，インターネット広告費がマスコミ４媒体の広告費の合計を上回った。これまでマスメディアを通して一方通行で伝えられてきた広告は，個人に合わせてカスタマイズされた広告へと大きく変貌してきている。

　インターネット広告のなかで特徴的なものは(a)リターゲティング広告である。インターネットには，閲覧したＷｅｂサイトに再度アクセスしやすくするためのＣｏｏｋｉｅという仕組みがある。リターゲティング広告は，このＣｏｏｋｉｅを利用して個人の閲覧履歴に基づいた広告を(b)バナー広告や動画閲覧サイトでの広告，ＳＮＳ広告などに反映させるものである。ただし，Ｃｏｏｋｉｅについては，個人情報保護の点で問題があるとされ，対策を取る動きも広がっている。

　また，個人に合わせたインターネット広告には，(c)検索サイトで検索したキーワードと連動して，検索結果とともにキーワードと関連の高い企業や商品の広告が表示されるものがある。検索されるキーワードはその個人のニーズが反映されている可能性が高く，広告の効率性が高くなる。

　しかし，企業にとっての効率性を高めたインターネット広告を，わずらわしく迷惑であると感じる消費者も多い。そのため，このような機能をあえて利用しないようにし，これらの広告が表示されることを極力防ごうとする消費者が増えてきた。このような動きに合わせて，一部の企業では，インターネットで商品を購入した顧客や会員登録をした顧客に，紙媒体による広告を直接郵送するという昔ながらの広告の方法をインターネット広告と並行して行っている。

　すでに広告の主流となったインターネット広告も，まだ歴史が短い。今後，消費者に好意的に受け止められる形を模索して進化していくであろう。

問１．下線部(a)の特徴として，次のなかから最も適切なものを一つ選びなさい。
　　ア．自社のＷｅｂサイトを閲覧したが購入には至らなかった消費者に，閲覧した商品を，再度，提案できるため，購買の可能性が高い。
　　イ．ニュースサイトやポータルサイトにランダムに表示されるため，自社のＷｅｂサイトを閲覧した経験のない顧客などにもアプローチすることができる。
　　ウ．インターネット閲覧者の年齢や性別，趣味，職業，年収などから，購買につながりそうな商品をＡＩが判断して送る広告であり，購買の可能性が高い。

問２．下線部(b)の説明として，次のなかから正しいものを一つ選びなさい。
　　ア．６秒間という短い時間の動画で，インパクトのある内容を伝える広告
　　イ．企業が人気のあるブロガーに依頼し，ブログの形で商品の良さを伝える広告
　　ウ．Ｗｅｂサイトに長方形の形で表示され，クリックするとそのサイトにアクセスできる広告

問３．下線部(c)を何というか，カタカナ６文字を補って正しい用語を完成させなさい。

第4回
商業経済検定模擬試験問題
［マーケティング］

解答上の注意

1．この問題のページはp.70からp.83までです。
2．解答はすべて別紙解答用紙(p.123)に記入しなさい。
3．文字または数字で記入するもの以外はすべて記号で答えなさい。
4．計算用具などの持ち込みはできません。
5．制限時間は50分です。

1 次の文章を読み，問いに答えなさい。

経営学者のピーター・F・ドラッカーは，「マーケティングの理想は，販売を不要にすることである」と唱えた。つまり「売るための努力」ではなく，「売れるための仕組みづくり」こそがマーケティングの本質なのである。

日本においても，(a)マーケティングに対する考え方は，時代の流れとともに変化してきているが，現代においては，(b)教育機関や病院，ＮＰＯなどの非営利組織においてもマーケティングの手法が取り入れられている。また，営利企業においても利益と社会貢献を両立するようなマーケティングが登場するなど，マーケティングが対象とする領域は販売の枠を超え，社会全体にまで及んでいる。

また，企業規模の大小にかかわらず，多くの企業が国や地域の枠を超え，(c)世界を一つの市場としたグローバル化への対応を進めており，マーケティングについてもグローバルな視点と地域ごとの特色に合わせた適応化を目指している。

このほかにも，スマートフォンの普及により，消費者同士が取引を行うCtoC取引の増加や，ある程度の生活を維持するために必要な「モノ」に満たされた消費者が何かを経験する「コト」に対する支出を重視するようになっているなど，消費者側の変化も大きく，これまで以上に(d)マーケティング・マネジメントの重要性が増している。

問１．下線部(a)の変化について，次のなかから適切なものを一つ選びなさい。
　ア．生産志向→消費者志向→販売志向→製品志向→社会志向
　イ．生産志向→販売志向→消費者志向→製品志向→社会志向
　ウ．生産志向→製品志向→販売志向→消費者志向→社会志向

問２．下線部(b)のようなマーケティングを何というか，次のなかから正しいものを一つ選びなさい。
　ア．コーズ・リレーテッド・マーケティング
　イ．ソーシャル・マーケティング
　ウ．インダストリアル・マーケティング

問３．下線部(c)に対応して，国際的に統一された製品の規格のことを何というか，英字３文字で正しい用語を記入しなさい。

問４．下線部(d)において，具体的なマーケティングの手段の四つの組み合わせとして，次のなかから最も適切なものを一つ選びなさい。
　ア．①Product ②Price ③Place ④Promotion
　イ．①Product ②Physical environment ③Process ④People
　ウ．①Product ②Price ③Process ④Promotion

② 次の文章を読み，問いに答えなさい。

　企業がマーケティングを考えていくうえで，消費者の特性や行動について理解を深めることは重要である。なかでも消費者の購買に至るまでのプロセスについて知ることは効果的なマーケティングを行ううえでは欠かせない。

　たとえば，消費者が空腹を感じた場合，この(a)空腹を満たしたいという問題を認識し，空腹を満たす方法について情報探索を行っていく。これまでに行ったことのある飲食店など，自らの経験や記憶から候補を探したり，インターネットでおすすめの店を探したりするなどの方法を取ることが一般的である。

　このとき，(b)「昨日和食を食べたのでそれ以外のものが食べたい」「給料日前なので高くないほうがいい」といった具体的な目標があり，その次に「予定があるので短時間で済ませたい」というようにいくつかの目標を満たしていくことで「ラーメンにしよう」などと候補が絞られていく。

　情報探索の結果，いくつかのラーメン店が候補となったら，そのなかで，より詳細に自分なりの評価基準やルールを適用しながら，比較し，決定していく。そして，決定したラーメン店へ行くことになるのだが，ここでも予想外の状況や他者の態度といった影響を受けることがある。

　その後，「おいしかった」といった満足感や「接客態度があまり良くなかった」といった不満などからそのお店の評価を行っていく。この評価で不満のほうが大きかった場合，その不満を自身のなかで解消するための行動の一つとして，クチコミとして不満点を他者へ発信していくような行動をとることもあるので，店側は注意が必要である。

　このような(c)購買意思決定過程の流れを知ることで，ＳＮＳの活用や広告のタイミングなど，消費者との接点の持ち方について考えていくことができるが，すべての消費者が毎回このように一つひとつの検討を丁寧に行っているとは限らない。これまでの経験などをもとに「いつものお店で済ませよう」と即断することもある。

問１．下線部(a)はマズローの欲求階層説におけるどの欲求に当てはまるか，次のなかから正しいものを一つ選びなさい。
　ア．生理的欲求　　　イ．自己実現欲求　　　ウ．安全欲求

問２．下線部(b)のようなプロセスのことを何というか，次のなかから正しいものを一つ選びなさい。
　ア．認知的不協和　　　イ．ヒューリスティクス　　　ウ．目標階層構造

問３．下線部(c)に関する説明について，次のなかから適切なものを一つ選びなさい。
　ア．消費者は成果水準が期待水準を上回った場合に満足するが，その逆の場合，不満を抱くようになることを説明したモデルを「精緻化見込みモデル」という。
　イ．消費者が購買意図を抱いても，「私自身のイメージを壊したくない」というように，「他者の態度」によって，購買がためらわれることもある。
　ウ．消費者が商品を比較する際の基準には，補償型ルールや非補償型ルールがあり，「多属性態度モデル」とは，このうち非補償型ルールを前提にしたものである。

次の文章を読み，問いに答えなさい。

　製菓会社であるＡ社は，今から20年ほど前に「お菓子をどう売るか」ではなく，「お菓子に触れることのできる新しいシーンを生み出そう」というプロジェクトを始めるにあたり，(a)消費者を対象とした調査を実施した。

　調査によると，お菓子を食べる場所は，家庭が約70％と圧倒的に多いものの，次いでオフィスが約20％と多く，女性社員などがオフィスの机のなかにお菓子をしまっているケースが多いことなどが明らかになった。また，多くの人がオフィスでお菓子を食べることに気が引けるようで，人目が気になるという意見が多かった。そこで，お菓子を堂々と食べられる環境をつくり，リフレッシュ効果を得て，仕事の生産性を向上させたり，職場内のコミュニケーションを活性化させたりするという画期的なサービスを考えた。それが「置き菓子」というサービスである。

　「置き菓子」とは，農家が行う農産物の無人販売と同じで，オフィスにＡ社のお菓子を並べたボックスや棚を設置し，お菓子をいつでも自由に選ぶことができる状況をつくり，代金は顧客自ら代金箱へ投入していく仕組みである。手軽な福利厚生サービスの一環として位置付けることで，誰もが気兼ねなくオフィスでお菓子を食べられるようにした画期的なサービスである。

　販売開始当初は，オフィスに自動販売機や売店はあっても，このようなサービスを展開する企業はなく，まさに(b)競合のいない「空き地」でのビジネスであったが，今では数十億円の売上を誇る大ヒットとなっている。

　Ａ社がこのサービスを開始する際に(c)ターゲットとしていたのは女性であったが，実際にサービスがはじまると30～40代の男性の利用がかなり多いことが分かった。お店へ買いに行くほどではないが，オフィスで小腹を空かせている男性やお菓子を食べてリフレッシュしたいと思う男性が予想以上に多い実態が浮き彫りになった。これらのデータによって商品の品揃えやサービス内容について改善を図るとともに，新製品開発などにおいても有用なデータとして活用していくことになった。

問１． 下線部(a)のような調査を一般的に何というか，次のなかから正しいものを一つ選びなさい。

　ア．信用調査　　イ．市場調査　　ウ．財務調査

問２． 下線部(b)のようなポジショニングを何というか，漢字３文字を補って正しい用語を完成させなさい。

問３． 下線部(c)を決定する前に，対象となる市場をさまざまな要因から細分化していくことを何というか，次のなかから正しいものを一つ選びなさい。

　ア．ポジショニング　　イ．ターゲティング　　ウ．セグメンテーション

4　次の文章を読み，問いに答えなさい。

　A商業高校は，市内中心部のB商店街と連携し，さまざまな活動を行っている。A商業高校は高校入学時に制服や参考書などを購入するためにB商店街を訪れる新入生と保護者が増加することに着目し，「高校入学，B商店街で丸ごと準備」という企画を行うことを提案し，B商店街に了承された。A商業高校の2年生は市場調査を担当することになり，クラスごとに1組はカバン，2組は靴，3組は腕時計，4組は弁当箱，5組は財布について市場調査を行うことになった。2年4組の弁当箱についての市場調査は以下のとおりであった。

(a)調査の第一段階

　まず，B商店街で弁当箱を販売しているC商店におもむき，数年間の仕入と売上のデータを見せてもらった。それによると弁当箱の売上は年間で100個を超えることはなく，3月に売上が伸びることもなかった。続いて，クラス内で弁当箱について調査した。弁当箱はカバンに入りやすい細い形のものを中心にいろいろな形のものがあること，弁当箱は保護者が購入していること，購入場所は近隣の大型スーパーが一番多く，続いてインターネット販売が多いこと，弁当箱の価格は1,000円から2,000円がほとんどであることが分かった。

調査の第二段階

　調査の第一段階に基づいて意見を出し合った結果，(b)「弁当箱へのニーズは多様化し，形や容量，機能にこだわる人が多い」，「より価格の安い弁当箱を求めるニーズが高い」，「弁当箱だけを購入するためにわざわざC商店に行くのは面倒である」という理由から，「多種類の商品から選べ，価格が安く，利便性の高い大型スーパーやインターネット販売で弁当箱を購入する人が多い」という予想を導き出した。

調査の第三段階

　調査の第二段階での予想に基づき，アンケート調査を行うことにした。アンケートはA商業高校を含む市内の五つの高校で実施した。(c)本調査に先立ち，予想の絞り込みやアンケート内容の精選のため，A商業高校のクラス内で調査を行った。その結果，価格へのこだわりはあるものの，C商店の販売価格が高いというわけではないことが分かり，本調査では，価格よりも弁当箱へのニーズと購入場所への期待を調査の主眼とすることにした。

　本調査は，五つの高校それぞれの1年生の保護者全員を調査の母集団とし，(d)それぞれの高校の男女比率と等しくなるように男女を分けて抽出することになった。抽出する人数は1年生の生徒の20%とし，男女を分けた後は(e)単純無作為抽出法で行うようにした。ただし，学校の都合によっては(f)有意抽出法も用いる。

　アンケートは，より回答しやすいように，文字や記号を選ぶだけで回答できるようにした。同時に，積極的，協力的な回答者には(g)より具体的な内容を言葉で得ることを期待し，理由や意見などを自由に文章で書き込めるスペースを準備した。

　回収したアンケートを(h)クロス集計した結果，弁当箱へのニーズは，男子の弁当箱については容量や機能に対する関心が高く，女子の弁当箱についてはデザインへの関心が高いことが分かった。しかし，購入場所については，「大型スーパー以外で販売している商店が思い浮かばなかった」，「弁当箱がどこで売っているかがよくわからずインターネットで購入した」などの意見が多数あった。これらを参考に，C商店に品揃えと広告についての意見をまとめることにした。

問1．本文の主旨から，下線部(a)はどの段階であるか，次のなかから適切なものを一つ選びなさい。
　　ア．現状把握　　イ．仮説導出　　ウ．仮説検証

問2．本文の主旨から，下線部(b)を何というか，次のなかから正しいものを一つ選びなさい。
　　ア．既存資料　　イ．調査仮説　　ウ．調査結果

問3．本文の主旨から，下線部(c)の調査を何というか，漢字2文字を補って正しい用語を完成させなさい。

問4．下線部(d)の抽出法は何か，次のなかから正しいものを一つ選びなさい。
　　ア．多段抽出法　　イ．系統的抽出法　　ウ．層化抽出法

問5．下線部(e)の方法の例として，次のなかから適切なものを一つ選びなさい。
　　ア．母集団に一連の番号をつけ，乱数表などを用いて標本を抽出する。
　　イ．母集団に一連の番号をつけ，一定間隔で標本を抽出する。
　　ウ．母集団に一連の番号をつけ，最初から一定の人数を抽出する。

問6．下線部(f)のメリットについて，次のなかから正しいものを一つ選びなさい。
　　ア．母集団すべてを調べるため，正確な調査ができる。
　　イ．調査の結果が，母集団を正確に代表するものに近くなる。
　　ウ．抽出の手間があまりかからず，調査者の負担が少なくなる。

問7．下線部(g)を目的とした調査について，次のなかから適切なものを一つ選びなさい。
　　ア．データを数値化せず，具体的な言葉で表現する定性調査である。
　　イ．データを数値化することで可視化する定量調査である。
　　ウ．回答者の様子を直接目で見てデータを集める観察法である。

問8．下線部(h)の説明として，次のなかから適切なものを一つ選びなさい。
　　ア．調査の結果をその選択肢ごとに単純に合計して示す集計方法
　　イ．調査の結果を性別や学校別などで示す集計方法
　　ウ．調査の結果をそれぞれ平均し円グラフなどで示す集計方法

5 次の文章を読み，問いに答えなさい。

　飲料メーカーＡ社では，清涼飲料水という製品の特徴から，(a)見込大量生産を行っている。これまで，細かな需要予測を表計算ソフトで行っていたが，その精度は低い状態であった。また，製品の賞味期限が短いために適正在庫管理が難しく，品切れや賞味期限切れ在庫といった課題を多く抱えていたり，大型スーパーやコンビニエンスストアの突発的なプロモーションによる緊急の受注が頻繁に発生したりするため，そのつど，(b)製品をどれだけ生産するかという計画の変更に時間を要していた。

　そこでＡ社は，新たなシステムを導入することで，需要予測を自動化し，品目別・取引先別の適正在庫量算出をより迅速に，かつ正確に管理できるよう改善を図り，需要予測や販売計画をより正確なものへと変えていった。

　このように企業が製品を販売する場合，市場の動向からその需要を予測し，(c)販売計画を立案していくことが一般的である。また，企業の売上高に関する予測は，生産体制にも影響することから重要であり，過去の売上実績に基づいて予測する移動平均法や(d)指数平滑法といった時系列分析などが用いられている。

　近年，より精度の高い予測を行うため，企業の多様なデータをもとに，規則性や判断基準を学習していくディープラーニングという技術によって発展している　　　　を用いた予測も広がっており，これまで以上に多面的・多角的な分析による高精度な予測が可能となっている。

問１．下線部(a)の内容として，次のなかから適切なものを一つ選びなさい。
　ア．注文を受けてから，製造を開始し，常に出来立てのものを提供する方式
　イ．事前に製品を少し用意しておき，売れそうな見込みがなかったら撤退する方式
　ウ．あらかじめ需要などを予測し，注文数を見込んで製品を一定数以上製造していく方式

問２．下線部(b)を何というか，次のなかから正しいものを一つ選びなさい。
　ア．生産計画　　　イ．販売計画　　　ウ．販売割当

問３．下線部(c)の内容について，次のなかから適切なものを一つ選びなさい。
　ア．どの程度販売すれば損益分岐点を下回り，利益を計上することができるかを明確にする。
　イ．製品に対する販売費及び一般管理費の割合を上げることで，効率的な販売を目指す。
　ウ．営業所や販売員ごとに販売数や金額を割り当てることにより，目標を明確にする。

問４．下線部(d)の予測方法の説明として，次のなかから適切なものを一つ選びなさい。
　ア．前月など直近の売上に重み付けを行うことで，より精度を上げた予測方法
　イ．期間を１単位ずつずらしながら平均値を計算していく予測方法
　ウ．経験の深い担当者のこれまでの経験をもととした直感的な予測方法

問５．文中の　　　　に当てはまるものとして，英字２文字で正しい語句を記入しなさい。

6 次の文章を読み，問いに答えなさい。

　近年，新たな業態として，ホームセンターとスーパーマーケットが合体したスーパーセンターが各地に展開されている。

　A社もスーパーセンターを展開しており，(a)「生活のよりどころとなる店」という理念を掲げ，地域住民の(b)ニーズやウォンツに沿った豊富な品揃えと，徹底したローコスト・オペレーションによる低価格での商品提供が評判となっている。

　A社には，他社と異なる出店に対する考え方がある。田舎と呼ばれる地域は，人口が少ないから採算性が悪いという判断のもと，これまで多くの小売業が敬遠しがちであった。しかし，商業統計によると，このような地域の生活必需品に費やす一人当たりの潜在需要額は年間50万円あると言われており，A社は買い物に困る地方の消費者に寄り添ったビジネスは十分成立すると判断し，出店をしてきた。

　A社のスーパーセンターの取り扱い商品は，(c)日々購入する食料品をはじめ，衣料品，(d)家電品，家具，自転車など衣食住に関するものはほぼ網羅されていると言えるほど充実している。特に「ベーシックニーズ戦略」という日常生活に欠かせない商品こそきめ細かなカテゴリー分けによって，品揃えを充実させ，選ぶ楽しみを提供するという戦略と，(e)地元企業など，メーカーに製造を依頼し，自社ブランドとして開発・販売する，競合他社では買えないオリジナル商品を充実させる戦略によって，「A社のお店に行けば何でも手に入る」という安心感を抱く消費者は多い。

　A社は，今後も価格と価値の両面から消費者の生活を支えていくため，組織改編や商品開発，デジタル化などに積極的に取り組んでいく方向を打ち出している。

問1．下線部(a)のような店舗の方向性をまとめたものを何というか，次のなかから正しいものを一つ選びなさい。

　ア．ストア・コンセプト　　イ．販売計画　　ウ．経営理念

問2．下線部(b)の説明について，次のなかから適切なものを一つ選びなさい。

　ア．ニーズとウォンツは同意語であるため，マーケティングを考えるうえで区別する必要はない。

　イ．ニーズは，商品そのもののことで，ウォンツとはそこから得る満足度のことである。

　ウ．ニーズは，満たされない気持ちのことで，ウォンツとはそれを満たすための具体的なものである。

問3．下線部(c)のような商品を購買慣習によって分類すると何というか，漢字3文字で正しい用語を記入しなさい。

問4．下線部(d)の内容について，次のなかから適切なものを一つ選びなさい。

　ア．これらは非耐久財のため，買い替え頻度は高くない。

　イ．これらは耐久財のため，買い替え頻度は低い。

　ウ．これらは買回品のため，価格は安く，購入に関するコストをあまりかけない。

問5．下線部(e)を何というか，次のなかから正しいものを一つ選びなさい。

　ア．ＮＢ商品　　イ．ＰＢ商品　　ウ．ロス・リーダー

7 次の文章を読み，問いに答えなさい。

日本は世界有数の「自動販売機大国」と呼ばれている。自動販売機は，日本全国いたるところに設置され，私たちの生活を支えている。自動販売機は，24時間365日，一言も文句を言わずに商品を販売する姿から「世界一優秀な営業担当者」とも呼ばれ，2013年に世界文化遺産に登録された富士山の山頂にも設置されており，まさに過酷な環境のなかでも日々，商品販売を行っている。

そんな富士山山頂の自動販売機は多くの登山客が利用するのだが，商品を購入しようとするとその価格に驚く。なぜなら，500mlのペットボトル飲料が1本500円もするからだ。

私たちが日常生活において，自動販売機で同じ飲み物を購入しようとすると，格安販売を目的としたものを除けば，(a)どのメーカーのものでも，おおよそ160円～180円程度であるため，その価格差に驚いてしまうのである。

しかし，このような(b)割高な印象を受ける価格設定であっても，「富士山の山頂でジュースを飲むという特別な体験を提供している」と視点を変えさせることができれば，多くの登山客に受け入れてもらうことができるだろう。

ただし，500円で販売したからといって，通常の自動販売機での販売より，利益が上げられるとは限らない。なぜなら，商品運搬や電力供給など，実に多くのコストがかかっており，その(c)コスト部分が販売価格に上乗せされているからである。

問1．下線部(a)のような社会的に定着した価格を何というか，次のなかから正しいものを一つ選びなさい。

ア．バンドリング価格　　イ．名声価格　　ウ．慣習価格

問2．下線部(b)のような価格設定でも商品を売ることができるのはなぜか，次のなかから適切なものを一つ選びなさい。

ア．山頂という限られた場所において，清涼飲料水などを販売する店舗は多く，競合が多く存在することから，価格による競争が起きやすいため。

イ．山頂という限られた場所において，清涼飲料水などを販売する店舗は少なく，競合が限られていることから，価格による競争が起きにくいため。

ウ．山頂という限られた場所において，清涼飲料水などを販売する店舗は少なく，競合が多く存在することから，価格による競争が起きにくいため。

問3．下線部(c)のような価格設定の方法を何というか，正しい用語を記入しなさい。

8 次の文章を読み，問いに答えなさい。

　製造元であるメーカーが，小売業者に対して，自社製品の販売価格を「いくらにしなさい」などと言って，価格を決めることは，一部の例外を除いて禁止されている。

　メーカーが，(a)「このくらいの金額で売ってほしい」という目安となる価格を提示すること自体は認められているが，これを強制したり，協力しない店舗にペナルティを課したりするといった行為，それらを示唆するような行為は禁じられている。したがって，メーカーが提示した価格のとおりに販売するかどうかは，各小売業者の自由な判断によって決められるものである。

　しかし，流通市場の競争激化に伴う値引き合戦などにより，メーカーが提示する価格が有名無実となっており，提示された価格と実売価格のかい離による消費者の価格不信感，製品ブランドのイメージ低下などを避けるため，最近では，メーカーが希望する価格を小売業者が明示しない
　　　　　　　　　制を導入するケースが広まっている。このため，メーカーのカタログやＷｅｂサイトにおいては，製品の価格がいくらかが分からないというデメリットもあったが，現代は，誰でも手持ちのスマートフォンを利用すれば，販売価格を容易に知ることができるため，その点は心配がいらなくなった。一方，小売業者は，消費者が購入時に販売価格を比較するようになったため，価格設定については，近隣店舗だけでなく，インターネット通販なども含めて検討する必要があり，より困難さを増している。

　また，このような改革が進む日本の商慣行の一つに，(b)リベートがある。リベートにはさまざまな種類があるが，日本の建値制という独自の文化とともに，浸透しているものである。しかし，このリベートがさらなる価格競争の原資となり，小売業者の収益性を悪化させていたり，メーカーにとっても大きな負担となっていたりする点，適正なリベートとしての範囲を超えるような不透明な金銭の流れまで含められているなどの現状から，見直しや廃止の動きも強まっている。

問１．下線部(a)を何というか，次のなかから最も適切なものを一つ選びなさい。
　ア．メーカー希望小売価格　　イ．メーカー希望引渡価格　　ウ．卸売価格

問２．文中の　　　　　　　　に当てはまるものは何か，６文字で正しい語句を記入しなさい。

問３．下線部(b)の説明として，次のなかから適切なものを一つ選びなさい。
　ア．「仕入値引」とも言われ，商品の仕入代金から値引き額を差し引くこと。
　イ．「仕入割戻」とも言われ，商品の仕入代金の一部を返還してもらうこと。
　ウ．「仕入割引」とも言われ，買掛金の代金から該当期日分の金利相当額を割引いてもらうこと。

9 次の文章を読み，問いに答えなさい。

　日本人は世界有数の魚好きな国民であるといわれる。各地の漁港に水揚げされた魚が消費者の食卓に届くまでのチャネルを考えてみよう。

　一般的な魚のチャネルは以下のとおりである。各漁港で生産者である漁師が水揚げした魚は，漁業協同組合などの卸売業者に出荷され，港の近くに開設された産地市場でセリや入札といった方法で産地仲買人といわれる卸売業者に販売される。産地仲買人は仕入れた魚を各地にある消費地市場で販売する卸売業者に出荷し，その消費地市場で再びセリや入札で卸売業者から仲卸業者に販売される。そして，消費者市場の仲卸業者が営む店舗で小売店に販売され，小売店から消費者に販売されるのである。漁師から消費者まで，四つの卸売業者と一つの小売業者の合計五つの流通業者を通過するのである。多くの中間業者が存在することは効率的ではないようにも思えるが，(a)卸売業者が存在することでもたらされるメリットは生産者と小売業者のいずれにとっても大きい。また，魚はそれぞれの流通業者の目により選別され，品質に適した価格が形成され，日本中の食卓まで届けられるのである。

　一方，このような(b)長いチャネルによる弊害を避け，生産者から直接仕入れる小売業の登場や，(c)生産者がインターネットを利用し，消費者に直接販売する取り組みなども見られるようになった。生産者が得る利益は大きくなり，消費者も低価格で鮮度の高い魚が手に入るというメリットはあるものの，漁という大変な業務をこなす生産者に，さらに販売の負担が増えてしまうことにもなる。

　卸売業者が多く存在することは合理的ではないという考えもあるが，卸売業者が存在しないと，魚が全国各地の小売店に分散されることは不可能である。そして，私たちが豊かな生活を送れるのは，さまざまな小売業者が個性のある店舗を運営しているからである。

問1．下線部(a)のメリットについて，次のなかから最も適切なものを一つ選びなさい。

　ア．卸売業者が存在することで，生産者から小売店まで商品が届く時間を短縮することができ，より新鮮な魚を提供することができる。

　イ．卸売業者が存在することで，小売価格を高く設定することができ，生産者が高い価格で魚を出荷することができる。

　ウ．卸売業者が存在することで，少ない取引回数で，生産者はより多くの小売店に魚を届けることができ，小売店はより多種類の魚を取り揃えることができる。

問2．下線部(b)について，次のなかから適切なものを一つ選びなさい。

　ア．1回の取引量の多い生産財は長いチャネルになりやすい。

　イ．全国の小売店舗に分散して流通させる必要がある消費財は長いチャネルになりやすい。

　ウ．大手小売業者は低価格販売を実現するために長いチャネルを利用することが多い。

問3．下線部(c)のようなチャネル政策を何というか，次のなかから正しいものを一つ選びなさい。

　ア．情報流　　イ．直接流通　　ウ．間接流通

10　次の文章を読み，問いに答えなさい。

　　インターネット通販の市場規模は年々拡大を続けている。この分野で世界に大きくおくれを取っ
ているといわれる日本でも，企業と消費者の取引の10％程度がインターネット通販によって行われ
ている。また，インターネットによる(a)消費者同士の取引も増加を続けている。

　　インターネット通販の拡大の背景には，さまざまな商品を自宅に居ながら比較検討して購入でき
るという利便性に加えて，(b)同じ商品が，インターネット通販では実店舗より安い価格で販売され
ていることが多いという背景がある。より安く購入できるＷｅｂサイトを紹介するサービスも存在
する。(c)実店舗におもむき，実際の商品の質感やサイズを確認し，安いインターネット通販で購入
するという購買行動も増加している。

　　インターネット通販に売上を奪われてしまった実店舗もこのような購買行動を逆手に取り，店舗
で商品を売らない取り組みを始めている。店舗で実際の商品に触れてもらい，自社のＷｅｂサイト
で注文してもらう取り組みや，自社のＷｅｂサイトで注文した商品を店舗で引き渡すといった取り
組みである。これらの取り組みによって，店舗での商品在庫を減らすことが可能になっている。こ
のように，(d)企業は複数のチャネルを所有し，それらを継ぎ目なくつなぐ取り組みが重要になって
いる。

　　今後も，インターネット通販はますます拡大するであろう。実店舗の販売よりもインターネット
通販のほうが当たり前になる社会が到来するかもしれない。

問1．下線部(a)はどのように表現されるか，次のなかから正しいものを一つ選びなさい。
　　ア．ＢｔｏＢ　　　イ．ＢｔｏＣ　　　ウ．ＣｔｏＣ

問2．下線部(b)が可能になる理由として，次のなかから適切なものを一つ選びなさい。
　　ア．型遅れや傷がある商品など，いわゆる訳あり商品を販売しているから
　　イ．大量仕入れにより，仕入価格を安く抑えることができるから
　　ウ．実店舗に関わる賃貸料や人件費，高熱費などを削減できるから

問3．下線部(c)を何というか，カタカナ8文字で正しい用語を記入しなさい。

問4．下線部(d)を何というか，次のなかから正しいものを一つ選びなさい。
　　ア．カテゴリー・マネジメント　　　イ．オムニチャネル　　　ウ．排他的チャネル

11 次の文章を読み，問いに答えなさい。

　A社は乳酸菌飲料を中心に食品や化粧品を製造するメーカーである。A社の商品は店頭でも販売されているが，個人宅やオフィスへの訪問販売によるチャネルも全国的に確立されており，そこから購入する人も多数いる。そんなA社が2019年に発売したストレスや不眠の解消に効果があるとされる商品が，発売から月日が経った2022年に大ヒットをした。

　この商品は2019年に関東地方限定で発売され，その後，少しずつ販売地域を拡大し，2021年に販売地域を全国に広げた。新発売や販売地域の拡大のたびに(a)プレスリリースを行い，発売情報やその効果をマスコミに報道してもらう活動を行った。テレビCMでは，歌手や写真家，関取など，その道のプロフェッショナルを起用し，商品が高い効果を発揮するイメージを訴求した。そして，訪問販売員がその効果を顧客に伝えたことをきっかけに，その(b)情報が家族や友人など，人から人に伝わっていくことにより徐々に売上を伸ばしていった。A社の各販売子会社は女性販売員をはじめとした(c)社員同士のコミュニケーションや内部情報の共有を目的に，社内報や場合によってはスマートフォンによるコミュニケーションツールを立ち上げている。そこでの商品情報や顧客からの声の共有を図っていることも顧客への情報提供に大いに役に立った。

　この商品の大きな転機は2022年に訪れた。世間や消費者に対して大きな影響力を持つ著名な芸能人がテレビのバラエティ番組でその効果を語ったことにより，一気に大ヒットにつながった。加えて，大ヒットにより商品が品薄になっていること，生産規模を拡大することをA社が発表したため，再びマスコミによって報道され，この報道が相乗効果となり，入手が困難になるほどの売上となる結果になった。

問1．下線部(a)を何というか，カタカナ6文字で正しい用語を記入しなさい。

問2．下線部(b)の説明として，次のなかから適切なものを一つ選びなさい。
　ア．評価といい，実際に商品を購入した人物が星の数と文章でその商品や店舗の良さを示すもので，商品を購入する際の参考になる。
　イ．レビューといい，実際に商品を購入し，使用した人物からの情報なので，商品を購入する際の参考になる。
　ウ．クチコミといい，商品とは関係のない人物からの情報なので広告よりも信頼性が高くなる傾向がある。

問3．下線部(c)のような活動を何というか，次のなかから適切なものを一つ選びなさい。
　ア．インターナル・コミュニケーション
　イ．パブリック・アフェアーズ
　ウ．インベスター・リレーションズ

12　次の文章を読み，問いに答えなさい。

　一昔前，洗濯用洗剤のテレビCMと言えば，主婦と思われる女性が真っ青な空の下，真っ白に洗いあがったシャツをパッと広げ，庭で干すといったイメージが一般的であった。干されている服も4人家族を連想させる量であった。(a)「繊維の奥から驚きの白さ」や「白さがさえる」という汚れを落とす機能をアピールする言葉がCM内で使われることが多かった。

　そんな洗濯用洗剤のテレビCMも大きく様変わりした。2022年当時，洗濯用洗剤の大手三社のテレビCMはすべて男性タレントがメインになっている。大手三社の一つであるA社のCMは，独身男性を連想させる5人の男性タレントが「洗濯愛してる会」という社会人サークルで活動しているというストーリーになっている。青空などの描写もほとんどなく，室内でのシーンが多い。それぞれのメンバーが洗濯に対しこだわりを持ち，汚れを落とす機能のほか，匂いを取る機能や除菌の機能，洗濯機の内部を清潔に保つ機能などや洗剤を計量する手間を省いた点などをアピールしている。また，(b)CMのなかで「＃洗濯愛してる会」と表示している。

　このテレビCMが果たしている機能は，商品に対する消費者の需要をつくりだすことだけではない。(c)商品の性能の高さを消費者に納得してもらうこと，好感度の高い若い男性タレントを起用することでA社や商品のイメージを向上させること，また，(d)洗濯を女性が行う家事という家庭内の労働の側面からではなく，男性も参加し，こだわって選択をする「趣味としての洗濯の楽しさ」という新しいライフスタイルを伝えることなどがある。

　このように，テレビCMは時代を敏感に感じ取り，大胆に変化していく。それだけではなく，時には流行をつくりだす存在なのである。

問1．下線部(a)は何に分類されるか，次のなかから適切なものを一つ選びなさい。

　ア．ビジュアル　　イ．ボディコピー　　ウ．メインコピー

問2．下線部(b)の目的は何か，次のなかから最も適切なものを一つ選びなさい。

　ア．一般的な言葉をハッシュタグとして投稿を促すことにより，検索されやすくすることや偶然にその投稿にたどり着く人を増やすことで，情報の拡散を期待している。

　イ．オリジナルのハッシュタグをつけることで，SNSのなかに新しいコミュニティが発生することやそのオリジナルのハッシュタグが話題化することを期待している。

　ウ．複数のハッシュタグを明示することにより，多くの検索ワードから検索できるようになり，多くの消費者の目にとまりやすくすることを期待している。

問3．下線部(c)と下線部(d)に当てはまる広告の機能の組み合わせとして，次のなかから適切なものを一つ選びなさい。

　ア．(c)説得機能　　(d)文化的機能
　イ．(c)需要創造機能　　(d)イメージ形成機能
　ウ．(c)文化的機能　　(d)イメージ形成機能

13 次の文章を読み，問いに答えなさい。

　具体的なプロモーションには，広告，広報，セールス・プロモーション，販売員活動がある。ここでは，販売員活動について考えてみる。

　販売員活動は，(a)主に企業を顧客としてその企業に出向いたり，電話をしたりして行うものと，(b)自社の店舗で来店客に行うものの二種類に分けられる。前者の顧客のもとに出向いて行う活動では，まず，頻繁に顧客と連絡を取り合い，顧客のニーズに細かく対応するいわゆる「御用聞き」といった手法で顧客との良好な関係を築くことが重要である。この良好な関係に基づき，顧客の抱える課題や不満を引き出したり，顧客がまだ気づいていない問題点を指摘したりして，自社の商品で解決する提案を行う活動に結び付けることが求められる。

　そして，フット・イン・ザ・ドア・テクニックや(c)ドア・イン・ザ・フェイス・テクニック，ザッツ・ノット・オール・テクニックなどの手法を駆使することで効果的に自社の商品を購入してもらえるように努めることが求められる。ただし，過度に商品をすすめることで，せっかく構築した良好な関係をこわしては元も子もないため，適切なコミュニケーション能力が販売員には求められる。

　このような対外的な活動のほか，(d)対内的な活動も販売員には求められる。e コマースが普及した今日においても，販売員にしかできない役割は多い。

問１．下線部(a)と下線部(b)に当てはまる活動の組み合わせとして，次のなかから正しいものを一つ選びなさい。
　ア．(a)接客　(b)営業　　イ．(a)営業　(b)接客　　ウ．(a)営業　(b)広報　　エ．(a)広報　(b)接客

問２．下線部(c)の説明として，次のなかから正しいものを一つ選びなさい。
　ア．「これだけじゃないよ」と徐々におまけを付加していくことで，お得感を訴求し購買につなげるテクニック。
　イ．小さな要求から徐々に大きな要求へと水準を上げていき，高額な商品を受け入れやすくするテクニック。
　ウ．最初に過大な要求を出したあと，徐々に要求の水準を下げていくことで，顧客に購買しやすさを感じさせるテクニック。

問３．下線部(d)の例として，次のなかから最も適切なものを一つ選びなさい。
　ア．顧客の要望やニーズを製品開発部門に伝えたり，顧客の注文に対応する体制を整えるため生産部門や流通部門と密に連絡を取り合ったりすること。
　イ．社内に円満な人間関係を築くために，社内報を発行したり，社内旅行などの社員の交流イベントを企画，運営したりすること。
　ウ．自社の社員に自社の商品を購入してもらい，社員の愛社精神を高めるとともに自社の売上を伸ばすこと。

第36回（令和３年度）商業経済検定試験問題

［マーケティング］

解答上の注意

1．この問題のページはp.86からp.99までです。

2．解答はすべて別紙解答用紙（p.125）に記入しなさい。

3．文字または数字で記入するもの以外はすべて記号で答えなさい。

4．計算用具などの持ち込みはできません。

5．制限時間は60分です。

全商商業経済検定「マーケティング」は，令和６年２月に実施される第38回試験から新しい出題基準（p.1「模擬試験問題の内容・構成」参照）となります。新しい出題基準の内容から，過去問題を解くことが第38回試験に合格するための学習に有効であると判断したため，本書では２年分の過去問題である第36回と第37回を掲載しています。

1 次の文章を読み，問いに答えなさい。

　現代市場の特徴は，生産・流通・消費の動向を観察することでとらえることができる。ここでは，生産と消費の動向についてみてみる。

　まずは，生産の動向についてである。戦後の高度経済成長からバブル経済，そして，長期的な経済低迷へと変化していくなかで，(a)近年の技術革新によって数多くの新製品が登場している。また，既存製品の品質も向上し続けている。一方で，生産者は個々の顧客のニーズや消費の状況によりよく適合する製品を生産することが求められるようになった。近年では，(b)環境に配慮した製品を常に選んで購入し，環境保全に結びつけていこうとする購買行動が広がりをみせている。このことへの対応をはじめ，生産者はさまざまな消費の動向に注意を払い，生産活動を行っているのである。

　次に，消費の動向についてである。現在，人々の物質的なニーズがかなり満たされているため，消費支出の比重は物から無形のサービスへと移っている。つまり，消費者の関心は，自動車や家電製品などの物から，美容や健康，スポーツや芸術，情報やコミュニケーションなどのサービスへ集まるようになっているのである。また，(c)消費の二極化傾向が一般化するようにもなった。これは，経済の発展による所得の増加が続いた時代と比べて所得が減少に転じ，平均寿命が伸びたこともあって，消費者の多くが生活を楽しみつつも，将来や老後への不安を抱えるようになったことが背景の一つとして考えられる。

　生産と消費は時代とともに変化し続けており，同様に，流通の動向も変化が絶えない。企業はこれらの変化とともに，顧客や競争企業の動向にも適切に対応していくために，マーケティング活動を行っているのである。

問1．下線部(a)の具体例として，次のなかから最も適切なものを一つ選びなさい。
　ア．電機メーカーのＡ社は，人工知能（ＡＩ）技術やセンサーを活用することで，人間の言葉や表情を読み取って学習し，生き物のようにふるまうペット型ロボットを発売した。
　イ．自動車メーカーのＢ社は，クラシックカーの旧式部品を忠実に再現することで，幅広い世代の顧客に受け入れられることを狙った，人気モデルの復刻版を発売した。
　ウ．調理器具メーカーのＣ社は，日本古来の伝統工芸の高い技術を用いることで，品質を保証するロゴシールを貼付した，丈夫で長持ちするフライパンを発売した。

問2．下線部(b)を何というか，カタカナ4文字を補って正しい用語を完成させなさい。

問3．下線部(c)の説明として，次のなかから適切なものを一つ選びなさい。
　ア．輸入品はネット通販を利用して購入するが，国産品は実店舗に訪れて購入する消費の傾向が顕著になること。
　イ．こだわりのある商品は高価でも購入するが，こだわりのない商品は安価なものを購入する消費の傾向が顕著になること。
　ウ．購入量が多い季節や時期と，購入量が少ない季節や時期というように，季節や時期で購入量に差が生じる消費の傾向が顕著になること。

2 次の文章を読み，問いに答えなさい。

A社は，作業服・作業関連用品の製造と販売を行う専門店として創業し，多くの職人から支持されており，現在では，アウトドア・スポーツウェアも扱っている。A社は，今まで取り込むことができなかった顧客を獲得するために新たな挑戦を行っている。ここでは，その際のマーケティング活動についてみてみる。

A社は新たな顧客を獲得するためにSTPを行った。まず，人口統計的基準や行動的基準などの顧客特性に基づいて市場を細分化する作業を行い，次に，その細分化した市場のなかから，(a)自社が対象とする顧客層を選び出した。この顧客層はとくに「かわいい」を重視して購買する特徴がある。これに加えて，自社の強みである「高機能」，「低価格」をかけ合わせた商品を開発することで差別化をはかり，独自の位置づけをしていくことにしたのである。A社は，これらの新商品を取り揃えるカジュアル色の強い店舗をオープンさせ，若者を中心に女性客を獲得しようと試みたのである。

この新たな店舗の売り上げは好調であった。さらにA社は，標的となる顧客層をより多く獲得したいと考え，(b)商品計画，販売価格，販売経路，販売促進などマーケティング活動の最適な組み合わせを見直すことにした。その結果，販売促進においては，若者に人気のあるファッションショーにも参加し，若者を中心に女性客をより多く獲得することができたのである。

このように，新たな顧客層を獲得することができたA社は，(c)市場シェアで群を抜く作業服・作業関連用品の専門店として，常連の職人に対する満足度をさらに高めることも求められている。とくに，A社の売り上げに占める作業服・作業関連用品の割合は7割を超えている。このため，これまで以上に，A社の経営陣は(d)ポートフォリオ分析によって各事業分野の先行きを見通すことで，バランスよく成長を実現させるための効果的な経営資源の配分をしていく戦略を求められている。

現在のところ，A社は従来からの商品を扱う店舗もそれ以外の店舗も順調に数を増やし続けている。わが国を代表するアパレル企業へと成長を続けるA社を，これからも注目したい。

問1．下線部(a)の作業はSTPのうちどれにあたるか，次のなかから適切なものを一つ選びなさい。
ア．セグメンテーション　　イ．ターゲティング　　ウ．ポジショニング

問2．下線部(b)を何というか，正しい用語を記入しなさい。

問3．下線部(c)の説明として，次のなかから適切なものを一つ選びなさい。
ア．ある顧客が生涯に購入した同種商品のなかで，自社商品が占める割合のこと
イ．同種商品のなかで，顧客がはじめに連想する商品が自社のものである割合のこと
ウ．同種商品の全売上高のなかで，自社商品の売上高が占める割合のこと

問4．下線部(d)を何というか，次のなかから適切なものを一つ選びなさい。
ア．プル戦略　　イ．プッシュ戦略　　ウ．企業戦略

③ 次の一連の文章〔Ⅰ〕・〔Ⅱ〕を読み，それぞれの問いに答えなさい。

〔Ⅰ〕A社は，わが国を代表するスナック菓子メーカーである。これまでに数々のヒット商品を開発し，国民に愛されるロングセラー商品をうみ出してきた。A社は新たな需要を開拓するためにジャガイモを主原料としたポテト系スナック菓子を開発し，発売後は順調に売り上げを伸ばすことに成功した。

　以下は，この新商品の開発にあたりA社が実施してきた市場調査の概要である。

調査の第一段階

　A社は，新しいポテト系スナック菓子を開発するためにプロジェクトチームを立ち上げ，まずは(a)内部の既存資料や外部の既存資料を細かく分析した。その結果，これまでのポテト系スナック菓子について，手が汚れた，スマートフォンが汚れた，想像していたよりも柔らかくて食べ応えがなかった，油っぽいなどといった意見がみられた。また，外部の既存資料から市場における自社の位置づけや顧客ニーズなども確認することができ，新商品の開発につながる有益な分析結果を得たことで，開発の方向性が明らかになった。これを基に，A社は「手を汚さずに食べやすく，食感のよい脂質を抑えたポテト系スナック菓子を開発すれば，需要を掘り起こせるのではないか」という調査仮説を設定した。

調査の第二段階

　調査仮説を設定したA社は，次の調査段階として(b)本調査(正式調査)に先だって予備調査(略式調査，事前調査)を実施することにした。ここでは，自社の社員やその家族，協力的な取引先，また，(c)自社の商品に対して自由な意見を述べる役割を依頼されている消費者などを調査対象として調査を実施した。その結果，「袋入りよりも，カップの容器にしたほうがよいこと」や「食感は硬めのほうがよいこと」，「できる限り糖質や脂質を抑えたほうがよいこと」など具体的な意見を収集することができたため，A社はさらに次の調査段階へすすむことにした。

問1．下線部(a)の具体例として，次のなかから適切なものを一つ選びなさい。
　ア．自社の返品や苦情についての記録　　イ．業界団体発行の新聞　　ウ．政府発行の白書

問2．下線部(b)の目的として，次のなかから適切なものを一つ選びなさい。
　ア．本来の調査目標とは別に第二の調査目標を設定すること
　イ．本調査では得ることのできない詳細で膨大な情報を得ること
　ウ．調査仮説を絞り込むとともに調査計画の検討を行うこと

問3．下線部(c)を何というか，カタカナ4文字を補って正しい用語を完成させなさい。

〔Ⅱ〕A社は，これまでに得られた結果を基に調査計画を立案し，新商品の試作を重ね，本格的な実態調査を実施した。

調査の第三段階

　ポテト系スナック菓子は子どもから大人まで口にするものであるため，A社は全国に住む幅広い年代の消費者に対して調査を行うのが望ましいと考えた。ただし，全数調査を行うには費用や時間，作業の手間などがかかりすぎてしまうため，自社が設定した(d)母集団からその全体を代表するような消費者を選び出し，その人々に対して調査を行うことで母集団のようすを推定することにした。そこでA社は，(e)自社に登録してある30,000人の顧客データを活用し，顧客一人ひとりに通し番号をつけ，乱数表を使って200人を調査対象者として抽出した。

　このようにして選び出された調査対象者に対しては，A社が用意した各地の会場まで来てもらい，新商品のポテト系スナック菓子を試食してもらったうえで，(f)調査員が調査対象者と面接しながら質問を発し，回答を得る方法で調査を実施した。これにより得られた調査結果は，「カップの容器にすることで手を汚さずに食べることができ，持ち運びもしやすい」，「硬い食感がとてもよく食べ応えがある」，「糖質や脂質が抑えられており，ヘルシーである」など，調査仮説を十分に立証できるものが多く，自信をもって商品化することを決定したのである。

　A社は，新商品を全国発売する前に(g)テスト・マーケティングを実施した。ここでも満足のいく結果が得られたため，A社は新商品の全国発売を実現させたのである。

　この商品は発売後も順調に売り上げを伸ばしヒット商品の仲間入りを果たした。その後もA社は新しい味の追求を行い，常に現状に満足することなく商品開発を続けている。

問４．下線部(d)に記された消費者を何というか，次のなかから適切なものを一つ選びなさい。
　ア．メセナ　　イ．サンプル　　ウ．ロイヤルティ

問５．下線部(e)で用いられた抽出法はどのようなものと考えられるか，次のなかから適切なものを一つ選びなさい。
　ア．単純任意抽出法　　イ．有意抽出法　　ウ．等間隔抽出法

問６．下線部(f)の利点として，次のなかから適切なものを一つ選びなさい。
　ア．広範囲に散在する多くの相手に対し，少ない費用で回答を求めることができる。
　イ．調査の費用と手間が少なくてすみ，調査結果の集計や分析を容易に行うことができる。
　ウ．目的にあった質の高い回答を得やすく，相手の表情や態度から間接的な回答も得られる。

問７．下線部(g)の説明として，次のなかから適切なものを一つ選びなさい。
　ア．店内における調査対象の移動経路を観察し，購買行動や購買心理を分析した。
　イ．モデル地域を設定し，そこで試験的に販売を行うことで市場の反応などを分析した。
　ウ．調査対象に電話をかけて質問を行い，新たに生じることが予測される需要を探った。

4 次の文章を読み，問いに答えなさい。

　近年，わが国では缶詰の売り上げが伸びている。このようななかで，東北地方の海辺で水産物の缶詰を製造するＡ社は，さらに売り上げを伸ばすための取り組みを行ってきた。ここでは，その内容についてみてみる。

　Ａ社はおもに関東地方へ缶詰を供給しており，看板商品の缶詰Ｘが人気である。この商品を関西地方でも販売することができないかと考えたＡ社は，(a)缶詰Ｘの味付けを関西地方の消費者の味覚にあうように，出汁をきかせた味付けに改良した缶詰Ｘ（関西風）を開発したのである。そして，Ａ社は缶詰Ｘ（関西風）を売り込もうと関西地方のさまざまな百貨店やショッピングセンターと交渉し，物産展や缶詰商品だけを扱う催し物への出店を取りつけていった。

　関西地方で行われた物産展や催し物における販売で，Ａ社が工夫した点は二つあり，これらは消費者の購買心理をよく理解したものであった。一つは，匂いと試食をうまく利用した点である。Ａ社は売り場で缶詰Ｘ（関西風）の中身を缶から出して温め，美味しそうな匂いを漂わせ，この匂いから顧客に　①　を向けさせ，顧客に試食をしてもらうことで　②　を抱かせようとした。これにより，購買へとつながるきっかけをつくっていった。もう一つは，購入個数によるポイント制を活用した点である。Ａ社は，(b)優良顧客を維持し，商品を繰り返し購入してもらい，長期的に安定した利益を確保するためのマーケティング活動として，ポイントを貯めた顧客に対して特典を与えた。これにより，一度限りの購入で終わることのないしくみをつくることができた。このようなＡ社による取り組みは実を結び，関西地方でも多くのスーパーマーケットで販売されるほどの商品となり，今年度の売上高は対前年度比で120％以上となりそうである。

　さて，缶詰は賞味期限が長くて備蓄することができ，また，その空き缶はリサイクルできるために国連が提唱するＳＤＧｓ（持続可能な開発目標）への取り組みにもつながる。さまざまな可能性が詰まっている缶詰商品の今後の動向に注目したい。

問１．下線部(a)のような消費者の購買行動に影響を及ぼす要因を何というか，次のなかから適切なものを一つ選びなさい。
　ア．保有資源　　　イ．下位文化　　　ウ．社会階層

問２．本文の主旨から，文中の　①　と　②　に当てはまる購買心理（ＡＩＤＡＳ理論）の組み合わせとして，次のなかから適切なものを一つ選びなさい。
　ア．①注意・②欲求　　　イ．①行動・②注意　　　ウ．①興味・②注意

問３．下線部(b)を何というか，次のなかから適切なものを一つ選びなさい。
　ア．リレーションシップ　マーケティング
　イ．ディ-マーケティング
　ウ．非営利組織のマーケティング

⑤ 次の文章を読み，問いに答えなさい。

　近年，コンパクトデジタルカメラは出荷台数を減らし続けている。コンパクトデジタルカメラは小型軽量，高画質で，手頃な価格のものも多く，わが国で普及するきっかけをつくったのがA社である。ここでは，A社を中心にデジタルカメラ市場の動向についてみてみる。

　デジタルカメラは1970年代に開発され，長い導入期が続いていたが，A社が開発したコンパクトデジタルカメラX（以下，デジカメX）が1995年に発売されると，(a)市場での知名度や製品に対する理解は一気に高まり，売上高も利益も右肩上がりに伸びていった。デジカメXの特徴は，液晶モニターが世界で初めて搭載されたことや，レンズ部を回転させることで自撮りも可能なことであった。これに加え，価格は６万円台と非常に安く，競合他社の10万円前後の製品と比較して価格面での差別化をはかることもできた。デジカメXは，A社の販売促進活動だけでなく，(b)人々の意見や態度の形成に影響力をもつ人による情報発信によっても広く普及していったのである。

　A社のコンパクトデジタルカメラは，モデルチェンジを繰り返し，発売から10年以上にわたって順調に売り上げを伸ばし続けてきたが，(c)次第に売り上げの伸びは鈍りはじめ，やがて頭打ちとなってしまった。そしてさらには，コンパクトデジタルカメラ市場の出荷台数は，ピークであった2008年を境に減少の一途をたどっていった。カメラ付きスマートフォンが普及し始めたのはこの頃からで，デジタルカメラメーカー全体が苦境に立たされていった。このようななかで，(d)伝統にしばられ，製品が伝統的なものになってから，はじめて購入する顧客層による購買もみられたが，さほど影響はなく，A社が手がけるコンパクトデジタルカメラ事業は2018年に撤退せざるを得なくなってしまったのである。

　さて，デジタルカメラ市場は，2020年に出荷台数がピーク時の約14分の１へ落ち込んだが，出荷金額はピーク時の約５分の１にとどまった。これは，メーカー各社で扱う主力製品が高額化しているためである。このように，メーカー各社は高性能を売りに高額化で対応しているが，他の方法でも顧客層を取り込む工夫は必須である。いかにスマートフォンとは競合せず，誰もが手に取りやすいカメラを開発するか，メーカー各社は困難な状況に直面している。

問１．下線部(a)を製品のライフサイクルとしてみた場合，何というか，漢字２文字を補って正しい
　　　用語を完成させなさい。

問２．下線部(b)を何というか，次のなかから適切なものを一つ選びなさい。
　　ア．ロスリーダー　　　イ．プライスリーダー　　　ウ．オピニオンリーダー

問３．下線部(c)の段階におけるマーケティング戦略として，次のなかから最も適切なものを一つ選
　　　びなさい。
　　ア．製品のデザインや品質の改良を行い，他社製品や代替製品との差別化をはかる。
　　イ．多額の予算をつぎ込み，広告キャンペーンを実施することで知名度を上げる。
　　ウ．即座に見切りをつけ，当該製品の生産は中止して新たな製品の開発に着手する。

問４．下線部(d)を採用者区分で分類すると何というか，次のなかから適切なものを一つ選びなさい。
　　ア．革新的採用者（革新者）　　　イ．後期多数追随者（後期多数採用者）　　　ウ．採用遅滞者

6 次の文章を読み，問いに答えなさい。

A社は，菓子を製造するメーカーである。今年の夏に，スポーツをする若者や暑さの厳しい環境で働く人を市場標的とした「塩レモンタブレット」を発売する。そこで，この新製品についての販売計画を立案することにした。

まずA社は，(a)消費者や販売員に対して試供品を配布して面接や問い合わせを行い，購買の意向や販売員から得た情報などを総合的に分析して，売上高や販売動向を予測する方法によって販売予測を行った。その結果，「塩レモンタブレット」が，同様の製品と比べて味も良く機能性にも優れていると評価されたことから，幅広い消費者に対して需要が見込まれることがわかった。A社は，この結果を基に今夏の売上見込高を導き出した。

次に売上見込高を基に売上目標高を設定するため，利益図表（損益分岐図表）による(b)損益分岐点の分析を行った。販売部門による分析の結果，目標営業利益を達成するための売上高が見込めることがわかった。A社は，製造部門や経理部門などを加えた企業全体の戦略会議を開いて売上目標高を決定した。そして，売上目標高に基づいて売上高予算と営業費予算からなる販売予算を編成した。

さらに売上目標高を達成するため，(c)営業所別に販売割当を設定した。夏になり新製品が発売され，販売活動が実施に移ると，(d)売上目標高を達成するための販売割当が着実に達成されているかどうかを評価し，必要に応じて改善する販売統制を行った。

A社の「塩レモンタブレット」は，製品自体の魅力と社員の努力，綿密な販売計画によりその夏のヒット商品となった。そして，その年の冬には更なる新製品の発売に向けて製品計画をはじめた。

問1．下線部(a)のような販売予測の方法を何というか，漢字4文字を補って正しい用語を完成させなさい。

問2．下線部(b)の説明として，次のなかから適切なものを一つ選びなさい。
　ア．売上高から変動費の額を差し引いた点
　イ．変動費と固定費の額が等しい点
　ウ．売上高と総費用の額が等しい点

問3．下線部(c)の具体例として，次のなかから適切なものを一つ選びなさい。
　ア．標的となる顧客層を把握させるために，営業所別に販売活動に必要となる顧客情報を与えた。
　イ．販売活動に刺激を与えて販売員の意欲を高めるために，営業所別に達成すべき目標を示した。
　ウ．販売員の人数を均等化するために，営業所別に地域に応じた適正な人員配置を行った。

問4．下線部(d)を販売計画のなかのPDCAサイクルとしてみた場合，どの段階に当てはまるか，次のなかから適切なものを一つ選びなさい。
　ア．PDCAサイクルのD（Do）とC（Check）の段階に当てはまる。
　イ．PDCAサイクルのC（Check）とA（Act）の段階に当てはまる。
　ウ．PDCAサイクルのA（Act）とP（Plan）の段階に当てはまる。

7 次の文章を読み，問いに答えなさい。

A店は，繁華街に店を構える食器専門店である。おうち時間が増えたことにより，家庭料理ブームとなり，需要が高まったことから売り上げは伸びている。A店の店主は，多様化する顧客のニーズに適切に応えるため，仕入計画について振り返ってみることにした。

A店は，「実用的でおしゃれな食器で，毎日の食生活を豊かにする」をストアコンセプトにしていて，仕入れる商品の品揃えは(a)品揃えの幅を狭くし奥行きを深くして，食器なら何でも揃う品揃えを方針としている。店主は，ストアコンセプトを念頭に置いて市場調査を行い，顧客の需要の動向をとらえたうえで販売計画を立案し，販売計画が決定した後に仕入計画を立案している。A店の(b)仕入計画は，まず年間仕入計画を立案し，これに基づいてより詳細な月別仕入計画を立案する手順で行っている。そして，取り扱う商品別に分けて仕入予算を編成している。

店主は，品揃えの方針に基づき，常に仕入商品の検討を行っている。食器は，季節性や流行性とは関係がないように思われることがあるが，料理を飾る食器から季節や流行を感じたいという顧客のニーズがある。そのため，季節を先取りした商品や流行に乗った商品などの品揃えにも気を配っている。もちろん，(c)安定して売り上げが見込めるため，常に店頭に陳列される商品や，(d)店頭に陳列することにより，店の格式を上げるような効果がある商品なども仕入れている。

そして，仕入方法については，(e)当用仕入という方法を採用しており，限られた店舗スペースでありながら，顧客がいつ来店しても新たな発見ができるよう工夫を凝らしている。

A店は，販売促進にコストをかけすぎることなくリピーターを確保し，クチコミの効果で売り上げを伸ばすことにも成功している。

問1. 下線部(a)のような品揃えの方針として，次のなかから適切なものを一つ選びなさい。
　ア．品揃えの総合化　　イ．品揃えの専門化　　ウ．品揃えの標準化

問2. 下線部(b)の留意点として，次のなかから適切なものを一つ選びなさい。
　ア．仕入れに余計なコストをかけることがないように，新商品が発売されても月別に仕入れる商品の数量は毎月同数にすることが必要である。
　イ．仕入先から取引に際しての優遇を受けることができるように，仕入先の意向に沿って月別仕入計画を立案することが必要である。
　ウ．急な市場環境の変化にも適切に対応できるように，月別仕入計画については修正の余地を残しておくことが必要である。

問3. 下線部(c)と下線部(d)の組み合わせとして，次のなかから適切なものを一つ選びなさい。
　ア．(c)定番商品・(d)促進商品
　イ．(c)促進商品・(d)流行商品
　ウ．(c)定番商品・(d)名声商品

問4. 下線部(e)の説明として，次のなかから適切なものを一つ選びなさい。
　ア．1回あたりの仕入数量を必要な分だけに限定する方法
　イ．一定期間に必要な商品を大量にまとめて仕入れる方法
　ウ．同業他社と協力して数量を取りまとめて仕入れる方法

⑧ 次の文章を読み，問いに答えなさい。

　消費者は通常，商品やサービスの品質と価格を比較して購入を決定するため，売り手は，慎重に商品の価格を設定する。ここでは，メーカーや小売業者が行う価格設定についてみてみる。

　メーカーが，新製品を市場に導入する際に行う価格設定政策として，次の二つの価格設定を検討する。一つ目は，(a)市場導入時にできるだけ早く市場に行き渡らせ，市場占有率を拡大することを目指して価格を低く設定する政策である。この政策は，需要の価格弾力性が高い場合に採用することが多い。二つ目は，開発にかかった費用をいち早く回収することを目指して，市場導入時に価格を高く設定する政策である。この政策は，需要の価格弾力性が低い場合や他の企業に模倣されにくい製品の場合に採用することが多い。

　小売業者が設定する小売価格は，消費者の購買心理に基づいて設定される。消費者は，過去の購買経験や情報などに基づき，妥当だと思われる価格帯のイメージをもっている。これを参照価格といい，この参照価格を適切に把握して次のような価格設定を行う。まず，参照価格が長期間定着し慣習価格となった場合には(b)慣習価格政策を採用することがある。自動販売機で販売される清涼飲料水が典型的な例である。次に，1,980円や29,800円といったようにお買い得感を強調する端数価格政策がある。これは，最寄品や買回品など，多くの商品で採用されている。また，あえて高めの価格に設定することで，品質の良さを訴求したりステイタスシンボルとして意識させたりすることができる名声価格政策がある。これは，高級腕時計や宝石などで採用されやすい。

　一方，小売価格の表示方式をみると，2021年4月から消費税込みの価格を表示する方式が義務化された。この方式を採用すると消費者が自ら総額を計算する必要がないため，価格の比較がしやすくなる。他にも，(c)小売価格を一定の単位あたりで表示する方式や，メーカー希望小売価格と実売価格のように2種類の価格を併記する方式がある。これらは，いずれも消費者の購買決定における重要な情報の表示方式だといえる。

　なお，価格の維持・安定を目的として，(d)競争関係にある企業どうしが価格競争を恐れて競合他社との間で価格を取り決めたり協調的な行動をとったりすることがある。しかし，こういう行動は消費者に不利益をもたらすことになるため，法律によって原則として禁止されている。

　消費者が商品やサービスを購入する際に，小売価格は重要な要素であるとともに，売り手にとっても大事な要素であるため，購買心理を理解し適切に設定されなければならない。

問1．下線部(a)のような販売価格政策を何というか，正しい用語を完成させなさい。

問2．下線部(b)の説明として，次のなかから適切なものを一つ選びなさい。
　ア．あらかじめ商品に値札をつけ，どの顧客に対しても同じ価格で販売する小売価格政策
　イ．多くの顧客を店に引きつけるため，ふだんより大幅に安い価格で販売する小売価格政策
　ウ．値上げによる売上高の減少を抑えるため，顧客がなじんだ価格を維持する小売価格政策

問3．下線部(c)を何というか，次のなかから正しいものを一つ選びなさい。
　ア．ユニットプライシング　　イ．総額表示方式　　　ウ．二重価格表示

問4．下線部(d)を何というか，次のなかから適切なものを一つ選びなさい。
　ア．再販売価格維持政策　　イ．価格カルテル　　　ウ．リベート政策

9　次の文章を読み，問いに答えなさい。

　生産者が，自社製品を消費者に円滑に届けるためにどのように流通・販売するかの道すじをチャネル（販売経路）という。ここでは，生産者がとるチャネル政策（販売経路政策）についてみてみる。

　生産者は，多くの場合，自社製品を卸売業者や小売業者などの中間業者を活用して消費者の手もとに届くようにしている。チャネル政策は，企業の経営方針や製品の特徴，統制の度合いなどによりいくつかの種類に分けることができる。まず，(a)中間業者の数や範囲を限定せず，なるべく多くの業者に製品を取り扱わせ，売り上げを増大することを目的とした政策がある。食料品や生活用品などなるべく多くの小売店に陳列してもらうことが必要な最寄品の流通に採用することが多い。

　次に，(b)選択型チャネル政策（選択的販売経路政策）がある。生産者が自社製品にふさわしい中間業者かどうかを判断し選別して，販売量や店舗イメージなどの資格条件に合致する業者に製品を供給する政策である。店の雰囲気や接客サービスが比較的重要な買回品や専門品の流通に採用することが多い。

　そして，選択型チャネル政策（選択的販売経路政策）をさらに進めた排他的チャネル政策（特約販売経路政策）がある。特定の地域において中間業者を一業者にしぼり，その業者にだけ自社製品の取り扱いを認める政策である。高級ブランド品や自動車などの流通に採用することが多い。

　また，(c)生産者自身が自社製品を直接，消費者へ販売するチャネル政策を行うこともある。この政策は，中間業者を活用しないためダイレクトマーケティングと呼ばれる。直営店の出店や自動販売機の設置など，さまざまな販売方法があるため，多くの製品の流通に採用されている。

　生産者は，消費者に自社製品を購入してもらうために，製品の特性やチャネルの特性を理解して適切なチャネルを選定しているのである。

問１．下線部(a)のようなチャネル政策（販売経路政策）を何というか，正しい用語を完成させなさい。

問２．下線部(b)の特徴として，次のなかから適切なものを一つ選びなさい。
　ア．生産者が自社製品にふさわしい中間業者を選別することで，効率的に自社製品を広範囲に行き渡らせることができる。
　イ．生産者が自社製品にふさわしい中間業者を選別することで，関係が強くなりチャネルを統制しやすくすることができる。
　ウ．生産者が自社製品にふさわしい中間業者を選別することで，他社との競争がなくなり取引価格を高くすることができる。

問３．下線部(c)の具体例として，次のなかから適切なものを一つ選びなさい。
　ア．コンピュータ機器メーカーのA社は，自社で運営するネット通販で販売している。
　イ．家電メーカーのB社は，自社の社員を家電量販店に派遣して店頭で実演販売している。
　ウ．家具メーカーのC社は，百貨店から注文があった製品を工場から直接顧客へ配達している。

10 次の文章を読み，問いに答えなさい。

A社は，120年以上にわたって飲料や加工食品，調味料などを製造するメーカーである。1899年の創業以来，自然の恵みである農産物の価値を活かして，人々の健康に貢献したい思いを製品に込め，成長を続けている。

A社の創業者がトマトソースの開発に成功し，トマトケチャップやウスターソースなどを販売して業績を上げるようになり，やがてA社は(a)チャネルリーダーとなっていった。国内最大手といわれるほどになるまでの成長を続けていくなかで，(b)食品メーカーであるA社は，自社製品の流通加工を担う工場や物流会社，販売会社などを統合・系列化して，チャネル(販売経路)全体を統制した。また，「畑は第一の工場」というものづくりの思想のもと，契約農場と連携してトマトの栽培に取り組み，安定供給や高品質の原材料の調達を可能にした。

このようにA社は，(c)製品の生産から流通・販売までの供給の流れ全体を最適化し，適切に管理することに力を入れている。このほかにも，品種開発・種苗生産などの研究や，契約農場に対する技術指導や支援，製品がもつ価値を消費者に伝え需要を創造する価値伝達活動などにも取り組んでいる。これらの研究や活動を通して，国連が提唱するＳＤＧｓ(持続可能な開発目標)のさまざまな目標の達成に貢献している。

A社は，「食」を通じて社会課題の解決に取り組み，持続的に成長できる強い企業になるという目標を掲げ，人々の健康に貢献しながら成長しようと努力を続けている。

問１．下線部(a)の説明として，次のなかから最も適切なものを一つ選びなさい。

　ア．自社製品のチャネルを設定する際に，チャネル上にある卸売業者や小売業者が設定した経路を受け入れる企業のこと。

　イ．チャネルを広くとらえて開発から生産や流通，販売までを一連の業務としてとらえ，非効率を排除しようとする企業のこと。

　ウ．多くの企業によって形成されるチャネル全体のなかで中心的な役割を担うようになり，主導権をにぎる企業のこと。

問２．下線部(b)のようなチャネルの系列化を何というか，次のなかから適切なものを一つ選びなさい。

　ア．前方統合型の系列化(前方垂直統合)

　イ．後方統合型の系列化(後方垂直統合)

　ウ．混合統合型の系列化(混合垂直統合)

問３．下線部(c)のような経営手法を何というか，次のなかから適切なものを一つ選びなさい。

　ア．ＣＲＭ(Customer Relationship Management)

　イ．ＯＥＭ(Original Equipment Manufacturing)

　ウ．ＳＣＭ(Supply Chain Management)

11 次の文章を読み，問いに答えなさい。

　広告は，媒体を有料で利用して商品やブランド，企業そのものなどさまざまな情報を広く消費者に伝達する活動である。ここでは，広告の果たす機能やプロセスなどについてみてみる。

　広告が果たす機能として，商品に対する需要をつくりだして販売を促進する機能がある。また，商品やブランドに対する好意的な態度やイメージを形成する機能，流行をうみ出したり消費者が豊かな生活を送るためのライフスタイルを提案したりする機能もある。

　広告を計画・実施するにあたり，まず行うことは広告目標の設定である。次に広告費予算を計上して広告媒体を選定する。広告媒体は，広範囲にわたって一斉に広告を行うことができ社会的な信用を利用できる広告や，(a)広告費は他の媒体と比較して割高であるが，視聴覚に訴えることができ強い訴求力をもつ広告がある。このほかにも，特定の広告対象層に効果的に訴求でき，迅速な広告には不向きだが繰り返し見てもらえることが期待できる広告や，消費者の聴覚に訴える広告，インターネットを利用した広告などがある。費用対効果やそれぞれの媒体がもつ特徴などを考慮して選定する。広告媒体は，どれか一つに絞るのではなく(b)予算の範囲内で全体の広告効果が最も大きくなるように複数の媒体を組み合わせることがある。そして広告コンテンツを制作し，適切なタイミングで実施するのである。

　広告を実施したら，広告効果の測定・評価を行う。広告効果の内容は，経済的(売上高)効果と(c)心理的(コミュニケーション)効果に分けられる。実施した広告の内容や実施方法などを測定・評価して検討を行い，次の広告に役立てていく。また，広告効果のほかにもその内容や表現についてよく検討する必要がある。例えば，誇大広告や不当表示，虚偽広告になっていないかといったことにはとくに注意しなければならない。このようなことに対しては，(d)広告主や広告媒体の企業などが自主規制のために設立した機関によって，広告や表示の仕方を適正化する取り組みがされている。

　企業が適切な広告活動を行うことで商品の売り上げが伸び，売れているから自分も欲しくなるといった「バンドワゴン効果」により需要が更に増加し，ヒット商品がうまれることがあるのである。

第36回検定

問１．下線部(a)を何というか，次のなかから適切なものを一つ選びなさい。
　　ア．新聞広告　　　イ．雑誌広告　　　ウ．テレビ広告

問２．下線部(b)を何というか，カタカナで正しい用語を記入しなさい。

問３．本文の主旨から，下線部(c)の説明として，次のなかから適切なものを一つ選びなさい。
　　ア．広告によって，商品やサービスの売上高や利益がどれだけ増加したかということ
　　イ．広告によって，商品やサービスについてどれだけ理解され伝わったかということ
　　ウ．広告によって，販売店にどれだけ来店者や問い合わせがあったかということ

問４．下線部(d)を何というか，次のなかから正しいものを一つ選びなさい。
　　ア．日本広告審査機構（ＪＡＲＯ）　　　イ．消費生活センター　　　ウ．ＡＣジャパン

12 次の文章を読み，問いに答えなさい。

　2020年のわが国の総広告費は，新型コロナウイルス感染症拡大の影響により大幅に減少した。とくに３月以降は人の動きが制限され，販売促進イベントや各種キャンペーンなどの中止が相次いだことが総広告費減少の大きな原因だといえる。

　広告代理店の調べによると，わが国の総広告費は，2020年後期になると回復の兆しをみせはじめたものの，通年では前年を大きく下回り，前年比88.8％で６兆1,594億円となり，リーマンショックの影響を受けた2009年に次ぐ下げ幅となった。とくに，(a)屋外広告や交通広告，ＤＭ（ダイレクトメール）などのプロモーションメディア広告費は前年比75.4％で１兆6,768億円となり，大幅に減少した。しかし，詳細をみていくと例えばゲーム関連やＳＮＳ動画配信，クラウドサービス関連の交通広告やデジタルサイネージを利用した広告が増加したり，通信販売や教育関連，不動産関連のＤＭが堅調に推移したりした。また，マスコミ四媒体の広告も前年比86.4％で２兆2,536億円とマイナス成長だったが，唯一プラス成長となったのが(b)インターネット（サイバー）広告である。インターネット広告費も一時コロナ禍の影響を受けたが，他の媒体に比べて早く回復基調となり，通年では前年比105.9％で２兆2,290億円となった。

　外出を控え自宅で過ごす消費者による「巣ごもり需要」が高まるとともに，インターネットを利用して情報を入手する消費者が増えた。こういった消費者向けに(c)検索エンジンの検索結果に，ユーザーが検索したキーワードに関連した広告を掲載する広告手法を積極的に用いる企業も増えた。この広告手法は，消費者の関心に関連した広告が表示されるため，より注目されやすいという特長をもっている。表示された商品やサービスの広告をきっかけにしてネット通販を利用する消費者が増えたことで，ＥＣ市場の拡大にもつながった。

　企業は，不安な情勢が続くなかでも自社の商品やサービスの情報を消費者に伝えるために，適切なプロモーションの手段について工夫を重ねている。

問１．本文の主旨から，下線部(a)の主な原因としてどのようなことが考えられるか，次のなかから最も適切なものを一つ選びなさい。
　　ア．外出制限や移動の制限・自粛などにより，交通機関や商業施設の利用者が減少したこと
　　イ．デジタルサイネージの普及に伴い，不適切な動画広告が増えて消費者の信用を失ったこと
　　ウ．商品についての情報を入手するために，実際に手に取って確認する必要性が増加したこと

問２．下線部(b)の特徴として，次のなかから最も適切なものを一つ選びなさい。
　　ア．表現方法が多様であり，人的接触性や即時反応性といった特性をもつ。
　　イ．表現方法が多様であり，双方向性や随時対応性といった特性をもつ。
　　ウ．表現方法が限定的であり，情報が一方的といった特性をもつ。

問３．下線部(c)を何というか，次のなかから正しいものを一つ選びなさい。
　　ア．リスティング広告　　イ．ＳＮＳ広告　　ウ．アフィリエイト

⑬　次の文章を読み，問いに答えなさい。

　新型コロナウイルス感染症拡大をきっかけに，オンライン接客を導入する小売業者が増えている。オンライン接客とは，ＩＣＴを駆使してパソコンやモバイル上で行われる非接触型の接客である。顧客の顔出し不要，チャットでのやりとり可能など，気軽に安心して利用できる工夫をする企業もあらわれ，利用者が増えている。ここでは，ある家電量販店のＸ社に入社した販売員Ａがオンライン接客の担当として独り立ちするまでのようすを紹介する。

　まず，入社して最初の一週間，Ａは(a)職場を離れ，会社内外の講師によって実施される講義形式の研修を受けた。ここではビジネスマナーをはじめ，消費者行動や購買意思決定過程などついて学ぶことができた。また，(b)訪問販売や通信販売などにおける，事業者による違法・悪質な勧誘行為等を防止し，消費者の利益を守ることを目的とする法律についても学んでいき，法令遵守の意識も高めていったのである。

　この研修を終えて配属先に赴任したＡは，電子レンジや冷蔵庫などのキッチン家電を担当するように命じられ，売り場での研修が始まった。Ａはまず，売り場で商品知識と接客技術を身につけていくことになった。最初の週は，先輩の接客を見て学び，空いた時間で商品知識を身につけるための勉強に励んだ。そして，その翌週になると，Ａは先輩が見守るなかで接客を行った。はじめのうちは，顧客からの質問にうまく答えられず，興味や関心を引くような話もできなかったが，接客を重ねるごとに(c)顧客にとって望ましいと考えられる販売員の資質を磨くことができ，顧客から信頼される販売員となっていったのである。

　Ａが入社して１年が経とうとする頃，新型コロナウイルス感染症が拡大し，小売業者は対応をせまられるようになった。Ｘ社は，オンラインによる接客を取り入れることを決定し，キッチン家電のオンライン接客をＡが担当することになった。オンライン接客は相手の表情や気持ちを読み取るのが難しく，また，商品に直接触れてもらうこともできないため，(d)顧客が購入を決める際に影響を与えるであろう，商品がもつ強調すべき特徴や効用がなかなか伝わりにくい。そのため，Ａはオンライン接客の難しさを痛感し，試行錯誤の日々が続いている。しかし，Ａはこのオンライン接客に大きなやり甲斐を感じており，画面越しにも十分に伝わる最高の笑顔で，生き生きと接客を行っている。

問１．下線部(a)のような訓練の方法を総称して何というか，正しい用語を記入しなさい。

問２．下線部(b)を何というか，次のなかから適切なものを一つ選びなさい。
　　ア．製造物責任法　　イ．独占禁止法　　ウ．特定商取引法

問３．下線部(c)の具体例として，次のなかから最も適切なものを一つ選びなさい。
　　ア．顧客の要望をかなえようと親身になって話を聞き，ともに考えようとする誠実さ
　　イ．より高額な商品をおすすめして，自社の売り上げに貢献しようとする責任感の強さ
　　ウ．その場で購入を決定してもらうまでは，顧客の都合にかかわらず説得し続けるねばり強さ

問４．下線部(d)を何というか，次のなかから適切なものを一つ選びなさい。
　　ア．マニュアル　　イ．セリングポイント　　ウ．コンシューマリズム

第37回（令和４年度）商業経済検定試験問題

［マーケティング］

解答上の注意

1．この問題のページはp.102からp.115までです。

2．解答はすべて別紙解答用紙（p.127）に記入しなさい。

3．文字または数字で記入するもの以外はすべて記号で答えなさい。

4．計算用具などの持ち込みはできません。

5．制限時間は50分です。

全商商業経済検定「マーケティング」は，令和６年２月に実施される第38回試験から新しい出題基準（p.1「模擬試験問題の内容・構成」参照）となります。新しい出題基準の内容から，過去問題を解くことが第38回試験に合格するための学習に有効であると判断したため，本書では２年分の過去問題である第36回と第37回を掲載しています。

1 次の文章を読み，問いに答えなさい。

マーケティングを学習するうえで，生産と消費の動向がどのようなものであるのかということに関心をもつことはとても重要である。ここでは現代の生産と消費の動向をみてみる。

近年わが国の経済における生産の動向をみると，技術革新により数多くの新商品が登場している。技術革新の内容には素材の革新と新技術の開発があり，企業はそれらを活用して新商品の開発や既存商品の改良などを行う機会が増加している。技術革新は商品の多様化を促すことにつながり，市場に多種多様な商品を送り出す要因となっている。(a)現代市場の特徴は，商品が市場にあふれることで，消費者が選択して商品を購入することができるようになり，消費者に有利な市場となっている。そのため生産者である企業は，個々の顧客のニーズによりよく適合する商品を迅速に生産する方式を探し求めるようになっている。

次に，消費の動向をみてみる。消費は人口動態や所得水準などの変化に影響され，時代とともに変化している。現代は人々の物質的なニーズがかなり満たされているため，(b)消費者の関心は，自動車や家電商品などといったモノよりも，娯楽や飲食などのサービスへと集まってきている。また，個人の好みや価値観，生活様式に基づき私たちの消費は多様化している。消費が多様化しているとはいえ，所得が減少に転じ，平均寿命が伸びているこんにちでは，多くの消費者は生活を楽しみつつも将来や老後に経済的な不安を感じており，その結果，(c)消費の二極化傾向という消費行動が一般化してきている。

このように，生産と消費の動向は時代背景の影響を受けて絶えず変化している。現代は消費者志向の考え方が重要とされており，生産者である企業には，消費者の動向やニーズを的確につかみ，それらを適切に対応することが求められている。

問1．下線部(a)のような市場を何というか，次のなかから適切なものを一つ選びなさい。
　ア．買い手市場　　　イ．売り手市場　　　ウ．仮想市場

問2．下線部(b)のような傾向の内容として，次のなかから最も適切なものを一つ選びなさい。
　ア．消費支出の比重が，標準化された割安な商品へと移っていく節約志向の傾向
　イ．消費支出の比重が，高級な商品や自分だけのものへと移っていく高級化志向の傾向
　ウ．消費支出の比重が，有形の商品から無形のサービスへと移っていく物ばなれの傾向

問3．本文の主旨から，下線部(c)の説明として，次のなかから適切なものを一つ選びなさい。
　ア．自分がこだわりをもつ商品やサービスは価格が高くても購入するが，こだわりのない商品やサービスについては安価なものを購入する消費の傾向が顕著になること。
　イ．購入量が多い季節や時期と，購入量が少ない季節や時期というように，季節や時期で商品の購入量に差が生じる消費の傾向が顕著になること。
　ウ．不景気のときには，娯楽や飲食などサービスへの支出が増加するが，好景気のときには，サービスへの支出よりも，日用品などへの支出が増加する傾向が顕著になること。

② 次の文章を読み，問いに答えなさい。

　A社は，プロ野球チームを経営する企業である。2015年までは観客動員数が低迷しており，A社はその状況を打開するために経営分析を行うことにした。

　A社は，2016年に社長以下新たな経営スタッフを刷新した。A社の経営スタッフは，チーム再建の経営戦略を立てるための(a)SWOT分析を行った。その分析によると，地元の根強いファンが多数存在するという強みがある一方で，選手層が薄く戦力を補わなければならない弱みがあることも分かった。より多くのファンに観戦に来てもらうことで収入を増やし，その収入を資金源として選手獲得・育成を強化することで弱みを補えるとA社は考えた。そのためA社は新たな観戦スタイルを確立し，新規観戦者を増やすことを目的としたSTPを行った。

　まず，3つの作業からなるSTPの一つ目として，A社は(b)市場全体を年齢や職業などの基準によって部分市場に細分化する作業を行った。試合を観戦に来るファンは，家族連れや女性だけのグループ，学生，会社員などさまざまである。STPの作業の二つ目としてA社は，(c)市場全体を顧客特性に基づいて細分化した市場のなかから，チームの成長にとって最も有利な顧客層を仕事帰りに気軽に観戦できる20代後半から30代の会社員と見立てた。この顧客層は同僚や友人，家族を誘って年に複数回，球場に足を運んでくれる可能性が高いとみなしたからである。

　こうして標的となる顧客層を明確にしたあと，STPの作業の三つ目として(d)A社は，他のプロ野球チームとの価値の違いを出すポジショニングという作業を行った。この作業を受けてA社は，試合前後に行うイベントを重視した新たな企画を次々と発表し，飽きのこないショー形式のものに変更した。顧客のなかには，こうしたショーを楽しみに来場するファンも多く，新たな観戦者も増加し，A社は独自の観戦スタイルの確立を図ることができたのである。

　こうしたA社のマーケティング戦略は成功し，現在では観客動員数は200万人を超え，資金増加による戦力強化も伴い，チーム成績も安定してきているのである。

問1．下線部(a)の説明として，次のなかから適切なものを一つ選びなさい。
　ア．政治・経済・社会・技術の4つの軸（環境）にそって情報を整理して分析する手法
　イ．事業分野を，問題児・花形・金のなる木・負け犬の4つの分野で整理して分析する手法
　ウ．自社の事業の状況を，強み・弱み・機会・脅威の4つの項目で整理して分析する手法

問2．下線部(b)のようなSTPの作業を何というか，カタカナで正しい用語を記入しなさい。

問3．下線部(c)を何というか，次のなかから適切なものを一つ選びなさい。
　ア．ターゲット　　イ．プロモーション　　ウ．マーケティングミックス

問4．下線部(d)の目的として，次のなかから適切なものを一つ選びなさい。
　ア．競合チームと協力して観戦者の意見を提供する場を設置し，リーグの運営にいかすため。
　イ．競合チームと異なる価値をもっていることを明確にして，競争優位性を実現するため。
　ウ．競合チームとあらゆる局面で環境保全に配慮して，循環型社会の確立に取り組むため。

3 次の一連の文章〔I〕・〔II〕を読み，問いに答えなさい。

〔I〕A社は，各種飲料を製造しているメーカーである。A社は，消費者がさまざまな要因により生活様式や考え方を変えていることに着目している。A社は消費者がこうした変化により，単純にコーヒーやお茶といった種類の違いで飲料を選ぶといった先入観にとらわれず，現代の消費者がもっている飲料への(a)潜在需要の分析を行うことで，新たな飲料を開発することにした。

以下は，新たな飲料を開発するにあたり，A社が実施した市場調査の概要である。

調査の第一段階

まずA社は，消費者が現在どのような飲料を求めているのかということを調査するために，A社が独自に保管・蓄積している飲料の販売データと，飲料消費に関する(b)政府や調査会社などから発表されているデータを基に分析を行った。

分析の結果，現代において消費者が求めている飲料のカテゴリー（分類）が多様になっていることが分かった。果実から汁をしぼっただけで他の材料を加えていない「濃縮飲料」カテゴリーや，水分補給や栄養補給ができる「スポーツ系飲料」カテゴリー，そして健康の保持増進のための「健康」カテゴリーなど多くのカテゴリーの飲料が求められていることが分かった。A社はそうしたカテゴリーのなかで，健康に対する意識が高まっている現代では今後，(c)「健康」カテゴリーの飲料がより多く求められていくのではないかという調査の見通しを立てたのである。

調査の第二段階

第一段階で調査の見通しを立てたA社は今後の本調査（正式調査）を行う前に，状況分析で得た情報を基に，まず社員やその家族を対象にして本調査に準じた調査を実施することにした。同時に調査の数をもう少し増やしたいと考えたA社はその対象として，(d)企業の市場調査に協力してくれる消費者も募集し，健康に関する意識調査アンケートを依頼した。

その結果，健康に対して消費者の求めている意識は変化してきており，心のストレスや睡眠不足などからくる体調不良を抱えている人が増加していることが分かった。こうした結果を受けてA社は，心の健康に着目した飲料の開発に焦点をあてることにし，そのカテゴリーの飲料を開発するべきかという調査を次の段階で行うことにした。

問1．下線部(a)の説明として，次のなかから適切なものを一つ選びなさい。
　ア．実際の売上高や販売数量など，具体的な販売結果から得られる需要の分析
　イ．需要の開拓や環境の変化によって，新たに生じることが予想される需要の分析
　ウ．商品の価格の変化によって，商品の購入量が増えたり減ったりする需要の分析

問2．下線部(b)を何というか，次のなかから適切なものを一つ選びなさい。
　ア．既存の外部資料　　イ．実態調査の新規資料　　ウ．既存の内部資料

問3．下線部(c)を何というか，次のなかから適切なものを一つ選びなさい。
　ア．調査分析　　イ．調査仮説　　ウ．調査指標

問4．下線部(d)のような調査協力者を何というか，カタカナ4文字を補って正しい用語を完成させなさい。

〔Ⅱ〕A社は，これまでに得られた調査結果を基に，ストレスの軽減や睡眠不足の解消など心の健康に着目した新たな飲料を開発するための本格的な調査を実施することにした。

調査の第三段階

　A社は，いくつかの年齢層から的確な情報を得るために，(e)顧客データベースに登録されている顧客を，20歳代，30歳代，40歳代，50歳代，60歳代と5つの年齢の区分に分け，それぞれの区分の人数の割合に応じて標本を抽出する方法を用いることにした。A社はこうして抽出した標本に対して今回は，(f)インターネットによる調査を実施した。調査内容は，心の健康面で日ごろ抱えている問題点とその対処法などについてである。

　調査結果は，回答者のうちおよそ7割がストレスを多く抱えているため，ストレスをいかに軽減できるかということ，加えて睡眠に対しても多くの不満があり，睡眠の質を向上したいと考えていることが問題点として明らかになった。しかもアンケートの回答者は，ストレスの軽減と睡眠の質の向上という問題点に対しての対処法にも苦慮しており，手軽にストレスの軽減や睡眠の質の向上ができる方法に期待を寄せていることも分かった。

　調査の結果A社は，ストレスの軽減や睡眠の質の向上に関しての研究を続けることにした。研究の過程において，自社で行っている臨床実験の結果から，A社が開発している乳酸菌には睡眠の質を向上させる効能があることが明らかにされ，この乳酸菌をさらに活かした飲料Xの開発を行い，完成後に販売することにしたのである。

　第一段階から第三段階までの市場調査を終えたA社は，まずは飲料Xの販売にあたり(g)全国展開をする前に，A社の本社のある地方をモデル地域として販売を行い，消費者の反応を見る実験法を行うことを計画している。この実験法を実施し，上記の限られた地域で消費者の反応が良かった場合は，いずれ飲料Xを全国で販売することをめざしている。

　このように新商品の開発及び販売をする場合，企業にとって限られた経営資源のなかで，自社に有利な資源を市場調査により明らかにすることは，とても大切なことなのである。

問5．下線部(e)で用いられた抽出法はどのようなものと考えられるか，次のなかから適切なものを一つ選びなさい。

　ア．単純任意抽出法　　イ．有意抽出法　　ウ．層化抽出法

問6．下線部(f)のような質問法の利点として，次のなかから適切なものを一つ選びなさい。

　ア．相手は調査の時間帯に制約がないため自分の都合で回答ができ，調査結果の集計や分析が容易で活用しやすくなる。

　イ．相手の態度の変化などから間接的な回答が得やすくなり，目的にあった質の高い回答を得やすくなる。

　ウ．相手から即座に回答を求めることができ，聞き返すことができるなど対話によって相手の不安をやわらげることができる。

問7．下線部(g)を何というか，カタカナ3文字を補って正しい用語を完成させなさい。

④　次の文章を読み，問いに答えなさい。

　マーケティングを学んでいる高校生のAは，購買意思決定の過程には，問題認識（問題認知）→情報探索→代替商品の評価→購買決定→購買後の評価という5つの段階があることが分かった。このことに興味をもったAはこの購買意思決定の過程について詳しく調べていくことにした。

　先月Aは自転車店において自分のお金で自転車を購入したばかりである。まだ記憶に新しいので自転車の購入までの過程が振り返りやすく，このケースを購買意思決定の5つの段階に置き換えてみた。

　問題認識の段階として，自宅から学校まで徒歩で通学をしていたAは，(a)通学時間がかかるため大変な思いをしており，その思いを解消したいという必要性を感じていた。お金はかかるが通学時の不便さを解消するために自転車の購入を考えていた。情報探索の段階として，Aは実際に自転車店に行く，あるいは自転車メーカーのホームページを調べるなどをして情報を集めた。代替商品の評価の段階では，さまざまな自転車メーカーから多くの自転車が販売されていて，1台を選ぶのに大変苦労した。その後購買決定の段階で，Aは最終的に自分にとって少し高価な自転車を購入した。その後Aは，(b)高価な自転車を購入したことについて，心理面で葛藤する認知的不協和を感じていた。Aはこうして振り返ってみた結果，自らの自転車購入の過程は，授業で学んだ購買意思決定の過程と見事に合っていたことが分かったのである。

　またマーケティングの授業で購買動機について学習したAは，自転車を購入したときの動機についても考えてみた。購入した自転車の価格は高かったが，スタイルと優れた機能を友達に自慢できることが一番の購買動機となっていたのである。購買後の評価の段階で生じていた認知的不協和はこうした動機によって選択したこともあり現在は消えており，お気に入りの自転車の購入は間違ってはいなかったと今では納得している。Aはこうした動機を振り返ってみたときに，Aは(c)心理社会的購買動機によって自転車を購入したことに気がついた。スタイルと優れた機能をもつ自転車購入を友人に自慢をしたいという意識が，購入の動機に大きく影響していたのである。

　授業で学んだことが，実際に自転車を購入するときの意思決定にも表れていることに気づいたAは，今後も引き続き興味関心をもってマーケティングを学んでいこうと決心している。

問1．下線部(a)を何というか，次のなかから適切なものを一つ選びなさい。
　　ア．マーケティングリサーチ　　イ．ニーズ　　ウ．パーソナリティ

問2．本文の主旨から，下線部(b)を解消するためにAがとる行動はどのようなものか，次のなかから最も適切なものを一つ選びなさい。
　　ア．自分の買い物は失敗だったと後悔をし，今後は慎重に買い物をしようと心がける。
　　イ．自分の買い物の肯定，否定を自分自身で行わず，第三者の意見を参考にしようとする。
　　ウ．自分の買い物を正当化する情報を少しでも多く集め，その葛藤を解消しようとする。

問3．本文の主旨から，下線部(c)はどのようなものか，次のなかから適切なものを一つ選びなさい。
　　ア．食欲や睡眠欲といった生命を維持していくうえで必要性を感じたときに生じる動機
　　イ．他者からの理解や評価を得たいという自己が承認される動機
　　ウ．商品のスタイルや機能などに関わらず，ただ単に商品を所有する喜びを求める動機

5 次の文章を読み，問いに答えなさい。

　スマートフォンを製造しているＡ社は，映像機能に特化したスマートフォンＸを販売している。ここではＡ社のスマートフォンＸに対する販売戦略を，製品のライフサイクルの面からみてみる。

　Ａ社は，製品のライフサイクルの各段階において，消費者をいくつかのタイプに分け，顧客を獲得し普及させている。(a)導入期の消費者の多くは，新しい製品の存在を知らない。この段階ではＡ社は新しい製品に対する情報感度が高く，好奇心旺盛な顧客にターゲットをしぼり，スマートフォンＸの販売戦略を繰り広げてきた。

　成長期の前半となり，この段階で購入してくれるタイプを早期採用者という。(b)早期採用者は，他の消費者への社会的影響力が非常に大きい。この段階で，Ａ社はいち早くスマートフォンＸを大量生産に移行し，効果的な広告戦略により早期採用者からの支持を得ることができた。

　さらに，次の段階では，早期採用者に続く前期と後期に分かれる多数の大衆の存在がスマートフォンＸの売り上げに影響してくる。これらの大衆の購買によりスマートフォンＸのライフサイクルは，現在成熟期にまで到達している。しかしスマートフォンにも流行があり，映像の編集にこだわる流行はいつかは収まることも予想され，その結果，スマートフォンＸはやがて衰退期を迎えることになる。なお(c)成熟期になってもなかなか製品を購入せず，製品が伝統的なものになってから購入する保守的な消費者も存在する。Ａ社は今後も消費者にスマートフォンＸを安心して使い続けてもらうために，(d)製品を購入してくれた顧客に対して，修繕や問い合わせの対応などの支援の提供が必要となる。

　このように，Ａ社は製品のライフサイクルの各段階において，消費者心理をとらえる活動を行うことで，自社製品の売り上げの拡大とブランドの確立をめざしているのである。

問１．下線部(a)の段階のマーケティング戦略の内容として，次のなかから適切なものを一つ選びなさい。

　　ア．使用機会や使用回数を増大させたり，品質やデザインを改良させたり，価格競争を仕掛けるなど，競争地位に応じた戦略が求められる。

　　イ．生産と販売の規模を徐々に縮小すべきであり，上手にタイミングをとらえて製品を廃棄し，生産を打ち切る戦略が求められる。

　　ウ．知名度を上げるための広告や販売経路の整備，さらには，顧客を見据えた適切な価格政策などの戦略が求められる。

問２．下線部(b)の理由として，次のなかから最も適切なものを一つ選びなさい。

　　ア．早期採用者は，消費者から尊敬されたり，クチコミの中心となる人物であったりするから。

　　イ．早期採用者は，社内の製品開発担当者で，製品の種類・品質など幅広い知識をもっているから。

　　ウ．早期採用者は，製品の知名度が極めて低い時期に購入し，注目を集める行動をとっているから。

問３．下線部(c)を何というか，次のなかから適切なものを一つ選びなさい。

　　ア．革新的採用者　　　イ．前期多数追随者　　　ウ．採用遅滞者

問４．本文の主旨から，下線部(d)を何というか，次のなかから適切なものを一つ選びなさい。

　　ア．メセナ　　　イ．アフターサービス　　　ウ．アンケート

6 次の文章を読み，問いに答えなさい。

　製紙業を営むA社は，トイレットペーパーやティッシュペーパー，除菌用ウェットティッシュなどの日用品を詰め合わせたペーパーセットを，防災グッズとして数年前から販売している。A社は，原材料価格が高騰（こうとう）するなか，品質を維持するためには値上げが必要であると考えた。

　そこで，まずA社は，値上げをした場合の販売予測を行った。値上げが行われると，消費者による値上げ前の買いだめや値上げ後の買い控えが生じる場合があるため，(a)A社は，今まで行ってきた売上高実績法（時系列分析法）による販売予測に加え，新たに意見収集法による販売予測も行った。これによって得られた，取引先であるホームセンターの店長200名，専門家２名からの意見を分析した結果，A社は，値上げによって売上高の伸びがやや鈍るものの，昨年と同程度の注文は見込めると予測した。A社は，この予測を基に売上見込高を導き出した。

　次にA社は，売上見込高を基に売上目標高を設定するため，利益図表を活用して(b)売上高と総費用（固定費と変動費の合計）が等しく，利益も損失も発生しない点の分析を行った。販売部門による分析の結果，目標営業利益を達成するための売上高が見込めることがわかったため，A社は，製造部門や経理部門などを加えた企業全体の戦略会議を開いて売上目標高を決定した。そしてA社は，売上目標高に基づいて売上高予算と営業費予算からなる販売予算を編成した。

　さらにA社は，売上目標高を達成するため，(c)販売員別に販売割当を設定した。そして，販売活動が実施に移ると，A社は(d)売上目標高を達成するための販売割当が確実に達成されているかどうかを評価し，必要に応じて改善する管理活動を行った。

　A社の防災用のペーパーセットは，社員の努力と綿密な販売計画により，原材料価格の高騰の影響を受けつつも，最終的には例年通りの利益を確保することができそうである。

問１．本文の主旨から，下線部(a)の理由として，次のなかから最も適切なものを一つ選びなさい。
　ア．製品の値上げによって販売数量に影響がでてしまい，過去の販売実績に基づいた正しい分析ができなくなってしまうと判断したため。
　イ．製品の品質を維持することができなくなってしまい，自社にとって有利な意見を集めることができなくなってしまうと判断したため。
　ウ．原材料の調達が困難な状況になってしまい，他の新製品の開発に向けて専門家から意見を集めるべきであると判断したため。

問２．下線部(b)を何というか，漢字５文字で正しい用語を記入しなさい。

問３．下線部(c)の目的の一つとして，次のなかから適切なものを一つ選びなさい。
　ア．事業所別に適正な人員配置を行うことで，それぞれの能力を十分に発揮させること
　イ．販売員別に達成すべき目標を示すことで，販売活動に刺激を与えて意欲を高めること
　ウ．販売員別に他の部門から協力者を要請することで，販売活動の負担を減らすこと

問４．下線部(d)を何というか，次のなかから適切なものを一つ選びなさい。
　ア．販売促進　　イ．財務分析　　ウ．販売統制

7 次の文章を読み，問いに答えなさい。

商業について学ぶ高校生のAは，総合スーパーのX社でインターンシップを行った。

X社は食料品や日用品，衣料品の他，さまざまな商品を取り扱っている。今まで総合スーパーで買い物をしたことがなかったAは，X社の売り場を見て回り，取扱商品の種類の多さや同種商品のなかの品目の多さに驚いた。Aは，授業で学んだことを思い出し，X社が(a)幅広く奥行きの深い品揃えを行っていることに気がついた。また，Aがふだんから利用しているコンビニエンスストアの価格と違い，どの商品も低価格であることに驚いた。なぜ低価格が可能なのかをX社の店長に尋ねてみると，無駄を徹底的に省くこと，(b)一括仕入や集中仕入などを行うことによって低価格を実現できていることがわかり，Aは納得した。

インターンシップにおけるAの主な仕事は品出しであった。Aは，売り場で少なくなった商品を補充し，顧客が手に取りやすいようにきれいに陳列する作業を従業員と一緒に行った。品出しを行ってみてAが気づいたことは，(c)定番商品が安定的に売れていくということである。Aが「品切れになってしまうことはあるのですか」と従業員に尋ねると，「EOS（電子的受発注システム）によって在庫高を把握でき，タイミングよく発注できているから品切れにならずにすむんだよ」と説明してくれた。Aは，最低在庫量とリードタイム（補充期間）中の売上見込量を考慮して，(d)商品の特性や仕入価格・諸掛，在庫費用などを総合的に検討し，最も有利となる一回あたりの発注量で発注しているのであろうと想像した。

Aは，授業で習ったマーケティング活動を企業が実践していることに触れ，これまで以上に商業の学習に興味・関心を抱くようになった。

問1．下線部(a)の品揃えの方針として，次のなかから適切なものを一つ選びなさい。
　ア．品揃えの専門化　　イ．品揃えの総合化　　ウ．品揃えの標準化

問2．下線部(b)の特長として，次のなかから適切なものを一つ選びなさい。
　ア．同種商品をたくさんの取引先から仕入れることで，他社との差別化を図ることができる。
　イ．その日に必要な分だけの商品を毎日仕入れることで，いつでも新鮮な商品を販売できる。
　ウ．会社全体で必要な商品をまとめて大量に仕入れることで，数量割引を受けることができる。

問3．下線部(c)の説明として，次のなかから適切なものを一つ選びなさい。
　ア．安定して売り上げが見込めるため，常に店頭に並べられる商品
　イ．店頭に並べることで，その店の品格を上げることが期待できる商品
　ウ．試験的に販売することで，消費者の嗜好や反応を見ることができる商品

問4．下線部(d)を何というか，漢字3文字を補って正しい用語を完成させなさい。

8 次の文章を読み，問いに答えなさい。

　商品やサービスの価格は重要な意味をもっている。メーカーにとっては売上高や利益に大きく影響を与え，消費者にとっては購入するかどうかの判断材料の一つとなるからである。

　まず，小売業者の販売価格についてみてみる。小売業者の販売価格は仕入原価と利幅で構成されている。仕入原価に一定の利幅を加えることを値入れといい，これにより販売価格は設定される。例えば，仕入原価4,000円に対する利幅を1,000円とし，販売価格が5,000円となるように設定する場合，この商品の値入率は□□□となる。また，小売業者は消費者の購買心理や購買行動などを十分に理解し，価格政策をとっている。例えば，98円や980円などといった端数をつけることで安い印象を与える政策や，(a)全品100円というように取り扱う商品すべてを同じ価格で販売することで，割安感や買い物のしやすさを強調する政策などをはじめ，さまざまな価格政策がある。

　次に，メーカーの販売価格についてみてみる。メーカーが新製品を市場へ導入する際，次の二つの価格政策をとることがある。一つ目は，新製品をできるだけ早く市場に行き渡らせ，市場シェアを獲得するために，導入段階から価格を低く設定する政策である。二つ目は，(b)新製品の開発にかかった費用をいち早く回収するために，導入段階で価格を高く設定する政策である。メーカーは目的に応じた価格政策をとっている。

　昨今の原油高や円安，新型コロナウイルス感染症の影響など，さまざまな要因によって製品の値上げが行われた。値上げを決断した企業のなかには，(c)価格指導制（プライスリーダーシップ）による値上げに踏み切ったケースもあった。なお，このときに，事前の話し合いや協定などがあれば独占禁止法違反となってしまう。

　企業はあらゆる状況を見極めながら，目的に応じて販売価格を設定しているのである。

問１．文中の□□□に当てはまる値として，次のなかから正しいものを一つ選びなさい。
　ア．20%　　　イ．25%　　　ウ．80%

問２．下線部(a)を何というか，漢字２文字を補って正しい用語を完成させなさい。

問３．下線部(b)を何というか，次のなかから正しいものを一つ選びなさい。
　ア．上澄吸収価格政策　　　イ．再販売価格維持政策　　　ウ．市場浸透価格政策

問４．下線部(c)の説明として，次のなかから適切なものを一つ選びなさい。
　ア．メーカーが，卸売業者や小売業者に対して販売価格を指示し，それに従わせることで一定の利益を獲得しようとすること。
　イ．競争関係にある企業が，お互いに協定を結んだり，それに基づく協調的な行動をとったりすることで，価格をあらかじめ取り決めること。
　ウ．とくに競争企業間での申し合わせがなくても，まずは業界の有力企業が値上げを行い，他の企業がそれに追随すること。

⑨ 次の文章を読み，問いに答えなさい。

生産者が自社製品を消費者へ届けるために，どのように流通・販売するかの道すじをチャネル（販売経路）という。ここでは，生産者のチャネルについてみてみる。

生産者が製造する製品は，(a)伝統的経路と呼ばれるチャネルによって供給される場合が多い。生産者が伝統的経路を活用する場合，製品は中間業者を経由するため，社会全体の取引回数を減らすことができたり，社会全体の在庫量を減らすことができたりする。生産者は中間業者を活用することで，効率よく自社製品を消費者へ届けている。

また，生産者は自社の方針に基づいたチャネル政策をとる。例えば，生活用品や食料品などの最寄品の流通に多くみられる開放型チャネル政策（開放的販売経路政策）や，買回品や専門品などの流通に多くみられる選択型チャネル政策（選択的販売経路政策），高級ブランド品や自動車などの流通に多くみられる(b)排他的チャネル政策（特約販売経路政策）などがある。

さて，2020年から群馬県のＡ市では，市役所と駅の構内に自動販売機を設置して，複数の地元企業が生産する物産品やスイーツなどを販売する事業を行っている。このような，(c)自動販売機による製品販売を行っている地元企業は，店舗における自社製品の販売に加えて，新たなチャネルも活用することで売り上げの増加につなげている。生産者は直接，消費者へ自社製品を販売するチャネル政策をとることもある。

生産者は，適切なチャネル政策をとるからこそ自社製品を円滑に消費者へ届けることができ，効率よく売り上げを確保することができるのである。

問１．本文の主旨から，下線部(a)の具体例として，次のなかから適切なものを一つ選びなさい。

　ア．生産者から卸売業者と青果店を経由せず，果物を直接消費者へ届けるチャネル

　イ．生産者から卸売業者と生花店を経由して，草花を消費者へ届けるチャネル

　ウ．生産者から鮮魚店のみを経由して，魚介類を消費者へ届けるチャネル

問２．下線部(b)の説明として，次のなかから適切なものを一つ選びなさい。

　ア．中間業者を選定せず，取引を希望するすべての業者に製品を流通させる政策

　イ．中間業者に一定の資格条件を示し，その条件に合致する業者だけに製品を流通させる政策

　ウ．中間業者の数を特定の地域において一つに絞り込み，その業者のみに製品を流通させる政策

問３．下線部(c)の利点として，次のなかから最も適切なものを一つ選びなさい。

　ア．自動販売機は，色鮮やかで特徴的な形状のものが多く，企業や製品の広告宣伝の効果が高く，歴史的・文化的な観光地をきらびやかに彩ることができる。

　イ．自動販売機は，少ないスペースを有効活用して設置することができ，人件費が少なくてすみ，効率的に製品を販売することができる。

　ウ．自動販売機は，飲料以外にもさまざまな製品を販売することができ，とくに高級品の自動販売機は，製品を最も安全に保管することができる。

⑩　次の文章を読み，問いに答えなさい。

　A社は，眼鏡関連の商品の企画・製造・流通・販売までを自社で行っている製造小売業であり，一貫して効率化を図ることで高品質な眼鏡を低価格で提供している。

　A社は1988年に有限会社として設立され，2001年に眼鏡専門店を開業し，現在では世界で706店舗を超えるまでに拡大を続けている。(a)A社は，小売業として開業すると，次第に中国の眼鏡製造工場を組織化して結びつきを強め，チャネル(販売経路)全体を管理・統制することによって系列化を図っていった。一般的な眼鏡専門店であれば，メーカーや卸売業者から商品を仕入れ，その仕入原価に自社の利益を加えて販売価格を設定する。これに対しA社は，(b)商品の企画・製造・流通・販売までをすべて自社で行い，チャネルの短縮化を図ることによって低価格を実現できている。

　また，A社の強みである商品開発力の高さにより，ブルーライトをカットする眼鏡や花粉・飛沫をカットする眼鏡，眼鏡型のウェアラブルデバイス(身に着けて使用する情報機器)など，消費者が必要とする魅力的な商品も開発し続けている。

　さて，A社は，(c)サプライチェーンマネジメント(ＳＣＭ)と環境への配慮を目的に，国内2か所の物流拠点から全国の店舗への商品流通体制の改善を図っている。また，2022年4月より売上規模に応じて店舗への商品出荷頻度と出荷量を調整することで，配送による二酸化炭素排出量の年間約15％の削減をめざしている。

　「アイウエアを通して，未来の景色を変えていく」という理念を掲げているA社によって，未来はどのように変わっていくのか，とても楽しみである。

問1．下線部(a)のようなチャネルの系列化を何というか，次のなかから適切なものを一つ選びなさい。

　ア．後方統合型の系列化(後方垂直統合)

　イ．前方統合型の系列化(前方垂直統合)

　ウ．混合統合型の系列化(混合垂直統合)

問2．下線部(b)によって一般的にみられる影響として，次のなかから最も適切なものを一つ選びなさい。

　ア．既存の卸売業者は，最短の輸送ルートを発見し，運転手の負担軽減につながる場合がある。

　イ．既存の卸売業者は，納期の短縮をせまられ，社員は膨大な残業を強いられる場合がある。

　ウ．既存の卸売業者は，チャネルから排除され，経営が成り立たなくなってしまう場合がある。

問3．下線部(c)の説明として，次のなかから適切なものを一つ選びなさい。

　ア．製品の開発から販売までの供給の流れを総合的に管理して，最適化を図ること

　イ．製品の開発から販売までの社員の士気を総合的に管理して，最適化を図ること

　ウ．製品の販売から改良までの顧客の意見を総合的に管理して，最適化を図ること

11 次の文章を読み，問いに答えなさい。

A社は，創業者の努力によって1958年に世界初の即席麺を発明し，1971年には世界初のカップ麺Xを発売した即席麺のメーカーである。

A社の広告は特徴的なものが多く，そのなかでも(a)テレビ広告がよく話題になる。A社は，「お客様に喜んでもらいたい，笑ってもらいたい，驚いてもらいたい」という発想からテレビ広告を制作している。広告の制作にあたっては，自社製品が消費者の印象に残るよう広告内容を工夫しており，消費者の購買行動に影響を与えている。近年では，広告内容の面白さを追求することでA社のテレビ広告が話題となり，(b)ＳＮＳ上でA社の製品に対するクチコミが広がった。

また，カップ麺Xが発売50周年を迎えた際に，A社はカップ麺Xの味がする炭酸飲料を独自に開発したり，他社製品とのコラボレーションを行い，カップ麺Xの味がするスナック菓子を開発したりした。これらの話題性のある製品について，A社は(c)メディアに情報提供することにより，原則無償で記事として取り上げてもらうことで，少ない費用で販売促進の効果を得ることができた。

さて，企業が主に行う販売促進の戦略には，メーカーからのリベート政策や割引政策，販売店援助の活用，推奨販売を行うことで，顧客に対して製品を押し出すようにして製品の購入を促していく戦略と，(d)広告により消費者に製品を訴えかけることで指名買いを促していく戦略がある。A社は後者の販売促進戦略を得意とし，自社製品を消費者の記憶に焼きつけているのである。

A社の新しいテレビ広告を楽しみにしている消費者は多い。今度はどのような内容で私たちの笑顔や驚きなどを引き出してくれるのか，これからも目が離せない。

問１．下線部(a)の特徴として，次のなかから適切なものを一つ選びなさい。
　ア．広告の時間は瞬間的なので，繰り返し行わないと効果の維持が難しいが，強い訴求力をもっており，広告費は比較的高い。
　イ．情報が一方的ではなく，双方向性や随時対応性といった特性をもち，広告効果の測定が比較的容易であり，広告費は比較的安い。
　ウ．繰り返し行わないと効果の維持が難しいが，社会的な信用を利用した広告であり，広範囲にわたって一斉に広告を行うことができ，広告費は比較的安い。

問２．本文の主旨から，下線部(b)の理由として，次のなかから最も適切なものを一つ選びなさい。
　ア．A社の社風が世界各国の消費者に評価され，製品にも注目が集まるようになったため。
　イ．A社の創業者の功績がわが国で評価され，製品にも注目が集まるようになったため。
　ウ．A社のテレビ広告の面白さが話題となり，製品にも注目が集まるようになったため。

問３．下線部(c)を何というか，次のなかから正しいものを一つ選びなさい。
　ア．イベント　　イ．パブリシティ　　ウ．ノベルティ

問４．下線部(d)のような販売促進戦略を何というか，カタカナ２文字を補って正しい用語を完成させなさい。

12 次の文章を読み，問いに答えなさい。

　広告代理店のA社が毎年発表している，わが国の広告費の統計結果をみてみると，2021年の総広告費は，コロナ禍による影響を大きく受けた2020年と比べて，前年比110.4％の6兆7,998億円であった。これは，広告市場が回復しつつあることを示している。

　媒体別の広告費の推移をみてみると，とくにインターネット広告費の伸びが顕著で，前年比121.4％の2兆7,052億円であった。インターネット広告費は，社会の急速なデジタル化を背景に継続的に高い成長率を維持しており，(a)マスコミ四媒体による広告費（2兆4,538億円）をはじめて上回る結果となった。インターネット回線に接続されたテレビ端末による動画配信サービスや，テレビ番組をインターネットで配信するサービスなどの利用者が増えており，そこを市場標的とした「テレビメディア関連動画広告」についての広告費は前年比146.5％と大きな伸びを示した。「テレビメディア関連動画広告」についての広告費は，今後も伸びていくと考えられる。

　近年では，スマートフォンの利用率や使用時間の増加に伴い，消費者はインターネット広告に触れる機会が増えている。そのため，バナー広告や(b)リスティング広告，成果報酬型広告，コンテンツ連動型広告などを積極的に用いる企業は多い。また，(c)インターネットとテレビ，インターネットと新聞といったように，限られた予算の範囲内で最大の効果を発揮させるために，複数の広告媒体を組み合わせることを行う企業も増えている。

　デジタル化の進展により，インターネット広告はこれからさらに成長していくことであろう。

問1．下線部(a)の媒体の組み合わせとして，次のなかから適切なものを一つ選びなさい。

　ア．テレビ・新聞・ダイレクトメール・ラジオ

　イ．テレビ・新聞・雑誌・ＰＯＰ

　ウ．テレビ・新聞・雑誌・ラジオ

問2．下線部(b)の説明として，次のなかから適切なものを一つ選びなさい。

　ア．広告媒体となるＷｅｂサイトのページ上に，広告主のＷｅｂサイトにリンクした画面を掲載する手法の広告。

　イ．検索サイトにユーザーがキーワードを入力したとき，それに関連する広告を検索結果の画面の一部に表示する手法の広告。

　ウ．広告媒体となるＷｅｂサイトを経由して，広告主のＷｅｂサイトで会員登録や商品購入などが行われると報酬を支払う手法の広告。

問3．下線部(c)を何というか，次のなかから適切なものを一つ選びなさい。

　ア．メディアミックス　　イ．プロモーションミックス　　ウ．パブリックリレーションズ

13 次の文章を読み，問いに答えなさい。

　　総合スーパーマーケットをチェーン展開しているＡ社は，2020年12月から一部店舗にて，レジ操作や接客基本応対などの社員教育を，ＶＲ（仮想現実）技術を利用したゴーグル（以下，ＶＲゴーグルという）を用いての実証実験を行った。ここではＡ社の取り組みについてみてみる。

　　Ａ社での実証実験の結果，実験を受けた従業員は，ＶＲゴーグルを利用することで実際の機器がなくてもレジ操作を行う，あるいは顧客と直接対面しなくても顧客対応をするなど，(a)現場で行われている職場内訓練を体験している感覚がつかめたそうである。この体験はＶＲゴーグルを利用し，さまざまな場面を作り出すことで可能となる。例えば，ある商品を新たに販売する際の，(b)商品の強調すべき特徴や顧客に支持される特徴を顧客に詳しく説明し，販売につなげるような場面も作り出すことができる。

　　こうした実証実験の結果を受けＡ社は，2022年４月より全店舗にて，従業員教育にＶＲゴーグルを利用した研修を導入した。これまでのように印刷された，(c)無駄がなく均一的に販売の手順を行うための手引書を読み込んで行うような研修も十分意義はあるが，それだけでは実施することが難しい実務トレーニングが，個人レベルで受講可能になった。ＶＲゴーグルを利用した研修の結果，従業員の教育の機会が拡大され，同時に習得レベルの標準化につながっていった。また，ＶＲゴーグルの利用により，商品を手にとって顧客と接客することも「できる」ようになった。そのため，店舗販売の手順のなかで，(d)販売の締めくくりに，顧客が気がついていない購入を検討している商品について，その必要性の有無を確認することもＶＲゴーグルを利用し，一人で「できる」ようになるまで何度でも行うことが可能になった。

　　このように場所の制約や教育担当者の数にとらわれずに実施できるＶＲゴーグルを利用した研修はＡ社だけではなく，他社でも導入されていくことが予想されている。今後もＶＲゴーグルを含めたＩＣＴ機器を利用した企業の研修について注目していきたい。

問１．下線部(a)のような訓練の方法を総称して何というか，次のなかから適切なものを一つ選びなさい。
　　ア．ＯＪＴ　　イ．ＥＣＲ　　ウ．Ｏｆｆ－ＪＴ

問２．下線部(b)を何というか，カタカナ４文字を補って正しい用語を完成させなさい。

問３．下線部(c)を利用する目的として，次のなかから最も適切なものを一つ選びなさい。
　　ア．販売員がそれぞれの個性を生かした接客を提供すること
　　イ．販売員が創意工夫をこらし，高い水準での顧客対応ができる接客を提供すること
　　ウ．販売員がある程度の水準を維持し，無理なく合理的な接客を提供すること

問４．下線部(d)を何というか，次のなかから適切なものを一つ選びなさい。
　　ア．デモンストレーション　　イ．テストクロージング　　ウ．デジタル・マーケティング

「マーケティング」解答用紙

得点

1

問1	問2	問3

2

問1	問2	問3

3

問1	問2	問3	問4

4

問1	問2	問3	問4	問5	問6

5

問1	問2	問3	問4	問5

6

問1	問2	問3	問4	問5

7

問1	問2	問3

8

問1	問2	問3

9

問1	問2	問3

10

問1	問2	問3	問4

11

問1	問2	問3

12

問1	問2	問3	問4

13

問1	問2	問3	問4

学校名		学年	年	組	番	名前	

総得点

「マークシート」解答用紙

第2回　商業経済検定模擬試験問題
「マーケティング」解答用紙

1	問1	問2	問3

2	問1					問2	問3

得 点

3	問1	問2	問3	問4

4	問1	問2	問3	問4		問5	問6	問7

5	問1	問2		問3	問4	問5

6	問1	問2		問3	問4	問5

7	問1	問2	問3

8	問1	問2	問3

9	問1	問2	問3	問4

10	問1		問2	問3

11	問1	問2	問3	

12	問1		問2	問3	問4

13	問1	問2

問3

学校名		学年	年	組	番	名前	

総得点

119

「マーケティング」解答用紙

得点

	問1	問2	問3
1			

	問1	問2	問3
2			

	問1	問2	問3	問4
3				

	問1	問2	問3	問4	問5	問6	問7
4							

	問1	問2	問3
5			

	問4	問5

	問1	問2	問3	問4	問5
6					

	問1	問2	問3
7			

	問1	問2	問3
8			

	問1	問2	問3
9			

	問1	問2	問3
10			

	問1	問2	問3	問4
11				

	問1	問2	問3	問4
12				

	問1	問2	問3
13			広告

学校名		学年	年	組	番	名前	

総得点

121

「マーケティング」解答用紙

得点

1	問1	問2	問3	問4

2	問1	問2	問3

3	問1	問2	問3
		なポジショニング	

4	問1	問2	問3	問4	問5	問6	問7	問8
			調査					

5	問1	問2	問3	問4	問5

6	問1	問2	問3	問4	問5

7	問1	問2	問3

8	問1	問2	問3

9	問1	問2	問3

10	問1	問2	問3	問4

11	問1	問2	問3

12	問1	問2	問3

13	問1	問2	問3

学校名		学年	年	組	番	名前	

総得点

第36回　商業経済検定試験問題
「マーケティング」解答用紙

得　点

1	問1	問2	問3
		購入	

2	問1	問2	問3	問4

3	問1	問2	問3	問4	問5	問6	問7
			消費者				

4	問1	問2	問3

5	問1	問2	問3	問4
	期			

6	問1	問2	問3	問4
	法			

7	問1	問2	問3	問4

8	問1	問2	問3	問4
	政策			

9	問1	問2	問3
	政策		

10	問1	問2	問3

11	問1	問2	問3	問4

12	問1	問2	問3

13	問1	問2	問3	問4

学校名		学年　　　年　　組　　番	名前

総得点

第37回　商業経済検定試験問題
「マーケティング」解答用紙

得　点

1	問1	問2	問3

2	問1	問2	問3	問4

3	問1	問2	問3	問4 消費者			
	問5	問6	問7 マーケティング				

4	問1	問2	問3

5	問1	問2	問3	問4

6	問1	問2			問3	問4

7	問1	問2	問3	問4 発注量		

8	問1	問2 価格政策			問3	問4

9	問1	問2	問3

10	問1	問2	問3

11	問1	問2	問3	問4 戦略		

12	問1	問2	問3

13	問1	問2 ポイント			問3	問4

学校名		学年	年	組	番	名前	

総得点

127